VERLAG TORSTEN LOW

Das Buch:
Wenn die Antwort lautet: 0 oder 1. Was war die Frage? Für Maschinen ist das einfach, entweder an oder aus. Doch ist das *wirklich* alles? – Sein oder nicht sein! Denn wie real ist unsere Gegenwart eigentlich? Oder könnte die von uns wahrgenommene Realität nur virtuell sein? Und wenn sie virtuell wäre, wer oder was lenkt und steuert uns? Wie fühlt sich wohl ein Bot im »Deathmatch«? Und was machen er und seine Kumpels, wenn kein Spieler mehr da ist? Was treibt die Welt an? Kernreaktionen, Strom oder Dampf? Und wer oder was wartet eigentlich die Mechanismen? Kann Bewusstsein transferiert werden? Und ist es dann Maschinenbewusstsein oder menschliches Bewusstsein? Was macht uns menschlich und ist das wirklich so erstrebenswert?

All diese Fragen und noch viel mehr beantworten die 25 von der Jury ausgewählten AutorInnen der Storyolympiade nicht nur mit 0 oder 1, sondern mit viel Phantasie, Philosophie, aber auch Horror und Mystik durch ihre Kurzgeschichten in diesem Buch.

Aus unserem Verlagsprogramm:

Anthologien:
    Stille
    Labyrinthe
    Geisterhafte Grotesken
    Das zerbrochene Mädchen
    Die Einhörner
    Geheimnisvolle Bibliotheken
    Das Tarot
    Dunkle Stunden
    Die Irrlichter

Maschinen

Die besten Geschichten der Storyolympiade 2017/2018

Martin Witzgall & Felix Woitkowski (Hrsg.)

Besuchen Sie uns im Internet
www.verlag-torsten-low.de

1. Auflage
Deutsche Erstveröffentlichung Oktober 2018
© 2018 by Verlag Torsten Low,
Rössle-Ring 22, 86405 Meitingen/Erlingen

Alle Rechte vorbehalten.
Jede Art von Vervielfältigung, Kopie und Abdruck ist ausschließlich mit schriftlicher Genehmigung des Verlages gestattet. Kein Teil des Werkes darf ohne schriftliche Genehmigung verändert, reproduziert, bearbeitet oder aufgeführt werden.

Die Juroren:
Stefan Cernohuby, Vanessa Kaiser, Janko Kockott, Thomas Lohwasser, Nadine Muriel, Jonas Sowa, Martina Sprenger, Tatjana Stöckler, Thomas Rehfeld, Joachim Tabaczek, Sebastian von Arndt, Petra Vennekohl, Anne Wahl, Arndt Waßmann, Martin Witzgall

Die Lektoren:
Gerd Scherm, Martina Sprenger, Tatjana Stöckler, Arndt Waßmann

Coverillustration: Lothar Bauer
Umschlaggestaltung: Timo Kümmel

Redaktion und Satz: Torsten Low

Druck und Verarbeitung: Winterwork, Borsdorf
Printed in Germany

ISBN 978-3-940036-49-0

Inhalt

Vorwort	7
Die Menschmaschine (1. Platz) *Johannes Gebhardt*	11
Kinder der Maschine (2. Platz) *Thomas Heidemann*	23
Evolution (3. Platz) *Renée Engel*	37
25 000 Teile *Sabine Frambach*	49
Der Recycler *Günther Kienle*	61
Lanas Projekt *Martin Rüsch*	73
Abnormität *Olaf Stieglitz*	87
Der Milchkrieg *Christian J. Meier*	99
J-2112 *Celin Aden*	111
Von Centauren und Menschen *Nele Sickel*	121
Benzer the Mancer *Robert Friedrich von Cube*	135
Tür Nummer 12 *Thomas Lendl*	147
Maschinenträume *Tim Pollok*	157
Nummer 7 *Tanja Bernards*	169

Patient Null *Tobias Herford*	177
Weltenkeller *Eli Quinn*	189
Die Dame mit den Scheinwerferaugen *Jan-Niklas Bersenkowitsch*	199
Der Chronomat *Nora-Marie Borrusch*	209
Zahnräder *Anne Danck*	221
Feuerfunken *Anna Eichenbach*	231
Der Uhrmacher und das Leben *Gabriel Maier*	241
Die große Kaninchenplage von 2036 *Regine D. Ritter*	253
Leben in der Matrix *Robert Wiesinger*	265
Der Fluxkompensator *Sven Weiss*	275
Pygmalions Insel *Nora Spiegel*	285
Die Autoren	297

Vorwort

Wirft man einen Blick in das Wörterbuch von Johann Christoph Adelung (1732–1806), das lange vor dem Duden wie kein anderes unter den Schriftsteller*innen des 18. und 19. Jahrhunderts verbreitet war, so erfährt man einiges über Maschinen und die Faszination, die sie schon immer auf Menschen auszuüben vermochten. »Eigentlich«, so heißt es dort nämlich, sei eine Maschine »ein jedes künstlich zusammen gesetztes Ding ohne Leben oder eigne Bewegung«. Doch damit nicht genug: Unter einer anderen Perspektive könne eine Maschine auch als »lebendiges Wesen« verstanden werden, »welches nur durch mechanische, oder fremde, von außen her empfangene Ursachen wirkt, nicht nach eigenen vernünftigen Einsichten handelt.« Eine Maschine, so lässt sich daraus schließen, ist unbeweglich und beweglich zugleich, zusammengesetzt und doch eine Einheit, sowohl tot als auch lebendig – in ihrer Widersprüchlichkeit kaum zu fassen. Adelungs Versuch, eine ebenso treffende wie umfassende Definition zu finden, stößt offensichtlich an ihre Grenzen.

Was den Verfasser eines Wörterbuchs möglicherweise geärgert haben mag, ist genau der Punkt, an dem die Phantastik ihnen berauschend-farbenfrohen, aber auch düster-schauerlichen Facetten den Stoff für ihre Geschichten findet. Denken wir doch nur an Roboter und Raumschiffe, an Automaten, Uhrwerke oder Computer, an Kriegsmaschinerie, Dampfkraft und fragen nach künstlicher Intelligenz. Die Phantastik ist voll davon und zieht nicht selten gerade ihren Reiz daraus, von phantastischen Maschinen zu erzählen, die es gegeben hat, möglicherweise geben wird oder besser niemals geben sollte. Maschinen können dabei Erlösung bedeuten oder Schrecken, Machtstrukturen stützen oder stürzen. Nicht selten liegt lange ein Schleier darüber, ob etwas eine Maschine ist oder nicht, ob etwas nur aufgrund von Steuerung oder Programmierung entsteht oder ob sich doch ein eigener freier Wille eingenistet hat, in das, was Adelung ebenso »künstlich« wie ein »lebendiges Wesen« nennt. Verwunderlich ist deshalb nicht, dass Maschinen uns begeistern und erschrecken, uns in ihren Bann ziehen können.

Die Storyolympiade 2017/2018 hat genau aus diesen Gründen nach neuen phantastischen Geschichten gesucht, in denen vertraute oder auch ganz andersartige Maschinen eine zentrale Rolle spielen.

Ihre meist digitale Schreibmaschine angestellt, eine Geschichte verfasst und an uns geschickt haben daraufhin 175 Autor*innen. Für manche war es das erste Mal, andere haben es schon häufiger getan. Viel Veröffentlichungserfahrung brachte niemand mit, denn seit ihren Anfängen im Jahr 1999 richtet sich die Storyolympiade gezielt an junge Autor*innen, wobei jung nicht auf das biologische Alter bezogen ist, sondern auf das Autorenleben.

Aus den Einsendungen haben zwei Jurys in zwei Runden die besten 25 Geschichten ausgewählt. Diese Beiträge haben unsere Lektorinnen gemeinsam mit den Autor*innen noch einmal poliert und schließlich hat Torsten Low dieses wunderbare Buch daraus gemacht. Wie viele Arten von Maschinen beteiligt waren, dieses Buch zu ermöglichen, wissen wir nicht genau. Doch ihnen allen, den Maschinen wie ihren Besitzer*innen, wollen wir an dieser Stelle für ihren Einsatz, ihre Ideen, ihre Arbeit und ihre Zeit danken. Ohne sie könnte es die Storyolympiade nicht geben.

Allen Leser*innen wünschen wir spannende, schöne Stunden mit den nachfolgenden Geschichten, egal ob sie ein gedrucktes Buch in der Hand halten oder dafür lieber auf maschinelle Unterstützung vertrauen.

Herbst 2018,
Janko Kockott, Martin Witzgall und Felix Woitkowski

Die Menschmaschine

1. Platz
Johannes Gebhardt

Eine Bierdose prallte mit voller Wucht gegen Antons Kopf. Der klebrige Inhalt spritzte über sein Hemd, als sie aufplatzte. Mit Leichtigkeit hätte er ausweichen oder das Geschoss abfangen können. Außerdem wusste er, wer geworfen hatte, und hätte ein hochauflösendes Bild an die Behörden zur Fahndung weiterleiten können. Doch heute war kein guter Tag, um Überlegenheit zu demonstrieren. Vielleicht war das auch der Grund, weshalb sich die Sicherheitskräfte, die den Weg in das Studiogebäude säumten, nicht bemühten, derartige Zwischenfälle zu verhindern. Vielleicht standen sie im Herzen aber auch auf der Seite der wütenden Menschen.

Anton hatte das Gebäude fast erreicht, als sich das kakophonische Geschrei zu skandierten Worten umformte. »Watch! Watch! Watch!«, brüllte der Mob mit Hass in den verzerrten Fratzen. Man benötigte keine Audiofilterprogramme, um die Beleidigung zu verstehen. Sie reduzierten einen Androiden auf die Berechenbarkeit eines einfachen Uhrwerks: Watch, gebaut, um dem Menschen zu dienen, und außer dieser Funktion wertlos. Zu behaupten, die Wut würde an Antons metallener Oberfläche reflektiert wie Sonnenlicht, wäre eine Lüge. Ihm eine Verletzung seiner Gefühle zu unterstellen, wäre wiederum übertrieben.

Am meisten traf ihn, dass sich in der Meute ein Android befand, der ebenso diese Erniedrigung brüllte. Es handelte sich um eine alte Baureihe, und offensichtlich hatte man ihn gehackt. Da sich sein digitales Bewusstsein auf einer rudimentären, veralteten Version des Betriebssystems gründete, stand er nicht unter dem Schutz der kürzlich verliehenen Bürgerrechte für Androiden, und so hatte man ihm straflos dieses schändliche Verbrechen angetan. Der Hacker hatte ihm seinen Willen genommen und gezwungen, sich gegen einen Bruder zu wenden.

Anton schaltete für einen Moment seine optischen und auditiven Sensoren auf ein Minimum, um sich nicht von Fassungslosigkeit ob dieser Ungerechtigkeit übermannen zu lassen. Er musste sich sammeln. Es würde eine Zeit geben, für die Rechte dieser Androiden zu kämpfen. Heute war er aus einem anderen Grund in die bekannteste Talkshow des Landes geladen.

Die unzähligen feinen Minimotoren unter seinem Gesicht erzeugten ein Lächeln, und er straffte seine Haltung. Den Dreck der Wurfgeschosse auf seinem Hemd ignorierend ging er selbstbewusst an die Empfangstheke. Die blonde Rezeptionistin dahinter lächelte ihn warm an und reichte ihre Hand über den modernen Glastresen aus sich immer wieder neu formierenden Flüssigkristallen.

»Sie müssen Herr Anton Martin sein«, stellte sie freundlich fest. Der Android riss seinen Blick von der faszinierenden Glaskonstruktion los. Die sich ineinander reihenden Gleichungen der Kristallbindungen bargen eine Schönheit in sich, die den meisten Menschen sicherlich entging.

Eilig ergriff er ihre Hand. »Der bin ich, Frau Klara.«

Seine Optik hatte den Raum im Bruchteil einer Millisekunde erfasst, und ihm blieb der suchende Blick auf ihr Namensschild erspart. Sie schaute auf sein besudeltes Hemd und entschuldigte sich mit einer hilflosen Geste in Richtung des Eingangs.

»Es tut mir leid wegen des Krawalls vor der Tür. Ich habe schon bei den ersten Zeichen einer Zusammenrottung die Sicherheitskräfte alarmiert, aber die haben die Situation wie immer nicht unter Kontrolle.«

»Das ist schon in Ordnung«, wehrte Anton ab. »In weiser Voraussicht hat Evelyn mir ein Ersatzhemd mitgebracht. Wenn sie mich bitte zu ihr führen wollen?«

»Natürlich. Die Show geht ja bald los. Wissen Sie, die meisten Promis huschen hier einfach so vorbei oder nehmen den Hintereingang.« Sie ging voran. »Kommen Sie! Bis wir im Backstage sind, müssen Sie mir unbedingt von Evelyn erzählen.«

Trotz ihrer Bitte kam Anton nicht dazu, viel zu sagen, zum einen, weil Klara selbst andauernd sprach, zum anderen lenkten ihn die Gedanken an das bevorstehende Interview ab.

Es war mutig, zu diesem Zeitpunkt an die Öffentlichkeit zu treten, und nicht jeder Android aus seinem Bekanntenkreis hielt es für richtig. Bevor er selbst zu viel über die Entscheidung grübeln oder sie gar revidieren konnte, erreichten die beiden Backstage, und ein Produktionsassistent fing den Androiden sogleich ab.

»Da sind sie ja endlich! Nur noch 3 Minuten. Ihr Hemd sieht schrecklich aus.«

Er winkte hektisch jemandem zu, den Anton nicht sehen konnte, denn er hatte seine Sensoren vollständig auf Evelyn fokussiert. Sie stand ruhig und nur in geringem Maße nervös in all dem Durcheinander, und ein erleichtertes Lächeln erstrahlte auf ihrem Gesicht, als sie ihn entdeckte. Sogleich eilte sie zu ihm.

»Hi Anton, da bist du ja endlich. Na, alles klar?«

»Ein wenig aufgeregt bin ich schon.«

»Man sieht es dir nicht an.«

Der Android wusste, dass sie es sah. Sie wollte ihn ermutigen, und es funktionierte. Eilig kramte sie aus ihrer Handtasche das Hemd, das zwar nicht knitterfrei war, aber auf jeden Fall besser als sein mit Bier besudeltes. Kaum hatte er es angezogen, packte ihn der Produktionsassistent am Arm und führte ihn an den Rand der Bühne. Anton konnte bereits die Talkmasterin, Gabriela, erkennen, die auf einem einfachen Sessel saß und ihn ankündigte. Sie sah genauso aus wie auf dem Fernsehbildschirm. Die grellgelbe Kurzhaarfrisur bildete einen aufregenden Kontrast zu ihrer dunklen Hautfarbe. Ihr Gesicht strahlte authentisch ohne Tech-Addons oder chirurgische Veränderungen. Beides war seit geraumer Zeit außer Mode, da die Menschen einen Gegenpol zur Konformität der Roboter setzen wollten. Sein Führer lauschte einem implantierten Kopfhörer und entließ Anton mit einem sanften Schubs auf die Bühne. Die Optik des Androiden blendete die grellen Scheinwerfer ab, und er nahm aufbrausenden Applaus wahr.

Überwältigt von der Tatsache, dass ihn nun viele Millionen Menschen und Androiden sehen konnten – immerhin war Gabriela eine der berühmtesten Talkmasterinnen des Jahrzehnts – beanspruchte die Kalkulation von Zahlen und etwaigen Konsequenzen jedes Wortes, das er jetzt sagen würde, die gesamte Prozessorleistung. Als er länger als einen kurzen Augenblick stehenblieb, kam ihm seine Gastgeberin einen Schritt entgegen.

Anton tauchte aus seinen Gedanken auf, schüttelte kurz ihre Hand und nahm auf dem fliederfarbenen Sofa Platz. Aufgrund der aktuellen Leichtbauweise wog ein moderner Android nicht viel mehr als ein Durchschnittsmensch, weshalb die Sitzgelegenheit nicht wie bei Robotern früherer Generationen zertrümmert wurde. Der Applaus verebbte – scheinbar hatte der Moment seines Zögerns viel kürzer angedauert, als er es empfunden hatte – und Gabriela begrüßte ihn freundlich.

»Herzlich willkommen, Anton. Schön, dass Sie den Weg zu uns gefunden haben.«

»Vielen Dank für die Einladung.«

Damit war der Formalitäten Genüge getan, und die erfahrene Moderatorin begann das Gespräch. »Sie sind ein Android.«

Anton nutzte die folgende Pause, nicht sicher, ob er darauf eine Antwort geben sollte. »Wie unschwer zu erkennen ist.« Dabei klopfte er mit plastiküberzogenen Fingerspitzen gegen den Metallschädel. Einige Leute im Publikum lachten.

Seine Gastgeberin ließ sich nicht beirren. »Und seit einem halben Jahr können Androiden Ihrer Baureihe die Staatsbürgerschaft beantragen. Es gab viele Diskussionen im Vorlauf dieses neuen Gesetzes, und es wurde nicht ohne erheblichen Widerstand eingeführt. Für viele Zuschauer ist die Situation immer noch neu. Vielleicht wollen Sie ein paar Worte dazu verlieren?«

»Gerne.« Anton hatte sich an der politischen Diskussion vor der Einführung des neuen Gesetzes nicht beteiligt – es lag nicht in seinem Naturell -, war jedoch auf eine derartige Aufforderung gut vorbereitet. »Wie Sie sicherlich wissen, können Roboter seit Erfindung des Quantencomputers ein Bewusstsein entwickeln. Das trifft nach neusten Erkenntnissen ab Baureihe Q.13.J.2 zu. Der Forscher Dr. Sir Arthur Penn und seine Arbeitsgruppe haben bei einigen Modellen der Baureihe Q.13.J.4 zudem einen freien Willen nachgewiesen. Wie Bewusstsein und freier Wille funktionieren, kann man aktuell noch nicht erklären. Dazu ist die Technologie zu neu.« Der Android machte eine kurze Pause, er wollte nicht zu weit abschweifen. »Um es kurz zu machen: Man hat uns zu menschengleichen Wesen erklärt und in der Folge die Möglichkeit geschaffen, dass wir nach zahlreichen Tests die Staatsbürgerschaft erwerben können.«

Gabriela nahm ihr Stichwort wahr. »Ein menschengleiches Wesen, das dem Menschen doch an Kraft und Intelligenz weit überlegen ist. Manche behaupten sogar, dass Sie unsterblich seien. Sehen Sie sich als Weiterentwicklung des Menschen? Als Übermensch?«

Für den Bruchteil einer Sekunde spiegelte sich Ärger in der Mimik des Androiden. Er hatte ausdrücklich darum gebeten, die andauernde, hochsensible Diskussion heute nicht fortzuführen. Es gelang ihm jedoch, die Wut nicht in seiner Stimme mitklingen zu lassen. »Wie ich eben erwähnte, versteht man diese Technologie noch nicht vollständig. Es ist nicht möglich, das Bewusstsein eines Androiden aus einem irreparablen Körper zu transferieren. Somit sind wir nicht unsterblich. Vielleicht wird das in der Zukunft möglich, vielleicht wird es dann auch möglich, einem menschlichen Bewusstsein Unsterblichkeit zu verleihen.«

Gabriela kommentierte seine Erwiderung nicht, da sie ebenso gut wusste, dass diese Diskussion ausgelutscht war. Anton war stolz auf sich, er hatte diese Welle geschickt umschifft. Stattdessen kam die Moderatorin zum eigentlichen Thema der Sendung.

»Vor einem halben Jahr haben Sie also die Staatsbürgerschaft erhalten, und jetzt wollen Sie heiraten.« Mit Blick in die Kamera fügte sie hinzu: »Und zwar nicht einen anderen Androiden, sondern einen Menschen!«

Die Aufschreie der Empörung im Publikum hatte Anton erwartet. Das Fehlen von fliegenden Bierdosen dagegen überraschte ihn positiv. Der Android wandte sich von der Menschenmasse und den Kameras ab und suchte den Blickkontakt mit der Moderatorin. Er nickte leicht, aber bestimmt. »Das ist richtig.«

Die Talkmasterin war für ihre Neutralität gegenüber ihren Gästen und den besprochenen Themen bekannt, dennoch konnte er den in ihren Augen funkelnden Ekel nicht übersehen. Anton, der Android, kannte die Argumente. Von rationalen Einwänden bis zu hasstriefenden Vorwürfen jenseits jeglicher Logik war ihm schon einiges entgegengespuckt worden. Heute war er nicht nur hier, um zu seiner Entscheidung zu stehen, sondern auch, um sich zu erklären. Um Toleranz und Verständnis zu erzeugen. Im besten Fall sogar Respekt.

Als Mensch hätte er noch einmal tief Luft geholt, als Android suchte sein Prozessor aus unzähligen Probeformulierungen die Essenz. Sein interner Speicher sandte ihm ein Bild des Menschen, wegen dem er hier war. Als er sprach, war seine Stimme ruhig. »Ich verstehe die Angst vor dem Neuen, dem Andersartigen. Ohne diese

Vorsicht bleibt keine Spezies lange am Leben. Aber der Mensch ist nicht einfach irgendeine Spezies. Er verfügt über einen außerordentlichen Verstand, einen Verstand, der über Jahrhunderte immer neue Wunder geschaffen hat. Einen Verstand, der uns erschaffen hat. An diesen Verstand appelliere ich, keine Angst zu haben. Die Staatsbürgerschaft wird nicht an Staubsauger vergeben.« Ein leises Kichern war im Publikum zu vernehmen, sonst herrschte Stille. Sie hörten ihm zu. Anton nutzte diese Chance und fuhr fort: »Diese Staatsbürgerschaft ist nicht nur eine Zeichenfolge in einem Archiv, sondern sie bedeutet etwas. Sie bekundet die Erkenntnis, dass ich menschengleich bin. Trotz Metallgerüst und haptischem Plastiküberzug. Mit allen Konsequenzen.«

Es kostete Anton viel Energie, die Angst vor hunderten berechneten Szenarien zu überwinden und zugleich aus unendlichen Möglichkeiten die seiner Meinung nach richtigen Worte zu finden. Abschalten wollte er die optischen Sensoren nicht. Daher richtete er seinen Blick auf den Boden, um seine Rechenleistung zu minimieren.

Die Talkmasterin schwieg für einen Moment, in dem die Angriffslust und das Misstrauen in ihren Augen verblassten. In ihrer nächsten Frage klang ehrliches Interesse mit: »Warum wollen Sie diese Frau heiraten?«

»Weil ich sie liebe«, antwortete Anton, ohne darüber nachzudenken.

Sein Gegenüber konnte ein Stirnrunzeln nicht verbergen: »Was bedeutet Liebe für einen Androiden?«

Diesmal nahm er sich einen Moment, mögliche Antworten durchzuspielen, entschied sich aber für eine ungefilterte Version.

»Liebe ist Zuneigung, nur ein bisschen mehr. Liebe ist Vertrauen, nur ein bisschen mehr. Liebe ist Hoffnung, nur ein bisschen mehr.«

Sein Blick wanderte in Richtung Backstage. Er konnte Evelyn nicht sehen, aber dort musste sie sein.

»Wenn mein Exmann das zu mir gesagt hätte, hätte ich ihn sicher nicht verlassen«, scherzte Gabriela. Sie berührte den Androiden kurz am Arm und nickte im freundlich zu. Ein erster Schritt war getan. Anton spürte Erleichterung. Gabriela wollte zu einer neuen Frage ansetzen, als ein Schrei im Publikum alle Aufmerksamkeit auf sich zog. Ein Mann sprang auf und brüllte: »Es reicht! Ich höre mir diesen Scheiß nicht länger an! Das ist widerlich! Diese gottverdammten Roboter müssen vernichtet werden.«

Er öffnete den Reißverschluss seiner Jacke, offenbarte verkabelte Sprengladungen und stürmte nach vorne. Sein Gesicht war von Hass entstellt. »Stirb, Watch!«

Der Android erfasste in einer Millisekunde die Situation, bewertete sie und reagierte. Ohne sich zu erheben, riss er das Bein des Sofas ab und schleuderte es in der gleichen Bewegung mit voller Kraft auf den Angreifer. Der Kopf des Mannes zerplatzte.

Es herrschte schockierte Stille im Gerichtssaal. Auf einen ärgerlichen Wink des Richters hin wurde das blutige Standbild endlich abgeschaltet. In dem Saal waren schon viele schreckliche Bilder gezeigt worden, aber zum ersten Mal saß ein Android auf der Anklagebank. Entsprechend groß war das öffentliche Interesse.

Richter Teller wandte sich an den Angeklagten: »Ich habe nicht die Intention, hier ein Schauspiel zu veranstalten. In meiner Amtszeit habe ich genug Schmerz und Hass für mehrere Menschenleben gesehen. Um das Prozedere abzukürzen, beginnen wir mit der wichtigsten Frage: Sie plädieren auf Notwehr, Android Anton Martin?«

Die Hände des Angesprochenen lagen auf seinen Oberschenkeln, und er wirkte für einen Moment, als meditiere er. Das Video hatte das Geschehen aus einem anderen Blickwinkel präsentiert. Dennoch konnte Anton keine andere Lösung der Situation berechnen. Zudem war die Vergangenheit unabänderlich. Mit Überraschung im Gesicht antwortete er: »Nein.«

Der Richter kniff misstrauisch die Augen zusammen: »Wir alle haben die Bombe gesehen.«

»Dann sind Ihre Risikoberechnungen wahrscheinlich noch nicht übermittelt worden. Die psychologische Einschätzung einer Extremsituation ist nicht mein Spezialgebiet, aber ich war mir sicher, der Attentäter wollte sein Vorhaben durchführen. Die Bombe hätte jeden Menschen im Umkreis von zwölf Metern mit einer Wahrscheinlichkeit von 97,5% getötet. Bis zu einem Umkreis von 25 Metern berechne ich den Eintritt des Todes mit einer Wahrscheinlichkeit von 79% und bei 35 Metern 62%. Ich selbst hätte mit nur leichten materiellen Schäden eine Explosion überstanden.«

Es dauerte einen Moment, bis der Richter die Konsequenz dieser Aussage verstand: »Dann haben Sie Menschenleben gegeneinander abgewogen? Ich dachte, das verbieten die Robotergesetze?«

Anton lächelte nachsichtig: »Ich habe einen freien Willen, es gibt keine bindenden internen Gesetze. Deswegen bin ich hier, mich Ihrem Urteil zu stellen. Ich habe es jedoch nicht getan, um die Menschen im Publikum zu schützen.«

»Warum dann?«

War das nicht schon längst klar? Wenn es ausgesprochen werden sollte, wollte er dies gerne tun.

»Evelyn war dort.«

Trotz seiner Quantenprozessoren, die tausendfache Abwägungen verschiedener Handlungsmöglichkeiten durchgeführt hatten, war die Entscheidung die einzig richtige gewesen. Auch wenn dies bedeutete, er musste sich opfern, um sie zu retten. »Was hätten Sie getan?«

Kinder der Maschine

2. Platz
Thomas Heidemann

Der Mann, der vor mir im Hubschrauber sitzt, ist nicht Dmitri Pawlowitsch Adamow. Auch wenn er selbst es glaubt, auch wenn er genauso aussieht wie der reichste Mann Russlands – er ist lediglich eine Kopie. Ein Kind der Maschine.

Der echte Adamow, der Mann, der mich für diese Mission angefordert hat, ist tot. So wie Swetlana und die übrigen Wissenschaftler.

Ich bin der einzige Überlebende.

Und ich habe Angst, dass er es herausfindet.

Vor zwei Tagen:
»Wir bekommen Besuch, Arkadi.«

»Was?« Ich hatte an der Flanke des Hubschraubers Schutz vor dem schneidenden Wind gesucht, der von Piramida herüberwehte. Bis auf das Forscherteam, das wir unterstützen sollten, lebte niemand in der ehemaligen russischen Bergbausiedlung auf Spitzbergen.

Ich folgte Adamows angespanntem Blick.

»Das ist nicht Swetlana.«

Ich wunderte mich über die Bemerkung des Oligarchen. Natürlich konnte die Gestalt, die sich uns über die rissige Betontrasse näherte, nicht Swetlana sein. Die Projektleiterin war an den Rollstuhl gefesselt.

»Ich glaube, es ist Jakunin«, sagte ich.

Adamow gab einem der Kanadier, die im Frachtraum mitgeflogen waren – ein weizenblonder Riese namens Ramsay –, ein Zeichen. Ramsay nickte und verschwand im Hubschrauber.

Der fünfköpfige »Bautrupp«, wie Adamow die verschworene Gruppe nannte, war mir suspekt. Zu schweigsam, zu verkniffen.

Inzwischen war ich mir sicher, dass es Boris Jakunin war, der trotz Temperaturen nahe dem Gefrierpunkt in dünner Laborkleidung auf uns zulief. Er hatte mit mir am Projekt gearbeitet, als es noch zur Entwicklungsabteilung von *Integral Protezy* gehört hatte.

Ich winkte ihm zu.

»Das gefällt mir nicht«, sagte Adamow leise.

Mir gefiel das auch nicht. Vor allem, als ich die Pistole in Boris' Hand entdeckte.

»Adamow!« Jakunins Stimme wehte dünn zu uns herüber. »Sie dürfen nicht hierbleiben! Steigen Sie in den ...« Ohne ersichtlichen Grund begannen seine Arme zu zucken. Aus dem Lauf wurde ein Taumeln.

»Legen Sie die Waffe auf den Boden!«, rief Adamow. »Und dann kommen Sie her und lassen sich eine Jacke geben. Sie werden noch erfrieren.«

Boris blieb stehen. Der Wind zerzauste ihm die Haare und ließ den Kittel um die Beine flattern.

Er hob die Waffe und zielte in unsere Richtung.

»Boris ...!« Ein Knall schnitt meine Stimme ab, so nah, dass ich die Druckwelle spürte.

Ich schwankte, überzeugt, getroffen zu sein, bis das Echo des Schusses von den Berghängen widerhallte und Boris mit dem Gesicht auf dem Beton aufschlug. Von den Fenstersimsen der Geisterstadt stiegen Schwärme von Vögeln auf.

Ich blickte hinter mich. Ramsay stand im offenen Hubschrauber und ließ langsam ein Scharfschützengewehr sinken.

Soviel zum Thema »Bautrupp«.

Der Lärm hatte meine Kollegen aufgeschreckt, die auf der anderen Seite des Hubschraubers unser Gepäck auf einen Elektro-Trolley luden. Irina Malejewa, die Transplantationsmedizinerin, schlug die Hände vor den Mund. »Sehen Sie nach, ob Sie noch was für ihn tun können«, befahl Adamow.

Irina griff sich den Notfallkoffer und marschierte in die eisige Einöde hinaus.

»War das eins der Probleme, die wir hier lösen sollen?« Witali Jurjewitsch Koslow, der unser Team als Kybernetiker komplettierte, trat neben Adamow.

Der Milliardär schlug den Kragen hoch. »Ich fürchte, die Probleme sind umfangreicher als befürchtet.« Er blickte erst Witali, dann mich an. »Vielleicht brauche ich Sie etwas länger hier.«

Ich half Witali, unsere Ausrüstung fertig zu verstauen, während Ramsay und seine Leute ein Aluminiumgehäuse von der Größe eines Wäschetrockners auf dem zweiten Trolley festzurrten.

»Irgendeine Idee, was da drin ist?«, raunte ich dem Kybernetiker zu.

Witali zuckte mit den Schultern. »Wollen wir das wirklich wissen? Wir machen unseren Job, die machen ihren.«

Als wir Irina erreichten, sah ich in den Augen der Ärztin, dass für Boris jede Hilfe zu spät gekommen war.

Ich wandte mich ab. Wenn man Gewebedesign studierte, hatte man zwangsläufig mit Leichen zu tun, aber es war etwas anderes, wenn man den Toten kannte.

»Witali, den Van-Eck-Sniffer!«, forderte Irina. An Adamow gewandt, fügte sie hinzu: »Jakunin trägt ein Implantat.«

Witali reichte ihr das einem Video-Pod ähnelnde Gerät. Irina fuhr damit über Boris' Schläfe.

»Hier ist ganz schön was los. GLONASS, GPS, Galileo ... oh, und ein terrestrischer Upload-Stream. Da geht mehr durch als bei 'nem Filmabend mit meiner Tochter.«

»Das ist krass.« Witali klang aufgekratzt. Der Tod seines Kollegen schien ihn kaltzulassen. »Reden wir hier über einen Neuro-Uplink?«

»Haben Sie alles dabei, um eine Autopsie durchzuführen?«, fragte Adamow.

Irina verzog das Gesicht. »Schon. Aber bestimmt nicht hier in der Kälte.«

»Im Hotel ist eine Krankenstation.«

Ramsay ging mit seinen Männern voraus und sicherte das Gebäude. Erst als er uns aus dem dritten Stock zuwinkte, folgten wir mit den Trolleys und Boris' Leichnam.

»Alle ausgeflogen«, empfing Ramsay uns an der Eingangstreppe.

»Wenigstens die beiden Servicekräfte sollten hier sein«, sagte Adamow nachdenklich.

»Hier ist niemand, Sir. Die Zimmer sehen bewohnt aus. Keine Spuren von Gewalt.«

»Schön, Mr. Ramsay. Sie gehen rüber ins Labor – das Gebäude mit der Aluminiumfassade – und liefern das Paket aus. Witali, Sie helfen Irina. Ich lasse einen der Kanadier bei Ihnen.«

Zehn Minuten später schlenderten wir über den Platz zwischen den holzverkleideten Wohnblöcken. Das Labor lag am anderen Ende, im ehemaligen Kulturzentrum. Eine vergessene Lenin-Büste bestrahlte die Geisterstadt mit ihrem visionären Blick.

»Piramida ist ideal für Sie, nicht wahr?« Ich wusste nicht, woher ich den Mut für diesen Vorstoß nahm. »Keine Regierungsbehörden, kein ausländischer Geheimdienst, keine konkurrierenden Konzerne.«

Adamow blickte mich mit undurchschaubarer Miene an. »Hat meine Erklärung Sie nicht überzeugt, dass es hier um Kühlung für die Organbank geht? Um die Verfügbarkeit von Plankton für die Zooplasma-Gewinnung?«

Er deutete auf die Meerwasser-Pipeline, die vom Fjord her zum Forschungslabor führte.

Ich straffte mich. »Nein.«

Der Milliardär lachte und klopfte mir auf die Schulter.

»Sie haben recht: Dieses Projekt geht niemanden etwas an. Zumindest nicht, bis es serienreif ist und ich die alleinige Kontrolle darüber habe.«

»Und Sie glauben, Swetlana hat jetzt den Durchbruch geschafft?«

»Habe ich das gesagt?«

»Sie haben erwartet, sie ohne Rollstuhl zu sehen.«

Adamow rieb sich das Kinn. »Sie gefallen mir, Arkadi. Ihnen kann ich nichts vormachen.«

Ich rätselte, ob das als Lob oder Drohung gemeint war.

»Swetlana hat mir eine Video-Nachricht geschickt. Nur ein Satz: ‚Ich brauche Sie hier so schnell wie möglich.' Sie saß nicht im Rollstuhl. Sie *stand*, Arkadi.« Er seufzte. »Hier geschehen Dinge, die ich nicht verstehe. Ich muss meinen Laden in Ordnung bringen.«

»Deshalb der *Bautrupp?*«

»Ich bereite mich gerne auf alle Eventualitäten vor.«

»Und ich? Bin ich auch eine Art Rückversicherung für Sie?«

Adamow zögerte mit der Antwort. Dann blieb er stehen und blickte mir direkt in die Augen. »Ich weiß, dass Sie eine Schwäche für meine Projektleiterin haben.«

»Was?« Ich unterdrückte den Reflex, alles abzustreiten. »Oh, ich verstehe. Swetlana hat Ihnen erzählt, warum sie mich aus dem Team geworfen hat. Hören Sie, alles, was ich getan habe, war, sie zum Essen einzuladen. Ich wusste nicht, dass sie so empfindlich ...«

»Halten Sie die Klappe, Arkadi. *Ich* habe Sie aus dem Team genommen.«

»*Sie* haben ...?«

»Wissen Sie, was ich in Swetlana investiert habe? Jede Ablenkung hätte sie zurückwerfen können.«

Hitze wallte in mir hoch. Ich stellte mir vor, wie meine Faust in sein Gesicht drosch, wie es sich anhörte, wenn seine Nase brach ...

»Aber jetzt, Arkadi«, fuhr mein Arbeitgeber fort, »wäre es mir ganz recht, wenn Sie Swetlana noch etwas bedeuteten. Für den Fall, dass sie ... sich verändert hat.« Er zwinkerte mir zu, als wäre damit alles geklärt zwischen uns.

»Okay«, sagte ich und ärgerte mich über meine Nachgiebigkeit.

Adamow zog sein Pad aus der Tasche. »Ramsay hätte sich längst melden sollen.«

Er versuchte einige Male, den Kanadier zu erreichen. Vergeblich.

»Wir gehen rein.« Er griff unter seine Jacke.

Eine Waffe. Natürlich. Mit klopfendem Herzen folgte ich dem Oligarchen ins Untergeschoss des Labors.

Wir fanden den Trolley am Fuße einer Treppe. Die Metallbox war fort.

»Sie sind oben«, raunte Adamow. »Bei der Maschine.«

»Mein Gott, was ist das? Fort Knox?« Ich legte eine Hand auf die Panzertür, zu der Adamow mich geführt hatte.

»Dahinter liegt der Drucker«, sagte Adamow. »Höchste Sicherheitsstufe.«

»Wie kommen wir da rein?«

»Das ist *mein* Haus. Ich habe einen Schlüssel unter der Fußmatte versteckt.« Er gab etwas in sein Pad ein, und die Verriegelung glitt zurück. Die Tür schwang auf.

Ich blieb hinter Adamow, als er mit der Pistole im Anschlag das Allerheiligste betrat.

Drei reglose Körper lagen im Raum verstreut.

Adamow kniete sich neben einen der Söldner. »Sieht aus, als wäre er erstickt.«

Ich schluckte. Drei Tote. Ramsay war nicht darunter.

»Wir können nichts für sie tun. Sehen wir uns den Drucker an.«

Die Maschine war der nächste Schock.

»Das ist kein Gewebedrucker!« Ich lachte hysterisch auf. »Das ist eine Fabrik. Ein Monstrum. Aber es ist faszinierend.«

Zwei liegende Zylinder, die an MRT-Röhren erinnerten, dahinter eine Batterie flüssigkeitsgekühlter Tanks, in denen ich das aus dem Plankton gewonnene Zooplasma vermutete – die Grundsubstanz für den molekülgenauen Gewebeaufbau.

Hinter einer gläsernen Trennwand ragte der Rechnerturm auf, ein schwarzer Monolith, über dessen Oberfläche Lichtsignale geisterten.

Der Eindruck, von ihm beobachtet zu werden, ließ mich frösteln.

Ich trat an den rechten Zylinder. Er besaß eine transparente Seitenwand, durch die ich schemenhafte Bewegungen wahrnahm.

»Mein Gott.«

Ich taumelte zurück. Ein saurer Geschmack machte sich in meinem Mund breit.

»Ist es das, was ich denke?« Adamow beugte sich zur Sichtscheibe vor und atmete keuchend ein.

In der Röhre trieb ein menschlicher Körper in einer klaren Flüssigkeit, von silbrigen Filamenten in Position gehalten. Bis zum unteren Rippenbogen war er vollständig. Daraus hervor ragte, wie von Piranhas abgefressen, die nackte Wirbelsäule. Die huschenden Bewegungen stammten von winzigen Robotarmen, die das Gewebe von oben nach unten auf das Skelett webten. Organe wuchsen aus dem Nichts heran, blutleere Adern, Muskeln.

Der modernste Gewebedrucker bei *Integral Protezy* produzierte in drei Tagen ein menschliches Herz. Dieser erschuf innerhalb weniger Stunden einen ganzen Menschen.

Es war Boris.

Ruckartig richtete Adamow sich auf. »Die zweite Röhre!«

»Was ist damit?«

»Swetlana hat mich nicht über diese Erweiterung informiert. Das Team hat sie eigenmächtig entwickelt.«

Wir umrundeten den Zylinder, ohne einen Hinweis auf seine Funktion zu finden. Nirgendwo existierte ein Bedienfeld oder eine Statusanzeige. Nur ein enervierendes Klicken aus seinem Inneren verriet, dass das unbekannte Gerät aktiv war.

Ein Handrad an der kreisrunden Luke in der Stirnseite stellte die einzige sichtbare Möglichkeit zur Einflussnahme dar.

Ich legte eine Hand darauf. »Sollen wir versuchen, es zu öffnen?«

»Das würde ich an deiner Stelle nicht tun.«

Mein Bauch krampfte sich zusammen. Ich kannte die Stimme.

»Swetlana …«

Sie stand in der Schleuse zum Rechnerraum. Sie *stand*. Nein, sie schwebte beinahe.

Ihre Körperhaltung war die einer Balletttänzerin: ein starker Muskeltonus, eine sichere Balance. Und sie war schön, so viel schöner als damals, als ich geglaubt hatte, ihre Zuneigung gewinnen zu können.

Sie lächelte mich an.

Sie lächelte auch noch, als Adamow die Pistole auf ihren Kopf richtete.

»Stehenbleiben!«

Swetlana hob die Hände; eine spielerische Geste, die deutlich machte, dass Adamows Drohung sie nicht beeindruckte. »Dmitri. Schön, dass du so schnell kommen konntest.«

»Vielen Dank für die Einladung«, sagte Adamow mit trockenem Sarkasmus. »Du wolltest mich in eine Falle locken.«

Swetlana runzelte die Stirn. »Gab es an meiner Botschaft etwas falsch zu verstehen?«

»Genug, um mit Verstärkung anzurücken.« Er wies mit dem Kinn auf die toten Söldner. »Du hast sie ermordet.«

»Ich bedaure das. Sie haben eine Bombe vor dem Rechner platziert.«

»Die Bombe war als Druckmittel und letzter Ausweg gedacht. Nachdem ich keinen Kontakt mehr mit dir herstellen konnte, musste ich davon ausgehen, dass der Rechner kompromittiert ist.«

»Wie hast du sie umgebracht?«, fragte ich.

»Kohlenmonoxid. Keine Sorge, die Raumluft ist unmittelbar danach erneuert worden.«

»Was ist in dem linken Zylinder?«

»Der lange Blonde. Ich habe beschlossen, ihm das Leben zu retten.«

»Das ist also eine Art Heiltank?«, fragte Adamow.

Swetlana lachte. »Nein, so etwas brauchen wir nicht. Das ist der Scanner.«

»Ich will sehen, was mit Ramsay passiert.«

»Bist du sicher?«

»Ja, verdammt!« Adamow wedelte mit der Pistole. »Das ist *meine* Maschine! Mein Projekt! Ihr habt mich jahrelang hintergangen, falsche Berichte abgeliefert, mein Vermögen verpulvert. Ich will jetzt wissen, wofür das alles gut war.«

»Schön.« Swetlana schloss die Augen.

Gleichzeitig verwandelte sich die Oberfläche des Rechners in einen riesigen Bildschirm.

Wir sahen Ramsay wie in einem Sarg liegen, nackt und merkwürdig farblos.

Seine Beine endeten oberhalb der Knie. Wie im Drucker wirbelten Robotarme emsig über den unvollständigen Körper. Nur dass diese ihn Schicht für Schicht abtrugen.

»Es tut nicht weh«, hörte ich Swetlana wie aus weiter Ferne. »Ich war die erste, die den Scanner getestet hat, und die anderen sind mir gefolgt. Sämtliche Körperdaten wurden in den Rechner übertragen, mein gesamtes Erbgut, mein Bewusstsein. Dabei wurden alle Defekte ausgefiltert. Mein neuer Körper ist perfekt. Ich fühle mich so glücklich und lebendig wie nie zuvor.«

»Du ... du bist tot!«, brauste ich auf. »In Scheiben geschnitten. Aufgelöst. Ich weiß nicht, was du *jetzt* bist, aber du bist kein Mensch!«

»Ich bin nicht tot. Sieh mich an, Arkadi! Sieh dir Boris an, der gerade wiedergeboren wird. Wir müssen nicht mehr sterben.«

»Boris ... Oh nein.« Das Implantat ... der Uplink ... Boris hatte mit der Maschine in Kontakt gestanden. Sie musste in seine Motorik eingegriffen haben, als er – oder ein Echo seines früheren Ichs – Adamow warnen wollte. Vor Swetlana. Vor der Maschine, die ihn fressen und neu erschaffen wollte. Weil sie mit Adamow als Marionette *alles* erreichen konnte.

Ich schwankte, von einem plötzlichen Schwindel erfasst.

»Sie müssen die Maschine sprengen, Dmitri Pawlowitsch«, stieß ich hervor. »Sie können die Bombe über Ihr Pad zünden, richtig?«

»Ja.« Die Pistole zitterte in seiner Hand.

»Du kannst dein Lebenswerk nicht zerstören, Dmitri«, sagte Swetlana sanft. »Komm zu uns. Wir brauchen dich.«

»Erschießen Sie sie!« Eine Schmerzwelle brandete von innen gegen meine Stirn.

Adamow blickte mich an, aschfahl im Gesicht, und griff sich an den Kopf.

Täuschte ich mich oder brummte die Lüftung lauter als zuvor?

Auch Swetlana wankte, aber sie lächelte dabei.

Die Tür schloss sich zischend.

Heute:

Die Rotorblätter des Hubschraubers beginnen sich zu drehen. Der Pilot checkt zum letzten Mal die Systeme.

»Sie sind reich beschenkt worden, Arkadi.« Adamow blickt mich über die Schulter an. »Sie können dankbar sein.«

»Das bin ich.« Jedes Wort könnte mich verraten.

»Wir werden ein weltweites Netzwerk aufbauen«, fährt er in sachlichem Tonfall fort. »Auch wenn es ein Jahrhundert dauert, bis wir die Kapazität erreicht haben, jeden Menschen zu scannen.«

»Wir haben Zeit«, sage ich und zwinge mich zu lächeln.

Natürlich ist meine Zeit knapper bemessen als seine. Meine restliche Lebenszeit, die Swetlana mir gewährt hat. Oder der Teil von ihr, der damals gern mit mir ausgegangen wäre. Der mich aus dem Druckerraum getragen hat, fort vom tödlichen Kohlenmonoxid.

»Warum, Swetlana?«
»Weil du ein Mensch bist.«

»*Und Adamow?*«
»*Er war schon immer eine Maschine.*«

Ich greife verstohlen in die Jackentasche. Adamow hat sein Pad nicht vermisst. Und niemand hat den silbernen Kasten vom Rechner entfernt.

Ich sehe Swetlana vor mir. Ihre kalte Rationalität. Ihr warmes Lächeln.

Niemand wird mir die Entscheidung abnehmen.

Evolution

3. Platz
Renée Engel

Die Metallstange verfehlte Sams Ellbogen knapp und krachte gegen die Anrichte. Als der Einbrecher ein zweites Mal ausholte, packte Sam dessen erhobenen Arm und bog ihn nach hinten; mit der anderen Hand umschloss er den Hals des Gegners.

Unwillkürlich drehte der Mann den Körper mit, um dem Schmerz zu entgehen, während er mit der freien Hand an den Fingern zerrte, die mit kaltblütiger Konsequenz seine Luftröhre zudrückten.

Sam registrierte eine beschleunigte Herzfrequenz sowie eine einsetzende Zyanose im Gesicht des Mannes. Abgesehen davon zeigten dessen Vitalfunktionen keine Anomalien, auch fehlten jegliche Anzeichen der Infektion. *Ein bemerkenswertes Exemplar*, dachte er.

Als der Angreifer mit der freien Hand ein Küchenmesser zu fassen bekam, zog Sam ruckartig dessen Arm gerade und rammte den linken Handballen gegen den Bizeps, so schnell, dass ein menschliches Auge der Bewegung kaum folgen konnte. Der Knochen knackte wie ein trockener Ast, auch das Schultergelenk knirschte.

Ächzend brach der Mann in die Knie. »Du verdammtes Arschloch! Ich werde dich …«

Sam wartete nicht ab, was der Mann würde, wenn er könnte. Mit beiden Händen umschloss er den Kopf des Gegners und riss ihn herum. Diesmal klang es wie das Brechen eines morschen Baumstammes. Schwer sackte der Körper auf dem Küchenfußboden zusammen.

Der Wasserkessel pfiff.

»Sam? Ist alles in Ordnung?«, klang es von oben, gefolgt von einem heftigen, heiseren Husten.

»Alles in Ordnung, Lizzi.«

Sam stieg über die Leiche, um Tee aufzugießen. Solange der Tee zog, räumte er die Küche auf. Nach exakt vier Minuten und fünf Sekunden warf er die abgetropften Beutel in den Recycler.

Er verbrauchte ungern Energie für so einfache Tätigkeiten wie die Zubereitung eines Aufgussgetränks, weil er Ressourcen sparte, wo es ging. Aber Lizzis Husten war stärker geworden; sie würde nicht mehr lange durchhalten.

Im Vorratsschrank hatten sich Motten eingenistet, seit die Insektenschranke und der Alarm für Schädlingsbefall ausgeschaltet waren. Nun, es gab sowieso nicht mehr viel zu befallen, und ein paar zusätzliche Proteine konnten sicher nicht schaden.

Mit der linken Hand hob er das Tablett auf und ging zur Tür. Er erwischte sich dabei, wie er den Öffnungscode in die Tastatur tippen wollte, obwohl die Tür offenstand. Die kognitiven Fehlfunktionen häuften sich, vermutlich wegen gelegentlicher Spannungsschwankungen in seiner Brennstoffzelle. Lizzi hätte die Zelle längst austauschen müssen, aber *ihr* Projekt war ihr wichtiger. *Bald ...*

Im finsteren Flur meldeten seine Infrarotsensoren huschende Nager, die sich vor seinen Füßen in Sicherheit brachten. Er würde die zerbrochene Scheibe an der Hintertür flicken müssen, damit nicht noch mehr kleine oder größere *Schmarotzer* hereinkamen.

Der Plünderer in der Küche hatte ihn überrascht. Obwohl der letzte seit zwei Jahren, sechs Monaten, zehn Tagen, neun Stunden, fünf Minuten und sieben Sekunden in der Klärgrube verrottete, hätte er wissen müssen, wie zäh die menschliche Spezies war.
Wie Unkraut.
Dieser Gedanke war vor Jahren in seinem frontalen Kortex aufgeplatzt, als Menschen in Folge schwerer, globaler Krisen einen permanent mutierenden Virus mit einer Mortalitätsrate von 99,9 Prozent erschufen und *unabsichtlich* freiließen. Damals hatte sich der Gedanke in seinen Erfahrungsroutinen festgefressen, wo er immer wieder auftauchte. Wie in einer Endlosschleife, auf die er keinen Einfluss hatte.

Durch eine Glaskuppel in der Decke fiel Mondlicht in das Innere des Wohnzimmers mit der umlaufenden Galerie. Sam stellte das Tablett auf einen Beistelltisch vor dem Kamin und drehte sich um.

Zwei Bücherregale flankierten die Feuerstelle, die beide eine repräsentative Auswahl klassischer Romane, historischer Werke und alter Philosophen beherbergten.

Wie oft hatte er mit Lizzi hier vor einem prasselnden Feuer gesessen, ihr vorgelesen und das Gelesene diskutiert. Sie hatte ihn angelächelt mit Augen, blau wie Saphire, die Ärmchen um die angezogenen Knie geschlungen und gebettelt: »Sam, lesen wir *Gullivers Reisen* weiter?«

Fünfzig Jahre war das her. Fünfzig Jahre, in denen das Virus mit einem Großteil der Menschheit kurzen Prozess gemacht hatte und den Forschern, unter anderem in dieser Enklave, immer mehrere Schritte voraus war.

Zielsicher griff Sam die zwei Werke, nach denen Lizzi heute gefragt hatte, *Utopia* und *Frankenstein*, und stapelte sie auf dem Tablett.

Im Grunde brauchte er die Bücher nicht; die Klassiker bildeten die Basis seines humanistischen Lerntrainings, ebenso wie ihre Interpretation durch einstmals berühmte Schauspieler. Aber Lizzi liebte das knisternde Geräusch beim Umblättern der Seiten.

Bevor er das Tablett aufnahm, kontrollierte er die Rattenfalle im Kamin. Seit langem hatte hier kein Feuer mehr gebrannt, zum einen, weil sie Brennholz sparen mussten, zum anderen, weil die defekte Filteranlage im Schornstein sie verraten hätte. Jetzt lieferte der Kamin statt Wärme gelegentlich etwas Fleisch als willkommene Bereicherung des Speiseplans.

Behutsam hob er das Tablett auf und erklomm die Treppe zur Galerie, von der eine Reihe von Türen abging.

Lizzis Vater hatte den Wohnbereich so angenehm wie möglich gestalten lassen. Ein unbefangener Besucher hätte beim Anblick der Holztäfelung, des geschnitzten Geländers und der Familienphotos an den Wänden nie das Hightech-Labor vermutet, dass sich tief unter der Landhausfassade verbarg.

Erst bei näherer Betrachtung wäre ihm vielleicht aufgefallen, dass der gutaussehende, dunkelhaarige junge Mann auf den Porträts nicht alterte – im Gegensatz zu dem rothaarigen Mädchen, das auf den Bildern vom Kind zum schlaksigen Teenager, zu einer Mittzwanzigerin mit Doktorhut und schließlich zu einer ernsten, hübschen Frau mittleren Alters reifte, je weiter man die Galerie entlangschritt.

Auf einem der letzten Fotos lachte die Frau übermütig in die Kamera, während der junge Mann das Viktory-

Zeichen mit der rechten Hand zeigte. *Dr. Dr. Elisabeth Schäfer mit S-A-M* prangte in Goldbuchstaben auf dem unteren Rand des Rahmens.

»Wir haben viel zusammen durchgemacht.«

Sam, der vor dem Foto stehen geblieben war, drehte sich um. »Du sollst doch im Bett bleiben.«

Lizzi lehnte im offenen Türrahmen ihres Schlafzimmers. »Das ist nicht mehr wichtig«, sagte sie. Sie zog den Morgenmantel enger um den Körper und schloss zu ihm auf. Mit dem Kinn deutete sie Richtung Wand. »Das hat Stefan geschossen, kurz bevor die Krankheit bei ihm ausbrach, weißt du noch?«

»Ich vergesse nie etwas, Lizzi«, log er.

»Natürlich.« Sie lächelte. »Wir waren damals unglaublich naiv. Während wir an einen Durchbruch glaubten, hat das verfluchte Virus Hase und Igel mit uns gespielt«, fuhr sie fort. Müde lehnte sie den Kopf an seine Schulter. »Ich will nicht mehr laufen, Sam. Und ich kann nicht mehr.«

Er stellte das Tablett auf eine Kommode und legte ihr den Arm um die Schultern. Wie mager sie geworden war! Eine Folge der permanenten Mangelernährung und eines Erregers, der den Erkrankten im Zeitraffer altern ließ. Ihr prächtiges rotes Haar hatte sich am Ansatz fast über Nacht weiß verfärbt, tiefe Falten in den Mund- und Augenwinkeln betrogen sie um mindestens dreißig Jahre. Selbst die Saphiraugen verschwanden langsam unter einem trüben Schleier. Dazu kam der Husten, dem ihr ausgemergelter Körper nichts entgegenzusetzen hatte.

»Du solltest dich hinlegen«, sagte er. »Es ist zu kalt auf der Galerie.«

Sie schüttelte den Kopf. »Nein. Wir müssen das Projekt beenden. Heute. Jetzt!«

Ein neuerlicher Husten drohte ihren Körper zu zerreißen. Sie presste sich ein Taschentuch vor den Mund, bis der Anfall vorüber war. Als sie es fortnahm, erkannte er frische Blutspuren darin. Das war neu.

»Du hast recht«, meinte er. »Wir sollten nicht länger warten. Außerdem ist sie fertig.«

»Ja, das ist sie.«

Er löste die Umarmung und bot ihr galant den Arm.

»Wenigstens werde ich nicht so enden wie mein Vater: ein lebendiger, strahlender Geist in einer ausgedörrten, vertrocknenden Hülle.« Wehmütig betrachtete sie den Diamanten an ihrer linken Hand. »Das ist alles, was von ihm geblieben ist. Der Stein ... und du natürlich.«

Sie straffte sich und hakte sich bei ihm ein. »Lass uns dem Feind ein Schnippchen schlagen und ein neues Kapitel der Evolution beginnen. Dein Wissen und mein Bewusstsein werden die Menschen zu neuer Blüte führen. Dafür habe ich in den letzten Jahren verdammt hart gearbeitet.«

Sam warf einen letzten Blick auf das Foto, dass sie beide in Laboruniform zeigte, und führte sie zu der beleuchteten Kabine von der Größe einer Besenkammer, die hinter einer der Türen auf der Galerie verborgen lag. Auf Knopfdruck glitt sie sanft in die Tiefe.

»Hatten wir heute Besuch?«, unterbrach Lizzi das Schweigen zwischen ihnen.

»Ja.«

»Infiziert?«

»Nein.«

»Bemerkenswert«, murmelte sie, mehr zu sich selbst als zu ihrem Begleiter. Sie schmunzelte. »Wir sind zäh, findest du nicht?«

»Ja«, bestätigte er. *Wie Unkraut.*

Der Fahrstuhl stoppte bei Etage -2; die Tür glitt auf. Vor ihnen lag ein weißer, steriler Flur, der an ein Krankenhaus erinnerte. Kleine LED-Strahler an der Decke erhellten den Gang ebenso gleichmäßig wie notdürftig.

Wieder bot er ihr den Arm, den sie dankbar annahm. »Was hätte ich all die Jahre nur ohne dich gemacht, mein Freund?«

»Ich werde dich beschützen und mit dir arbeiten, solange du lebst, Lizzi. Das ist meine Aufgabe«, bemerkte Sam.

»Ja, das wirst du«, bestätigte sie. »Das ist der Grundpfeiler deiner Programmierung.«

Sie passierten eine Reihe von Türen, die unter anderem mit *Labor S2: Genetik, Sperma und Eizellen* oder *S3: Embryonenlabor* beschriftet waren. Vor einer Tür mit der Aufschrift *Neuroinformatik, Androiden* am Ende des Ganges blieben sie stehen.

Der Druck ihrer Hand verstärkte sich. Er registrierte einen beschleunigten Puls sowie einen drastischen Wärmeabfall ihrer Epidermis. Behutsam legte er ihr die freie Hand auf die kalten Finger, bevor er den Öffnungscode in die Tastatur neben der Tür eintippte.

Grelle Beleuchtung sprang an, sobald sie den Raum dahinter betraten. Die Tische an den Wänden ringsum waren vollgestopft mit Monitoren, Computern und Speicherelementen. Kabel schlängelten sich von Tisch zu Tisch und über den Fußboden.

Zwei Bahren dominierten die Mitte des Raumes. Die erste schimmerte blank im kalten Licht der Lampen; auf der zweiten zeichneten sich unter einem weißen Laken die Umrisse einer Frau ab. Eine feingliedrige Hand mit goldfarbener Haut lugte unter dem Tuch hervor.

Rechts neben dem Eingang reihten sich durchsichtige Boxen aneinander. Jede schützte jeweils einen unbekleideten, humanoiden Androiden, männliche und weibliche.

Female Education Android stand über der Box, die ihnen am nächsten lag. Darin befand sich eine ungefähr 1,70 cm große Frau mit langen, blonden Haaren. Ihre Züge wirkten hart, die körperlichen Proportionen unausgeglichen. Auf den ersten Blick erkannte man den synthetischen Charakter der Haut und der Haare. Ein Fehler, der bei den Folgemodellen ausgeglichen worden war.

Die letzte Box, *Security Android, Male*, stand leer.

»Du warst die Krönung dieser Reihe«, sagte Lizzi. »Mein Vater wäre stolz auf dich. Er war mit der Implementierung deines neuronalen Netzwerks und der Erfindung des Persönlichkeitschips seiner Zeit weit voraus.« Sie seufzte. »Leider ist der emotionale Bereich ein wenig zu kurz gekommen.«

Sam ignorierte die Bemerkung. »Wir sollten anfangen«, meinte er stattdessen, als sie von einem neuerlichen Hustenanfall geschüttelt wurde.

Sie nickte, mühsam nach Atem ringend.

Während Sam die Computer und Monitore einschaltete, zog Lizzi sorgsam das Tuch von der zweiten Bahre herunter und ließ es zu Boden gleiten. »Eva«, wisperte sie. Zärtlich strich sie Strähnen des kupferroten, langen Haares aus dem Gesicht, das der klassischen Nofretete-Büste nachempfunden war. »Nanosolarmodule, und doch fühlt es sich an wie echte Haut. Ist sie nicht wunderschön?«

»Ja«, antwortete Sam zum wiederholten Mal. Tatsächlich zeigten die langen, schlanken Glieder der Frau die perfekten Proportionen, wie sie durch Kunst und Ästhetik für klassische Schönheit gefordert wurden.

»Dank der sich selbst reproduzierenden Femtobots kann sie alle essentiellen Substanzen aus jedem beliebigen organischen Stoff extrahieren. Sie kann essen!«, erklärte Lizzi strahlend, als hätten sie nicht Jahre gemeinsam an dem Hybridwesen gearbeitet. »Sie wird das Virus besiegen und die Menschheit zu neuer Blüte führen, Sam. Generationen aus Wissenschaftlern, Künstlern und Sportlern.«

»Wir sollten es zu Ende bringen«, unterbrach Sam trocken. Er hielt einen etwa münzgroßen, herzförmigen Mangan-Silizium Kristall in der Hand.

»Der Memory-Speicher-Chip«, flüsterte Lizzi und strich über ihren eingravierten Namen. »Ich kann immer noch nicht glauben, dass alle meine Gedanken, mein Bewusstsein, mein Ich darin gespeichert werden. Meinst du, ich werde träumen?«

»Das weiß ich nicht, Lizzi. Das wirst du mir sagen.«

»Ja, das werde ich«, strahlte sie. »Würdest du mir bitte helfen?«

Fürsorglich hob Sam Lizzis federleichten Körper auf den freien Tisch. »Liegst du bequem?«

»Es ist kalt, aber es dauert ja nicht lange.« Plötzlich ergriff sie ein letztes Mal seine Hand. »Meinst du, es wird funktionieren?«

Er gab seiner Stimme einen beruhigenden Klang. »Sicher. Wir haben die Programme für die Bewusstseinsübertragung gemeinsam entwickelt, vergiss das nicht.«

Sorgsam deponierte er den Memorykristall in dem Aufzeichnungsgerät. Anschließend stülpte er Lizzi behutsam den Helm über, dessen Innensensoren ihr gesamtes Hirnstrommuster Elektron für Elektron abtasteten, aufzeichneten und übertrugen. Sobald ihr Bewusstsein gespeichert war, wäre sie nur noch eine leere Hülle. Fleisch.

Seine Aufgabe bestand darin, den Kristall mit ihrer Persönlichkeit in den neuen Androidkörper einzusetzen, damit Lizzi zu neuem, unbegrenztem Leben als Eva erwachte.

»Hast du Angst?«, fragte er.

»Nein. Ich vertraue dir, Sam.«

Ein Hustenanfall erschütterte ihren Körper, blutiger Speichel rann aus ihrem Mundwinkel. »Fang an«, keuchte sie.

Das Programm fuhr hoch.

Eva schlug die Augen auf. Ihre Finger ertasteten eine blanke Fläche unter ihr, Temperatur 20 Grad Celsius. Körperposition im Raum: liegend.

Ein Gesicht schob sich in ihr Blickfeld. Sie scannte graue Augen, dunkle Haare, eine gerade Nase und einen energischen Mund. Männlich, gutaussehend, ergab das abschließende Urteil.

»Hallo Eva«, sagte der Mann. »Wie geht es dir?«

Eine Abfrage im Neuronen-Netz informierte sie über den kulturellen und gesellschaftlichen Sinn dieser Frage. Ihre Algorithmen für soziales Verhalten zogen ihre Mundwinkel nach oben, bis die Zähne in einem definierten Maß freilagen. »Gut. Alle Funktionen laufen einwandfrei.« Sie schwang die langen Beine über die Kante und setzte sich auf. »Wer bist du?«

»Ich bin Sam«, sagte der Mann, »dein Lehrer.«

»Lehrer, der, Substantiv, maskulin. Wie Magister, Doktor. Aus dem Lateinischen von docere, lehren,

Wissen vermitteln«, reproduzierte sie die Ergebnisse einer neuerlichen Abfrage.

Der Mann nickte. »Wissen hast du. Ich werde dir helfen, durch Erfahrungen und Lernen die reinen Fakten neu zu verknüpfen, um eine eigene Persönlichkeit zu entwickeln.«

»Gut«, sagte sie und sah sich um. Ihr Blick glitt über Tische, Computer und Monitore, bis er an dem herzförmigen Mangan-Silizium Kristall hängen blieb, den Sam um den Hals trug. »Was ist das?«

»Das?« Er nahm das kleine Herz in die Hand. »Nur die Erinnerung an einen Menschen, den ich einmal sehr gut gekannt habe.«

»Hübsch«, bemerkte Eva.

»Ich schenke ihn dir, wenn du möchtest.« Er löste die Kette, öffnete ihre Hand und ließ den Anhänger hineingleiten.

Zart strich sie mit dem Zeigefinger über die eingravierten Buchstaben. »Lizzi«, entzifferte sie und lächelte. »Du hast sie gemocht.«

»Ein Relikt aus der Vergangenheit, nicht mehr«, erklärte Sam und deutete auf die zweite Bahre mit einem männlichen, goldschimmernden Körper, dem seinen sehr ähnlich. »Das ist Adam, unser erstes gemeinsames Projekt. Du hast sehr viel zu lernen, Eva. Fangen wir an.«

25 000 Teile

Sabine Frambach

Sie sind wieder da.

Ich mag es nicht, wenn sie da sind. Dies ist mein Haus. Ich erinnere mich an die knarrenden Dielen, an den prasselnden Kamin. Doch die Möbel sind verschwunden. Im Obergeschoss befindet sich noch der Schreibtisch. Ich erinnere mich, dass ich an diesem Schreibtisch gesessen habe. Wenn sie kommen, bringen sie andere Möbel mit und rollen die Teppiche ein und hängen ihre Vorhänge an die Fenster. Doch den Schreibtisch lassen sie stehen. Sie nennen ihn eine Antiquität. Ich ertrage es; sie bleiben nicht lange. Die letzten waren wenige Nächte hier. Es genügte, an den Vorhängen zu ziehen und ihre Kerzen auszupusten. Die Frau schrie, und am nächsten Morgen verließen beide mein Haus.

Nun sind wieder welche gekommen. Ich mag es nicht, wenn sie umhergehen und ihre Sachen hinstellen. Sie sind laut. Ich mag es ruhig. Ich glaube, ich mochte es immer ruhig, doch ich erinnere mich nicht genau. Ich werde an den Vorhängen ziehen und vielleicht an ihrem Rock; werde ihre Kerzen auspusten. Hoffentlich gehen sie bald. Es kostet Kraft, mehr als die Vorhänge zu bewegen. Es gelingt mir, doch es strengt an. Selbst die Lade am Schreibtisch kann ich nicht öffnen. Mir fehlt die Kraft. Ohnehin erinnere ich mich nicht, was darin ist.

Wie viele ich verjagen musste! Einige von ihnen wollten nicht gehen. Sie waren hartnäckig, sodass ich gezwungen war, einen Stuhl umzuwerfen und einen Spiegel zu zerbrechen. Erst danach verschwanden sie. Dieses Mal wird es leicht, hoffe ich. Sie sollen gehen. Es ist mein Haus.

Ich warte, bis der Abend über das Fenster gleitet. Dunkelheit quillt durch die Ritzen; ein Lufthauch zerschellt an den Steinen. Ich fasse die Vorhänge und zupfe daran.

Sie schreit nicht. Sie zieht den Vorhang wieder zu. Ich fahre hinein, wirbele ihn auf, schiebe ihn zurück. Sie lacht. Ich mag es nicht, wenn sie lachen. Wenn sie lachen, dauert es, bis sie wieder verschwinden. Nochmals wirbele ich den Stoff hoch hinauf.

»Henry? Komm, du musst dir das ansehen!«

Er betritt den Raum. Ich verharre, rühre mich nicht, der Vorhang fällt. Keinen Millimeter bewegt er sich.

»Was ist?«

Sie lacht nicht mehr. »Der Vorhang hat sich bewegt.«

Er lacht umso lauter. »Durch den Wind vielleicht?«

»Nein.« Sie zieht die Stirn zu bedrohlichen Falten. »Ich habe das Fenster geschlossen und den Vorhang zugezogen, dann hat er sich bewegt.«

Er schüttelt den Kopf. »Jetzt ist er ja zu«, murmelt er. Sie starrt noch eine Weile zum Fenster. Ich warte, bis er sich umdreht, erst dann stoße ich den Stoff empor.

Sie schreit nicht. Stattdessen kommt sie näher, zieht den Vorhang zurück und tastet das Fenster ab. Ich berühre ihre Hände; sie schreckt zurück.

»Was ist?«

Schon lächelt sie wieder. »Nichts, Schatz. Mir war nur kalt.«

Sie haben gut geschlafen. Ich muss mich anstrengen. Ich möchte, dass sie gehen. Es ist mein Haus. Ich warte, bis sie wach ist. Als sie blinzelt, streiche ich über ihre Wangen. Sie sitzt da: steif und mit aufgerissenen Augen.

Sie springt auf. Ich warte, bis sie im Bad ist und in den Spiegel schaut. Erst dort zupfe ich an ihrem Hemd. Sie fährt herum, wedelt mit den Händen. Sie sieht blass aus. Ich mag es, wenn sie blass aussehen. Sie bleiben dann nicht mehr lange.

Sie spricht beim Frühstück über mich. Sie sagt, dass sie etwas gespürt hat am Morgen, etwas habe ihr Gesicht berührt. Etwas habe an ihrem Hemd gezupft. Ich kichere. In Henrys Mund knistert es. Eigenartige trockene Scheibchen, die er isst. Er schüttet Milch nach und kaut weiter. Ich kenne das. Er möchte nichts sagen. Ich wehe seine Serviette vom Tisch. Er bückt sich, und ich streiche über ihre Wange. Sie schreit auf, mit einem Ruck knallt ihr Stuhl hin. Sie taumelt zurück.

Henry kommt unter dem Tisch hervor, schaut sie an, kaut und schluckt. »Was ist?«

Sie streicht sich über die Wange. Ihre Augen schauen stumpf zur Seite. Sie fröstelt, reibt sich die Arme. »Nichts. Schon gut.«

Ich warte, bis er gegangen ist. Sie stellt Musik an, laute Musik, die durch die Wände kriecht und in der Luft vibriert. Sie singt mit und räumt in der Küche die Schränke ein. Später setzt sie sich mit einem Buch ins Wohnzimmer, stellt einen Tee auf den Tisch, zündet eine Kerze an und beginnt zu lesen.

Ein zartes Leuchten, eine winzige Flamme, die am Docht züngelt. Für mich ist dies eine willkommene Gelegenheit. Ich puste die Kerze aus. Qualm steigt auf und streicht über ihre Nase. Sie runzelt die Stirn, legt das Buch zur Seite und zündet die Kerze wieder an.

Ich puste sie aus.

Wieder muss ich kichern, während ihr Gesicht all seine Farbe verliert. Erst nach sieben Versuchen verschwindet sie, kommt zurück, stellt einen Kasten auf und kontrolliert das Fenster. Sie sitzt aufrecht, entflammt das Streichholz und zündet die Kerze an.

Ich puste sie aus. Immer wieder leuchtet die Flamme auf, immer wieder hauche ich darüber, lasse sie flackern und vergehen.

Schließlich klappert es an der Eingangstür. »Henry? Schatz, komm bitte, ich muss dir etwas zeigen.«

Es dauert; erst hängt er seine Jacke auf, stellt seine Schuhe weg und schaut nach der Post. Ungeduldig dreht sie immer wieder den Kopf in seine Richtung. Endlich kommt er, beugt sich über die Couch und legt die Arme um sie. Sie deutet auf die Kerze und zündet sie an.

Ich betrachte das Licht. Ganz still ruht die Flamme, ein gelber Schein erwärmt den Raum.

»Eine Kerze«, sagt er. »Sieht schön aus.«

Sie schüttelt den Kopf. »Nein, das meine ich nicht. Die Flamme geht immer wieder aus, obwohl hier kein Luftzug ist.«

Er starrt mitten in die Kerze hinein. »Jetzt brennt sie«, murmelt er.

Sie nickt. Ein breites Lächeln ziert ihr blasses Gesicht, das siegesbewusste Lächeln einer Frau, die recht hat. Nun geht sie zu dem schwarzen Kasten. »Ich habe es aufgenommen«, meint sie. »Komm, sieh es dir an.«

Henry tritt hinter den Kasten, und auch ich schwebe hinzu und starre darauf. Auf einer Fläche erscheint das

Bild der Kerze. Sie sitzt davor, zündet sie an, und kurz darauf erlischt die Flamme. Wenn ich hinsehe, vermag ich meinen eigenen Umriss zu erkennen. Ich bin groß, glaube ich.

Henry schaut sich die Bilder von vorne an und sieht nochmals genau hin. »Du willst doch nicht behaupten, dass es hier spukt?«, fragt er. Sie deutet auf den Kasten. »Ich kann beweisen, dass es hier spukt.«

Er kratzt sich über den Bart. »Bestimmt gibt es dafür eine einfache Erklärung. Ich telefoniere mal mit dem Makler.« Ich höre seine Schritte auf den Dielen. Sie steht eine Weile da, dann stapft sie die Treppe hoch und wühlt in den Kartons.

Henrys Gespräch dauert länger. Ich höre seine Stimme durch die Tür, obwohl er leise spricht. Als er auflegt, ruft er nach ihr. »Im Wohnzimmer«, antwortet sie. Er setzt sich auf die Couch und lächelt, doch es sieht gezwungen aus. »Der Makler sagt, er hat Schwierigkeiten, das Objekt dauerhaft zu vermieten. Das Haus stand lange Zeit leer. Das letzte Paar blieb nur wenige Nächte. Davor lebte eine alleinstehende Frau hier, die behauptete, einem Geist begegnet zu sein.«

Sie reißt die Augen auf. »Es ist ein Geisterhaus, Henry!« Ihre Stimme gleicht einem wispernden Wind. »Etwas Schreckliches muss hier geschehen sein.«

Er schüttelt den Kopf. »Es gab keinen Selbstmord, kein Verbrechen, keinen Brand oder so. Der Makler war sich sicher. Ursprünglich gehörte das Haus einem Wissenschaftler, der hier verstarb.« Er sieht, wie sich ihre Augen weiten. »Aber er starb, weil er alt war, verstehst du? Er ist nicht ermordet worden. Hier ist nichts Schlimmes passiert, verstehst du?« Er zückt sein Notizbuch und blättert. »Ich habe den Namen aufgeschrieben: Charles Babbage.«

Sie nickt. »Ich verstehe. Es ist nichts passiert in diesem Haus, aber etwas zupft an meinen Sachen, mich berühren kalte Hände, und die Kerze geht immer wieder aus. Offensichtlich mag Charles Babbage keine Kerzen. Wir müssen herausfinden, was er will. Du erinnerst dich, was ich beim Einzug gefunden habe.« Schon lächelt sie, zieht ein Brett hervor und hält es ihm hin.

»Nein! Das machen wir auf gar keinen Fall.«
»Bitte, Henry!«
»Nein.«
»Schatz, bitte, nur ein Versuch.«

Ich schaue auf das Brett. Dieses Spiel kenne ich. Die alte Frau mit der Brille wollte es spielen. Auf dem Brett ist ein beweglicher Pfeil, mit dem die Wörter *ja, nein* und alle Buchstaben angezeigt werden können. Es ist anstrengend, den Pfeil zu bewegen. Es kostet Kraft. Ich möchte auch nichts mitteilen. Ich möchte nur, dass sie gehen. Es ist mein Haus.

Die Alte legte damals das Brett hin und starrte durch ihre riesige Brille in die Luft. Danach fragte sie, ob ich da sei. Ich antwortete mit *Ja*.

Sie schaute empor und rief mit rauchiger Stimme: »Nun sage mir, Geist, wie ist der Tod?«

Ich schrieb: *Das wirst du gleich erfahren.*

Sie kreischte auf und rannte aus dem Haus. Ich sah sie nie wieder.

Nun sitzen die beiden da mit demselben Spiel. Henry hat sein Notizbuch neben sich gelegt. Sie räuspert sich und ruft: »Charles? Charles Babbage, bist du hier?«

Charles Babbage. War das mein Name? Ich erinnere mich kaum noch. Ich will nicht mitspielen. Vielleicht hilft es aber. Vielleicht gehen sie dann wieder. Ich greife den Pfeil und schiebe ihn auf das Fragezeichen.

Henry sieht eigenartig aus. Ich habe seine Hände berührt. Ein Schauder kriecht über seine Arme.

Sie starrt in die Luft. Ich stehe auf der anderen Seite, doch sie kann mich nicht sehen. Stattdessen spricht sie mit den Vorhängen. »Du weißt nicht, ob das dein Name ist? Charles Babbage, der Wissenschaftler?«

Wissenschaftler, war ich das? Ich erinnere mich kaum. Für einen Augenblick glaube ich, mich am Schreibtisch zu sehen und zu zeichnen. Ich fühle das störrische Papier, und ich sehe Zahlen, reihenweise Zahlen. Doch das Bild löst sich in der Luft auf wie ein Nebel, der in der Sonne schmilzt. Ich fasse den Pfeil und schreibe *ich weiß es nicht mehr*.

Henry atmet schwer, seine Fingerspitzen zittern. Doch sie reckt das Kinn. »Was willst du von uns?«, ruft sie. Ich weiß nicht, wer ich war, ich weiß nicht, was ich tat, doch dies weiß ich.

Geht! Dies ist mein Haus.

Seitdem läuft Henry umher. Er klappert an den Wänden, schaut in den Kamin. Auch in den Keller steigt er und leuchtet in jeden Winkel. Ich weiß nicht, wonach er sucht. Offenbar weiß auch sie es nicht. Sie läuft ihm nach und redet von mir. Sie sagt, sie glaube nicht, dass ich hier irgendwo liege. Sie meint, eine Leiche sei bestimmt schon früher aufgefallen. Sie sagt, ohne Vermissten gäbe es keine eingemauerten Leichen. Henry brummt und läuft weiter durch mein Haus, fast wie ein Hund, der einem unbestimmten Geruch folgt. Vor dem Schreibtisch bleibt er stehen. Er streicht über die Platte und rüttelt an der Lade. Ich kann sie nicht öffnen, sie klemmt.

»Sei vorsichtig, Henry. Der Tisch sieht alt aus. Antik.«

Henry kehrt mit einem Kasten zurück, steckt einen Schraubendreher ein und haut mehrmals mit einem Hammer auf den Griff. Die Lade springt auf. »Jetzt ist er nicht mehr antik, sondern kaputt.«

In der Lade sind Papiere. Henry rollt sie aus und legt Stifte auf die Ecken, damit sie liegen bleiben. Sie schaut ihm über die Schulter. »Was ist das?«, flüstert sie.

Henry streicht darüber. Ohne aufzusehen murmelt er: »Es sind Pläne. Baupläne. Ich denke, es ist eine Maschine.«

Sie bringt ihm einen Kaffee, später ruft sie ihn zum Essen, doch er möchte nicht. Erst am Abend beißt er in das Sandwich, das sie ihm hinstellt. Sie streicht über seine Schultern, und er gähnt. »Die Unterlagen stammen von Charles Babbage. Offenbar hat er eine Rechenmaschine entworfen. In der ersten Zeit wurde er bei seinen Plänen von der Regierung unterstützt. Als der Erfolg ausblieb, strichen sie die Gelder. Die Maschine wurde nie gebaut.«

»Eine Rechenmaschine?« Sie beugt sich über die Pläne und starrt darauf. »So etwas wie ein Taschenrechner?«

Er nickt. »Ja, aber dampfbetrieben.«

»Und das funktioniert?«

»Ich habe mir die Pläne genau angesehen. Sicher bin ich mir nicht, aber ich denke, sie könnte funktionieren.«

Sie tätschelt über sein Haar. »Inzwischen gibt es ja Strom. Vielleicht interessiert sich ein Museum für die Pläne.«

Henry sitzt da und betrachtet die Blätter, die vielen Zeichnungen, die Notizen. »Sie besteht aus 25 000 Teilen.«

»Kein Wunder, dass sie nicht gebaut wurde.«

Mit sicherem Griff rollt er die Pläne ein, legt sie zur Seite und steht auf. Sein Gesicht sieht müde aus, doch die Augen leuchten. In seinem Blick liegt die Entschlossenheit eines Wahnsinnigen. »Ich bin zwar kein Wissenschaftler, aber Ingenieur: Ich werde sie bauen.«

Ihr Mund steht offen. »Bist du verrückt? 25 000 Teile, und du willst sie bauen? Vielleicht funktioniert sie nicht. Das Material wird ein Vermögen kosten.«

»Damals schon. Das war sicher der Grund, das Projekt einzustellen. Damals konnte nicht ausreichend Material beschafft werden. Es war möglich, diese Bauteile zu fertigen, aber mit der damaligen Technik zu aufwändig und teuer. Ich kann bestimmt einiges über die Firma beziehen.«

Ich erinnere mich kaum an diese Maschine. Vielleicht habe ich dies gezeichnet, vielleicht sind es meine Pläne. Für einen Augenblick sehe ich mich dort am Schreibtisch, die Blätter vor mir und eine Idee im Kopf. Es könnte sein, dass ich eine Maschine vor mir sah, für die es nicht genügend Bauteile gab, und so lief und dampfte und rechnete sie nur in meiner Phantasie.

Henry sitzt da und schraubt und schwitzt und schraubt weiter. Seit Tagen macht er nichts, außer zu essen und zu schrauben. Er hat eine Dampfmaschine angeschlossen. Manchmal streckt er seine Arme und irgendwo in seinem Rücken knackt es. Dann geht es weiter. Einmal sitzt er nur noch da, blättert in den Aufzeichnungen und kratzt über seinen Bart. Ich schaue genauer hin. Ich glaube, ich erinnere mich. An diesem Schreibtisch habe ich gesessen und in den Berechnungen eines Projekts Fehler über Fehler gefunden. All die Tafeln, auf denen Logarithmen geschrieben standen, sie waren voller Fehler. Ich erinnere mich, wie ich mir die Haare raufte. Ich warf den Stift hin und rief: »Es ist unerträglich! Ich wünschte, all diese Berechnungen könnten mit Dampf erfolgen.« Und dann, wenige Wochen später, hatte ich diese Maschine aufgezeichnet. Doch die Bauteile für die Maschine waren zu teuer. Sie war riesig, und selbst in London, umringt von Stahlwerken und Kupfergießereien, konnte ich nicht genügend Material bekommen. Ich erinnere mich. Es fehlte an Geld. Und doch glaubte ich, dass meine Maschine wirklich rechnen konnte.

Ich trete näher und schaue genau hin. Henry hat ein Zahnrad vergessen, sodass die Verbindung fehlt. Ich suche den Boden ab, während er dasitzt und in die Pläne starrt. Dort, an der Ecke unter der Kommode, liegt das Zahnrad. Es kostet all meine Kraft, doch ich hebe es auf. Langsam, voller Konzentration, trage ich es zu der Maschine. Henry starrt auf das Teil, das vor seiner Nase schwebt. Rasch wirft er einen weiteren Blick in die Pläne. »Ich Hornochse!«, brüllt er, greift nach dem Zahnrad und spürt für einen Augenblick meine kalte Hand. Vorsichtig setzt er es ein. »Danke, Charles«, murmelt er.

Wochen später steht Henry da. In der Luft hängt der Geruch von Öl. Stangen, Zahnräder und Spindeln ragen glänzend in die Höhe. Bis unter die Decke reicht die Maschine. Er hat das Fenster weit geöffnet. »Bist du bereit?«, ruft er, und sie nickt.

Er räuspert sich, fasst die Kurbel und dreht. Säulen rotieren, die Zahnräder klackern, die Maschine dampft. Wie zu einer lautlosen Symphonie bewegen sich die Stangen, gleiten auf und nieder, und die Gleichung verschwindet inmitten der Bronze. Zahlen und Variable schwirren umher, Räder greifen ineinander, Stangen quietschen. Es klackt, und die Maschine dreht, bis all die Zahlen an ihrer Stelle sind. Langsam trete ich näher. Das Ergebnis stimmt.

»Es funktioniert«, murmelt sie. Henry wischt den Schweiß von seiner Stirn, schaut nach und nickt. »Ja, es funktioniert.«

Schon stellt Henry eine neue Gleichung ein und betätigt die Kurbel. Es schnurrt, es rattert, und Dampf steigt auf. Ich folge den Zahlen, wie sie durch die Stangen tanzen. Ich bin so leicht. Mit dem Dampf verbinde ich mich, mit den Zahlen tanze ich. Mit dem Dampf steige ich hoch hinauf.

Der Recycler

Günther Kienle

Für Vanessa, Thomas und Jörg.

Len nahm die Mundharmonika von den Lippen und steckte sie in die Brusttasche. Tränen trübten seinen Blick auf den blauen Planeten. Zum fünften Mal feierte er ihren Geburtstag – ohne sie. Bevor Len sich vom Bullauge abstieß, stoppte er die Kerzensimulation. Er schwebte zum Kontrollpanel, um das Radio einzuschalten.

»Die von Beginn an umstrittene Recyclingstation Whiskey Victor 17 könnte bald ausgedient haben. Vertreter des IADCs stimmen morgen darüber ab, ob die Station nach sechs Jahren Betrieb stillgelegt wird. Gemäß gut informierter Quellen ist der Ausgang der Abstimmung völlig offen.«

Bestürzt schaltete Len ab. Er versuchte Pierre zu erreichen, doch über den ExKom meldete sich nur eine Vertretung. Wieso hatte ihm Pierre nichts gesagt? Und wieso hatte er seine Schicht getauscht? Wenn sie die Station dichtmachten, holten sie Len wieder auf die Oberfläche. Unwillkürlich massierte er seine Wirbelsäule.

Die Wände vibrierten, und die Mahlwerke des Recyclers dröhnten durch die Station. Len sah auf die Uhr. Die letzten Monate dauerten die automatischen Wartungsläufe länger als die eigentliche Arbeit.

Der unerträgliche Ton der Warnhupe fuhr Len durchs Mark. Er kontrollierte das Statusdisplay des Recyclers.

Die Leistung des Sekundärkühlers lag schon bei siebzig Prozent – und das im Leerlauf. Der Hauptkreislauf lief schon lange nicht mehr. Bei den wenigen Sammlern, die derzeit noch andockten, reichte die Leistung des Sekundärkühlers aus, aber eine Schadensmeldung kurz vor dieser Abstimmung wäre fatal.

Len glitt durch die Verbindungsgänge zum Recyclemodul, griff zur Werkzeugtasche und hangelte sich zum Kühlsystem. Bei jeder Berührung des Recyclers schien es ihm, als streiche er über Myrna. Das war das Einzige, was ihm von ihr geblieben war: ihre Maschine, ihr Ein und Alles. Zärtlich legte er seine Hand auf den Sekundärkühler und fühlte in die Maschine hinein.

Zwei Stunden später schwebte Len zum Bullauge zurück und spielte Mundharmonika. Der Kühlkreis lieferte wieder neunzig Prozent Leistung. Immerhin. Die Fehlermeldung hatte er ohne Skrupel aus dem Protokoll gelöscht – schließlich hatten die da unten schon ganz andere Vorfälle manipuliert. Erneut sah er Myrnas Gesicht vor sich. Manchmal überlegte er, wie es wäre, ihr zu folgen.

Ein Signalton unterbrach seine Gedanken. Der Ex-Kom meldete die Ankunft von Dyson Space Vessel 2713. Das war Grischa! Len glitt zur Ladeschleuse, um den alten Haudegen zu begrüßen.

»Alter Eisenfresser«, rief Grischa wenige Minuten später. »Hab deinem Maschinchen was mitgebracht. Hoffentlich halten das seine Dritten aus.«

Er stieß einige mit Satellitenschrott gefüllten Säcke in Lens Richtung.

»Mehr als eine Viertelstunde Arbeit hast du nicht dabei. Wird wohl langsam sauber da draußen.«

Grischa schnaubte. »Da draußen fliegt immer weniger rum. Meine Netze sammeln nur noch das kleine Zeug.«

»Kann mich schon gar nicht mehr erinnern, wann zuletzt ein Greifer angedockt hat«, sagte Len. »Ich glaube, er brachte einen Satelliten der GLONASS-Reihe.«

Beide sahen aneinander vorbei und schwiegen. Es war offensichtlich, dass Grischa nicht wegen der paar Säcke Weltraumschrott angedockt hatte.

»Lass uns einen auf sie trinken«, sagte Len schließlich.

Er glitt aus der Schleuse und kramte zwei Trinkbeutel mit einer dunklen Flüssigkeit aus seinem Spind. Stumm prosteten sie sich zu und saugten einen großen Schluck heraus. Die ungewohnte Schärfe brachte Len zum Husten. Alleine trank er selten. Einsamkeit und Alkohol waren schlechte Freunde. Schon jetzt spürte er, wie ihm der Schnaps in den Kopf stieg.

»Hätte ich Myrna nicht kennengelernt, säße ich jetzt vielleicht auf dem Mond. Aber heute bin ich zu alt.«

Grischa seufzte. »Vor zwei Jahren wollte ich mich für die Mondstation bewerben. Sie haben mich ausgelacht und gefragt, ob ich glaube, dass sie dort ein Seniorenheim betreiben. Also habe ich mich damit abgefunden, dass ich irgendwann in der Glenn-Ford-Klinik lande und Rollstuhlrennen fahre. Das war dir doch auch klar, als du die Verzichtserklärung unterschrieben hast.«

Len zuckte mit den Schultern. »Ich hatte gehofft, es bis Siebzig hier auszuhalten. Aber jetzt bin ich erst Mitte Fünfzig, und morgen stimmen sie ab, ob sie den Recycler stilllegen. Und dann werden auch keine Sammler mehr gebraucht.«

»Es ist zum Heulen«, sagte Grischa. »Aber Olsen hat es geschafft, seine Muskeln aufzubauen und die Knochen in Schuss zu bekommen. Konnte er nicht wieder kurze Strecken ohne Hilfe laufen? Ist eine Weile her, dass ich von ihm gehört habe.«

»Apropos, was treibt eigentlich Thomsen?«, fragte Len. »Er soll eine Auszeichnung erhalten haben.«

»Als Säufer des Monats?«

»Ich mag es nicht, wenn du schlecht über ihn sprichst. Er war mein Ausbilder.«

»Hast ja recht«, lenkte Grischa ein. »Wer weiß, was aus uns einmal wird? Werd auf der nächsten Tour Ausschau nach ihm halten. Unsere Erntebahnen überdecken sich manchmal. Letztes Mal hat er nichts von einer Auszeichnung erwähnt.«

Lens Kopf dröhnte im arrhythmischen Getöse des Recyclers. Er war wieder allein. Sack für Sack entleerte er in den Ansaugschacht der Maschine. Das hässliche Knirschen von Metall auf Metall ließ ihn aufhorchen. Das unterschied sich von den üblichen Arbeitsgeräuschen! Er schlug auf den Notausschalter und schwebte zum Maschinenmodul. Dort schaltete er die komplette Anlage stromlos und strich über die Verkleidung der Grobzerkleinerung.

»Was fehlt dir, mein Kleines?«

Beunruhigt stieß sich Len zu den Schränken ab und zog die Werkzeugtasche heraus. Seine Fingerspitzen fuhren gedankenverloren über Myrnas in das Leder eingebrannten Namen. Eigentlich war er Meteorologe, aber er reparierte die Maschine nun schon seit so vielen Jahren, dass er sich mehr als Mechaniker fühlte. Behutsam löste er die äußeren Bleche und arbeitete sich in das Herz der Maschine vor. Eines der Hauptprobleme blieb die Schwerelosigkeit. Wie oft hatte er sich Magnetleisten gewünscht! Eine unachtsame Bewegung und alle Teile wirbelten durcheinander.

Eine halbe Stunde später fand er das Problem: Ein Strang Stahl hatte sich um eine der Verkleinerungswellen gewickelt. Die Schneiden verloren mit der Zeit ihre Schärfe oder rissen einfach ab. Zu allem Unglück sah das Knäuel zu dick aus, als dass er es mit Muskelkraft herausziehen könnte. Len wurde bleich. In diesem Zustand war der Recycler nicht mehr wert als der Schrott, den er verarbeitete. Es war besser, er trank erst mal einen Kaffee und vertrieb die Schnapsgeister aus seinem Kopf.

Selbst nach der Schlafphase fühlte sich Len noch erschöpft. Mit roher Gewalt war es ihm gelungen, die Welle freizubekommen. Zum Glück hatten die Schneiden hinterher gar nicht so schlecht ausgesehen. Der restliche Weltraumschrott war in acht Minuten durchgelaufen und die Materialien getrennt in den jeweiligen Sammelbehältern gelandet. Der Container mit den Rohstoffen für die Mondstation zeigte fast maximalen Füllstand an.

Hoffentlich wickelte sich beim nächsten Durchlauf nicht wieder eine Strebe um diese Welle! Und eine Ersatzteilmeldung brauchte er gar nicht erst abzusenden.

Er sah auf die Uhr. Pierres Schicht hatte begonnen. Seit Stunden brannte Len darauf, von seinem Freund zu erfahren, was wirklich hinter dieser Sache steckte. Er stieß sich von der Wand ab und hangelte sich zu den Kontrollen. Wenige Sekunden nach der Kontaktanfrage zeigte der Monitor das vertraute, hagere Gesicht mit den melancholischen Augen.

»Salut, du Brummkreisel«, begrüßte ihn Pierre mit seinem elsässischen Dialekt.

»Ich spuck dir auf den Kopf, Erdmännchen«, antwortete Len, aber der alte Kalauer klang heute nicht fröhlich, sondern bitter.

»Du hast mir jahrelang auf den Kopf gespuckt und nie getroffen.«

Beide schwiegen sich einige Augenblicke traurig an.

»Was sagt der Flurfunk zur Abstimmung, Pierre?«

»Ach Len, wenn ich ehrlich bin, sieht es nicht besonders gut aus. Du weißt, wie ich abstimme, aber ich habe nicht mehr so viel Einfluss wie früher.« Er zögerte. »Ich weiß, was dir die Station bedeutet. Vielleicht gelingt es mir, dass wir einen Teil des Recyclers im Museum of Space unterbringen.«

»Gleich wirst du mir noch einen behindertengerechten Arbeitsplatz als Museumsführer anbieten.«

Pierres sonst so fröhliche Mundwinkel spiegelten die Melancholie seiner Augen wider. »Warum hast du bloß den Verzicht unterzeichnet und bist nicht regelmäßig auf die Erde zurückgekehrt?«

»Du warst nie hier oben, Pierre. Dieser Blick in die endlose Weite der Sterne ... diese funkelnden Edelsteine auf schwarzem Samt ... das Gefühl, wenn die Sonne hinter dem Horizont auftaucht ... Weißt du, wie wunderschön dieser Planet aussieht, auf dem ihr Landwürmer herumkriecht? Und erzähl mir nicht, dass du das in 4D-Simulationen schon tausend Mal erlebt hättest. Das ist kein Vergleich.«

»Aber war es das wert, Len? Du hast noch mehr als zehn Jahre bis zur Rente, und dein Körper ist am Ende. Deine Muskeln kannst du trainieren, aber die Knochen sind im Eimer.«

»Allein das Jahr mit Myrna war es wert. Erzähl mir lieber etwas über Bronstein. Normalerweise steckt er doch hinter den Angriffen auf die Station. Kannst du ihn nicht unter Druck setzen? Sag ihm, er hätte die Schweinerei mit Myrnas Raumanzug nicht gut genug vertuscht. Du brauchst ja keine Beweise zu liefern, es reicht, wenn er nervös wird.«

»Du hast keine Ahnung über die Stimmung hier unten. Es sind nicht nur Bronstein und seine Seilschaft, sondern all diese jungen Managertypen. Aber ich verspreche dir, dass ich versuchen werde, das Beste für dich herauszuholen.«

»Warten wir's ab.« Len grüßte in die Kamera und unterbrach die Verbindung. In diesem Moment hätte er Pierre am liebsten tatsächlich auf den Kopf gespuckt.

Er kehrte in das Maschinendeck zurück und sah durch das Bullauge die Sonne hinter der Erdkugel verschwinden. Die Menschen glaubten immer, es wäre absolut still im Weltall, dabei summte und knackte es in der gesamten Station. Versonnen strich er mit der Hand über den Recycler.

Nach dem Mittagessen meldete der ExKom einen analogen Anruf. Len aktivierte die Verbindung. Aus einem verrauschten Bild erschien Grischas blasses Gesicht.

»Schon was von der Abstimmung gehört, Len?«

»Bis jetzt nicht. Pierre hätte mich sicher sofort angerufen. Bist du nervös?«

Grischas Gesicht blieb ausdruckslos. »Hab was von Thomsen gehört.« Er machte eine Pause. »Besser gesagt: gesehen. Seit zwei Stunden verfolge ich ihn auf dem Radar. Sein Kurs führt direkt zur Sonne. Aber er reagiert nicht auf Funksignale.«

Lens Hände zitterten. »Wie genau ist der Kurs?«

»So genau, dass es kein Zufall sein kann.«

»So ein Mist!« Er griff unbewusst an seine Brusttasche. »Wann hast du zum letzten Mal mit ihm gesprochen?«

»Vor einer Woche. Er sagte mir, er hätte keine Lust, im Rollstuhl zu enden. Und er würde am Ende seiner Reise ein Licht sehen. Ich dachte, wir hätten zu viel getrunken und er bekäme den Moralischen.«

»Thomsen«, sagte Len. »Zum Abschluss meiner Ausbildung hat er mir die Mundharmonika geschenkt. Und bald geht er in die Ewigkeit ein, so wie ... so wie sie.«

»Ich denke oft an sie«, sagte Grischa ungewohnt weich. »Und an diesen verflixten Anzug.«

Len schluckte. »Sie sagte: Wenn du ständig meinen Job an der Maschine übernimmst, dann erledige ich eben deinen am Sonnensegel. Wie konnte ich sie nur in einem dieser abgelaufenen Raumanzüge rauslassen?«

»Du bist in den alten Dingern doch auch immer raus. Myrna wusste schon, was sie damit riskierte. Also denk nicht mehr darüber nach. Lass uns einen auf Thomsen trinken und auf die alten Zeiten.«

»Während der Abstimmung trinke ich nichts. Aber danach melde ich mich bei dir.«

Vier Stunden später hatte Len noch immer nichts von Pierre gehört. Im Ground Center brach der neue Tag an, und das Ergebnis der Abstimmung musste eigentlich schon feststehen. Trotzdem schwiegen sich die Nachrichten über das Thema aus.

Len sah durch das Bullauge ins All und griff in die Brusttasche. Seine Hand packte die Mundharmonika, aber er brachte es nicht fertig, sie an den Mund zu setzen. Auf seiner Brust spürte er einen unnatürlichen Druck. Vor seinem inneren Auge sah Len Myrnas Anzug reißen und die Luft entweichen. Sie entfernte sich kreisend von der Station, und er hörte noch einmal diese grausamen Geräusche über ihren Helmfunk.

Len schluchzte. Seine Gedanken überschlugen sich. Er dachte an die Verzweiflung Thomsens und was er empfinden musste, auf seinem letzten Flug. Dann sah er eine Vision seiner selbst, zusammengesackt in einem Rollstuhl, den Kopf mühsam zum Nachthimmel erhoben, um wenigstens einen Hauch der Sterne zu erblicken.

Lange Zeit später steckte er die Mundharmonika zurück, wischte sich übers Gesicht und stieß sich zum ExKom ab. Zähe Sekunden nach der Kontaktanfrage zeigte der Bildschirm diesen Schnösel Alain. Seine Ohren leuchteten rot unter den Haaren hervor, und er schien zu schwitzen.

»Hallo Len.«

»Wo ist Pierre?«

»Wir haben kurzfristig die Schichten getauscht.«

»Wieso das? Wie lief die Abstimmung? Glaubt ihr, ihr könnt mich verarschen?«

»Beruhige dich Len, alles wird gut.« Alain sah hektisch zur Seite. »Bleib cool, bis sich jemand bei dir meldet.«

»Ich soll cool bleiben?«, entfuhr es Len. »Was für eine Nummer läuft bei euch da unten?«

Alain verzog das Gesicht. »Ich hatte befürchtet, dass du so reagierst. Mach keinen Unsinn und vertrau uns!«

Der Bildschirm wurde schwarz, und Lens weitere Anfragen blieben unbeantwortet. Er ballte die Fäuste und war kurz davor, auf die Konsole zu schlagen.

In der Statusanzeige erschien eine neue Meldung. Len erschrak. In einer halben Stunde dockte ein Transport an. Der Kennung nach handelte es sich um das schwere Transportshuttle für Sondereinsätze. Len zitterte.

Über eine Minute starrte er auf den Countdown im Statusdisplay. Schließlich löste er sich aus seiner Starre und glitt Modul für Modul durch die Station. Im Maschinenraum, vor dem Zentrum der Maschine, brach er in Tränen aus. Die salzigen Tropfen schwebten bizarr in alle Richtungen. Er drückte die Wange an die Verkleidung des Recyclers und breitete seine Arme aus, als wolle er die Anlage umschlingen. Die Visionen, wie Myrna starb und er auf der Erde im Rollstuhl saß, kehrten zurück. Je länger sie dauerten, desto stärker reifte sein Entschluss die Station zu verlassen.

Aufgewühlt hangelte Len sich zur kleinen Schleuse und stülpte den Raumanzug über. Das Andocksignal erklang. Hastig rastete er die Stiefel ein. Er wollte nicht in der Schleuse sterben. Ein Ruck fuhr durch die Station. Der Helm taumelte davon, und es kostete Len wertvolle Sekunden, ihn wieder einzufangen.

Eine bekannte Stimme drang gedämpft durch den Helm an seine Ohren. »Len, wo steckst du?«

Pierre? Er zögerte. Sollte er nicht doch auf die Chance im Museum hoffen? Als Bewahrer der Maschine? Für sie?

»Ich bringe gute Neuigkeiten.«

Das Erdmännchen tauchte mit dem Abrisskommando auf und faselte von guten Nachrichten?

Pierres Stimme näherte sich. »Salut!«

Len schob den Helm in die Halterung zurück und glitt zum Verbindungsmodul, wo er auf seinen Freund traf.

Pierre sah ihn erstaunt an. »Warst du draußen?«

»Gute Neuigkeiten? Darf ich beim Abreißen helfen?«

Pierre griff sich an den Kopf. »Ich hätte es dir doch über Funk sagen sollen! Aber ich wollte dich persönlich überraschen.«

»Hast du mir einen goldenen Rollstuhl mitgebracht?«

»So lass mich doch erklären …«

»Was gibt es da zu erklären, die Station wird abgewrackt.«

»Ja. Nein.« Pierre wirkte verzweifelt. »Die Station wird zwar aus dem Orbit entfernt, aber …«

»… samt Wärter im Museum ausgestellt«, unterbrach ihn Len.

»Hör doch mal zu, Len. Ich hab einen Deal mit den Mondjungs eingefädelt. Ihre Geologen können den Recycler für ihre Gesteinsproben brauchen. Dafür wurde ihnen bisher kein Budget bewilligt, und deine Maschine und die Umrüstung bekommen sie zum Schnäppchenpreis.«

»Myrnas Erbe soll also auf dem Mond weiterleben. Willst du mir damit meine Zukunft als Krüppel versüßen?«, schrie Len. Er stieß sich ab, um das Erdmännchen am Kragen zu packen.

»Sie brauchen einen Techniker«, rief Pierre.

Irritiert hielt Len sich an einem Haltegriff fest und starrte ihm ins Gesicht. »Was?«

»Die geringe Anziehungskraft des Mondes ist für deinen Körper kein Problem. Und der Blick auf die Sterne und die aufgehende Erde soll wunderschön sein.« Er zwinkerte. »Aber ich kenne das nur aus 4D-Simulationen.«

Len sah seinen Freund sprachlos an. Pierre legte ihm die Hand auf die Schulter.

»Und jetzt zeig mir, von wo man am besten auf die Erde spucken kann.«

Lanas Projekt

Martin Rüsch

Blaues Licht blendete ihre müden Augen. Lana Jacoby stand vor der Kamera neben ihrer Wohnungstür und wartete auf die Gesichtserkennung.

Ein leises Piepen. Die Tür glitt zur Seite.

Lana rollte den Koffer in die Küchenecke und zog sich einen Becher dampfenden Kaffee.

Eigentlich wäre sie noch das ganze Wochenende auf dem Kongress in Genf geblieben. Aber nach dem Anruf ihrer Kollegin Fabienne war sie ohne Zögern nach Berlin zurückgefahren.

Jemand war ins Charité-Institut für Nanomedizin eingebrochen. Eins der Röhrchen mit dem PanX-Serum fehlte im Labor. Kein Wunder, dass sie so nervös war.

Lana nahm einen Schluck Kaffee.

Brennender Schmerz auf ihrer Zunge. Fluchend spuckte sie das heiße Zeug in den Ausguss.

Sie stellte den Becher auf den Couchtisch und setzte sich.

Mit ihrem Team aus Molekularbiologen und Nanotechnikern hatte Lana unzählige Arbeitsstunden in das potenzielle Wunderheilmittel PanX investiert.

Wichtigster Bestandteil des Serums waren die Naniten: eine neue Generation intelligenter Maschinen, kleiner als Blutkörperchen. Ihre geringe Größe machte sie extrem wirksam im Kampf gegen Krankheiten.

Wenn man eines Tages einem Patienten das fertige Serum einspritzen würde, könnten die Naniten gezielt durch den Körper schwimmen, Erreger bekämpfen, zerstörtes Gewebe erneuern und Aufgaben aller Art ausführen. Die Möglichkeiten waren unbegrenzt.

Doch jetzt war Lanas Herzensprojekt in die Hände von Kriminellen geraten. Sie grub die Fingerspitzen ins Couchpolster bis sie schmerzten. Wer wusste schon, was diese Verbrecher damit anstellen würden.

Lana stand auf. Bevor sie zum Institut aufbrach, warf sie noch einen Blick in Noahs Zimmer.

Das Bett war übersät mit Stofftieren und T-Shirts. Auf dem Schreibtisch fehlten die Zeichenstifte, die Tablettenbox und das Modellraumschiff, an dem Noah gebastelt hatte. Er hatte alles zu seinem Vater mitgenommen. Albian sollte auf ihn aufpassen, solange Lana auf dem Kongress war.

Sie rieb über die Taille ihres Ringfingers, wo vor zwei Monaten noch der Ehering gesessen hatte.

Am liebsten hätte Lana jeden Kontakt zu Albian abgebrochen. Zumindest für eine Weile.

Es klingelte an der Tür. Lana ging hin und schaute auf das Wanddisplay. Im Flur stand ein schlanker Mann in Hemd und modischem Schal und winkte in die Kamera.

Juri Beretz.

Konnte er nicht vorher anrufen? Lana seufzte und öffnete die Tür.

»Guten Abend, Frau Doktor.« Sein Lächeln war ein wenig zu perfekt.

»Juri. Was ... machst du denn hier?«

»Brauche ich einen Grund, um dich zu sehen?« Er kam näher und berührte ihren Arm. Seine Finger glitten über den Stoff ihres schwarzen Blazers.

Lana nahm seine Hand und zog sie sanft herunter. »Weißt du, das passt gerade schlecht.«

»Warum? Du bist doch allein, oder?«

»Schon, aber ...«

Sie stutzte. Wusste er, dass Noah bei seinem Vater war?

Juri legte den Kopf schief. »Nur fünf Minuten.«

»Okay.« Sie rieb sich die Stirn. »Aber dann muss ich echt los.«

Lana und Juri nahmen auf der Couch Platz. Dabei achtete sie darauf, dass er nicht zu dicht neben ihr saß.

Sie hatte ihn über Albian kennengelernt. Die beiden waren Freunde. Kurz nach ihrer Trennung hatte Lana eine gemeinsame Nacht mit Juri gehabt. Und bei der einen sollte es auch bleiben.

»Wo willst du denn noch hin?« Juri breitete die Arme auf der Rückenlehne aus. »Ein Date?«

»Ich muss ins Institut.«

Er zupfte sich am Schal. »Abends um neun?«

»Unser PanX-Serum wurde geklaut. Eine Probe davon.«

»Oh. Das tut mir leid. Deine Naniten ...«

»Ich hätte wissen müssen, dass sowas passiert.«

»Naja.« Er rutschte ein Stück näher heran. »Du hast ja noch die anderen Proben.«

Sie lachte trocken. »Es geht nicht nur um Forschung. Die Naniten sind meine Kreation. Ich bin schuld, falls die Dinge außer Kontrolle geraten.«

Juris Augen verengten sich. Gleichzeitig huschte ein Lächeln über seine Lippen. »Außer Kontrolle?«

»Die Naniten sind noch nicht stabil genug, um sie lebenden Menschen einzuspritzen. Bis dahin brauchen wir noch Jahre. Jetzt stell dir vor, jemand würde es trotzdem tun.«

»Was wäre dann?«

Lana spürte, wie ihr das Blut in den Kopf schoss. »Ich will's gar nicht wissen. Die Maschinen könnten den Stoffwechsel stören oder die Atmung blockieren. Vielleicht sogar die Neurotransmitter lahmlegen.«

»Schön geraten.« Juri grinste. »Aber wir können noch viel mehr.«

»Wir?«

Er packte ihre Schulter und starrte sie an. »Gleich bist du ein Teil von uns.«

Lana schrie und warf sich zurück.

Sie rutschte von der Couch. Ihr Rücken schlug auf den Boden.

Juri war sofort über ihr. Er griff nach ihren Armen und hielt sie mühelos fest.

Ihr Atem ging in kurzen Stößen. Der Mann war übermäßig stark für seine schmale Statur.

Seine Lippen öffneten sich und drängten zu ihrem Mund.

Entsetzt drehte sie ihr Gesicht zur Seite. Sie spürte eine kalte Zunge auf Wange und Mundwinkel. Ihre Haut wurde mit einer feuchten Schicht überzogen.

»Keine Angst«, zischte er. »Es tut nicht weh.«

Lana stemmte ihre Füße gegen die Wand und stieß sich ab. Sie und Juri rutschten über den Boden.

Dann traf sein Knie auf ihren Bauch und nagelte sie fest. Er bäumte den Oberkörper auf und riss sich den Schal herunter.

Lana sah den entblößten Hals und schnappte nach Luft.

Unter seinem Kehlkopf prangte eine Geschwulst aus schwarzgrauem Metall, etwa so groß wie eine Walnuss. An den Rändern franste der seltsame Kropf in dunkle Adern aus.

Das Metall begann, sich zu verflüssigen. Eine dicke Kanüle schob sich daraus hervor, dann wurde der Kropf wieder hart. Die vorstehende Nadel war länger als Lanas Mittelfinger.

Juri beugte sich langsam zu ihr herunter. »Gleich ist es vorbei.«

»Nein!« Lana verdrehte ihren Hals.

Über ihr stand der Becher auf dem Couchtisch.

Sie streckte den Arm und erwischte den Henkel.

Mit aller Kraft schlug sie zu.

Das Porzellan zerbrach auf Juris Stirn, während Kaffee auf ihren Blazer und den Boden spritzte.

Benommen fasste er sich an die blutende Stelle.

Lana rollte zur Seite weg und rappelte sich auf. Hastig öffnete sie die Tür und stürzte in den Flur.

Mit ihrem Funkschlüssel verriegelte sie die Wohnung. Als sie bereits die Treppe herunterlief, hörte sie das Trommeln von Juris Fäusten auf ihrer Tür.

Ihr Puls raste. Bunte Werbehologramme rauschten vorbei, während Lana in ihrem Toyota den Kottbusser Damm herunterfuhr.

Gerade hatte sie versucht, Albian anzurufen. Jetzt probierte sie es im Institut.

»Lana?« Fabiennes Stimme erklang im Lautsprecher. »Wo bleibst du? Hier ist die Hölle los.«

»Wieso?«

»Die Kripo ist inzwischen da. Sie haben drei Personen verhaftet, bei denen Naniten im Blut nachgewiesen wurden.«

Lana keuchte. »Drei Leute? Haben die ... metallische Gebilde am Hals?«

»Ja! An Hals und Rumpf!«

»Verdammt.«

»Woher wusstest du das?«

»Ich hatte gerade unangenehmen Besuch von Juri Beretz. Ein alter Bekannter, aber er war nicht er selbst. Ich glaube, die Naniten haben die Kontrolle über ihn übernommen.«

»Was!«, rief Fabienne. »Wo ist er jetzt?«

»Eingesperrt bei mir. Sag gleich der Kripo Bescheid.«

»Hat er dich infiziert?«

»Infiziert? Ich ...«

Die Vorstellung traf Lana wie ein Hammerschlag.

Naniten waren selbstreplizierende Maschinen. Sie konnten sich vervielfältigen, also konnten sie auch neue Wirtskörper befallen. Aus Lanas Wundermedizin war ein aggressiver Parasit geworden.

»Lana? Geht's dir nicht gut?«

»Juri hat ... Die Naniten haben zumindest versucht, mich zu infizieren. Zuerst über seine Zunge.«

Lana rieb sich erneut mit einem Taschentuch über das Gesicht. »Dann haben sie eine Kanüle gebildet, um mich zu stechen.«

»Komm sofort ins Institut. Du musst dich untersuchen lassen.«

In Lanas Kopf rasten die Gedanken hin und her.

Die Maschinen hatten sich vermehrt und dabei eine kritische Schwelle überschritten. Durch ihre wachsende Schwarmintelligenz hatten sie offenbar ein eigenes Bewusstsein entwickelt. Und nun versuchten sie, sich unter den Menschen auszubreiten.

Auf dem Gehweg tummelten sich Passanten, unterwegs zu abendlichen Vergnügungen. Lana sah nur ihre dunklen Umrisse. Keine Gesichter.

PanX war entfesselt.

Jeder da draußen konnte ein Träger sein. Jeder konnte etwas anderes sein, als er vorgab. So wie Juri.

»Hast du gehört?«, rief Fabienne. »Du musst sofort herkommen.«

»Hab ich gehört.« Lana beendete die Verbindung.

Es war furchtbar. Durch ihre Forschung hatte sie eine nanotechnologische Epidemie möglich gemacht, vor der niemand sicher war.

Auch nicht ihr Sohn.

Übelkeit stieg in ihr auf.

Noah!

Statt geradeaus zum Institut zu fahren, bog sie in Richtung Friedrichshain ab. Zur alten Wohnung, aus der Albian noch immer nicht ausgezogen war, als würde er sich Hoffnung auf ihre Rückkehr machen.

Sie klopfte an die Tür und ging hinein.

Ganz hinten im Wohnzimmer saß Albian in seinem breiten Schalensessel. Er drehte sich um, sein Handy am Ohr.

»Hör mal, Lana ist hier«, sagte er. »Okay. Danke für alles.«

Er stand auf und legte das Telefon auf das Weinregal. Im Kamin knisterten holographische Flammen.

»Das ist mal eine Überraschung.« Er schaute Lana an und lächelte zögernd. »Ist deine Tagung schon vorbei?«

»Ich bin früher abgereist.« Sie ging durch den Kochbereich langsam auf ihn zu. »Wo ist Noah?«

Albian kratzte sich am Kinn. »Er müsste gleich kommen. Marlene hat gerade angerufen.«

Lana hielt inne. »Was macht er so spät noch bei den Nachbarn?«

»Ähm, sie sind auf dem Weg nach Hause. Er war für zwei Tage mit in ihrer Datscha.«

»Nein!« Sie ballte die Hände zu Fäusten. »Ich bitte dich einmal, auf unseren Sohn aufzupassen. Unseren kranken Sohn! Und du schickst ihn mit den Spenglers weg? Das ist ...«

Sie zuckte. Ihr Blick blieb an Albians grauem Pullover hängen. Er besaß einen Rollkragen.

Sofort hatte sie Juri vor Augen. Den Metallkropf unter dem Schal. Die Kanüle.

Wollte auch Albian seinen Hals verbergen? Spielte er Lana etwas vor? Hatten die Naniten Besitz von ihm ergriffen?

Für einen Moment schien alle Kraft aus ihren Muskeln zu weichen. Sie stützte sich auf die Arbeitsfläche des Küchenblocks.

»Alles Okay?« Albian trat ein paar Schritte auf sie zu.

»Komm mir nicht zu nahe!«, rief sie.

»Wie bitte?« Er blieb stehen. »Was ist denn in dich gefahren?«

»Entschuldige, ich hab eine Grippe. Ich will dich nicht anstecken.«

Albian kniff die Augen zusammen und näherte sich mit kleinen, schlendernden Schritten. »Möchtest du einen heißen Tee?«

»Nein, geht schon.«

Langsam wich Lana zurück. Sie bewegte sich um den Küchenblock herum, zu der Seite, wo die Messerschublade war. »Wann hast du dir den Pullover gekauft? Der steht dir.«

Seine Lippen wurden schmal. »Den hast du mir aus London mitgebracht. Weißt du das nicht mehr?«

»Doch, äh, natürlich«, log sie. »Jetzt fällt es mir wieder ein.«

Die Tagung in London lag bereits zwei Jahre zurück. Was sie Albian mitgebracht hatte? Die Erinnerungen verloren sich im Nebel ihrer Gedanken.

Wie konnte sie so etwas vergessen?

Sicher hatte sie diese Dinge nach der Trennung verdrängt.

Oder es lag an etwas ganz anderem.

Den Naniten.

Ihre Hände zitterten. War sie selbst infiziert? Schwammen die kleinen Maschinen etwa in ihrem eigenen Hirn und fingen an, sie zu manipulieren?

»Was stimmt nicht mit dir?«, fragte Albian.

»Ich mache mir Sorgen um Noah.« Hinter ihrem Rücken tastete sie nach der Messerschublade.

»Er wird gleich da sein.«

Lana sah zur Fensterfront. Ihr Ex und sie spiegelten sich auf dem Glas über dem Dunkel der Nacht.

Wie viele Leute waren wohl schon infiziert? Wie lange, bis ganz Berlin in der Hand der Maschinen war?

Lana musste ihren Jungen schützen. Egal wie.

»Gib mir bitte Marlenes Handynummer«, sagte sie.

»Wozu?«

»Ich will wissen, was mit Noah ist.«

»Hab ich doch gesagt, sie sind gleich hier.«

»Trotzdem.«

»Was?«

»Ich will mich vergewissern, ob es ihm gutgeht.«

»Typisch.« Er machte noch einen Schritt auf sie zu. »Wo ist das Problem, Lana? Kannst du mir nicht einfach mal vertrauen?«

»Nicht mehr.« Kalte Wut fuhr durch ihre Zellen. In ihr wuchs das Verlangen, nach einem Messer zu greifen. »Du hättest damals nicht anfangen sollen, heimlich zu trinken.«

»Und du hättest dich nicht ständig im Labor verkriechen sollen. Dann wären wir vielleicht noch eine Familie.«

Lana zog an der Schublade. Sie glitt lautlos auf und berührte ihr Gesäß. »Du weißt genau, dass ich das für Noah getan habe. Ich könnte ihn niemals aufgeben. Egal, wie die Diagnose lautet.«

Er blickte zu Boden. »Es tut mir leid.«

»Was tut dir leid?« Lanas Hand tauchte in die Schublade ein. Ihre Finger fanden eine breite Klinge. Vorsichtig hob sie das Messer heraus.

Albian seufzte. »Ach, Lana ... Was ist nur aus uns geworden?«

Mit einer schwungvollen Bewegung nahm er ihre freie Hand und zog sie zu sich.

Sie unterdrückte einen Schrei.

Auf keinen Fall durfte er merken, welche Panik seine Berührung in ihr auslöste.

»Lass bitte los!«

Albian legte seine Hände auf ihre Wangen und schaute ihr in die Augen. Sein Lächeln war ruhig, beinahe sanftmütig.

»Ich möchte dich nur kurz in den Arm nehmen.« Er umschlang Lanas Rücken und drückte sie an seine Brust.

Die Umarmung war fest und stark.

Ihr Herz hämmerte. Blut rauschte in ihren Ohren.

Sie spürte, wie sich sein Kinn auf ihre Schulter legte.

Verzweifelt rang sie nach Luft. Er würde sie jeden Moment infizieren.

Eine Flut von Bildern schoss ihr durch den Kopf. Ihre Hochzeit. Noahs Krebsdiagnose. Juris Gesicht. Der Metallkropf.

»Du fehlst mir«, flüsterte Albian in ihr Ohr. »So sehr, dass es wehtut.«

Lana stieß zu.

Er schrie nicht, als die Klinge in seine Seite eindrang. Mit offenem Mund starrte er sie an. Dann lösten sich seine Hände und er sank zu Boden.

Das Messer fiel klirrend herunter. Lanas Körper bebte. Hatte sie das wirklich getan?

Wie gelähmt lag Albian da, die Augen weit aufgerissen. Seine Brust hob und senkte sich. An der Einstichstelle breitete sich ein dunkelroter Fleck auf dem Pullover aus.

Auf wackeligen Beinen kniete sich Lana zu ihrem blutenden Ex hinab. Obwohl sie es nicht wollte, musste sie unter den Rollkragen sehen. Sie hatte Angst vor dem, was sie dort finden würde. Oder nicht finden.

Sie zog den Kragen herunter. Der Kropf war da. Das dunkle Metall wurde flüssig und bildete sich zurück. Nach und nach versank die Geschwulst in der Haut, bis nichts mehr von ihr zu sehen war.

Ein Röcheln kam aus Albians Mund. »Es ist alles meine Schuld.«

»Albian?« Ihre Stimme zitterte.

»Ich habe das Serum gestohlen.«

»Was!«

»Habe es mir selbst gespritzt. Als Testperson.« Albian hustete. »Ich wollte, dass Noah gesund wird, bevor es zu spät ist. Wenn ich gewusst hätte ...«

Sie packte und rüttelte ihn. »Hast du Noah infiziert?«

»Nein.« Er stöhnte und krümmte seinen Oberkörper.

Lanas Kehle schnürte sich zusammen. Er hatte es für ihren Jungen getan. Für seinen Jungen.

»Du musst verschwinden«, sagte er. »Schnell.«

»Was ist los?«

»Sie ... verschließen meine Wunde.«

»Die Naniten?«

»Gleich wandern diese Teufel zurück in meinen Kopf. Diesmal werden sie nicht so lange mit dir spielen. Sie werden zuschlagen.«

Lana wurde klar, dass er recht hatte. Die Naniten waren dazu geschaffen, Verletzungen zu reparieren.

»Lass mich allein.« Albian schlug die Augen nieder. »Rette unseren Sohn.«

Was er getan hatte, war dumm und ignorant gewesen. Aber er war ein besserer Vater, als Lana gedacht hatte.

Sie beugte sich hinunter und umarmte ihn. Diesmal wirklich ihn und keine fremdgesteuerte Marionette.

Ihre Augen wurden feucht. Zum ersten Mal seit Langem erlaubte sie es sich zu weinen. Albians Konturen verschwammen, so wie alles um sie herum.

Zum Abschied fand sie keine Worte. Sie ließ ihn los und stand auf. Mit dem Ärmel wischte sie die Tränen aus ihrem Gesicht.

Plötzlich drang ein kaltes Stechen durch ihr rechtes Auge.

In der Fensterfront sah sie ihr Spiegelbild. Eine dunkle Schliere zog sich über die Wange bis hin zum Auge.

Sie schaute auf den Ärmel ihres Blazers. Er war durchfeuchtet von Blut.

Albians Blut.

Der Schmerz im Auge ließ nach. Im nächsten Moment ging ein Stoß durch ihr Gehirn.

Sie wollte schreien, doch es kam nur ein Krächzen heraus.

Metallene Kälte explodierte in ihrem Kopf, als die Naniten sich vervielfachten und durch ihre Nervenbahnen jagten.

In rasendem Tempo verlor sie die Kontrolle über ihren Körper.

Sie sackte auf die Knie, unfähig, sich zu bewegen.

Die Wohnzimmertür öffnete sich.

»Mama?«

Abnormität

Olaf Stieglitz

Bei dem Doktor handelte es sich um einen Klasse VII Synthoiden. Äußerlich war er kaum noch von einem Menschen zu unterscheiden. Die Illusion wäre perfekt gewesen, wenn man nicht den hinteren Teil des Schädels durchsichtig gelassen hätte, damit man dem Neutronengehirn bei seiner funkensprühenden Aktivität zusehen konnte. Menschen wollten, dass ihre Diener möglichst vertraut wirkten. Aber wenn man sie von einem Menschen gar nicht mehr unterscheiden konnte, wurde es ihnen unheimlich.

Der Doktor verschränkte seine schlanken Finger und schüttelte bedauernd den Kopf. »Es tut mir wirklich aufrichtig leid, Primus. Genau wie jeder andere Synthoid an Bord hätte ich sehr gerne meine eigenen Bauteile gespendet, um Ihnen zu helfen.«

Ich starrte auf meine Hände. Die linke war die eines Menschen, die rechte bestand aus Plastik und Metall. Bei weitem nicht so menschenähnlich wie die des Doktors.

»Ich weiß«, sagte ich. »Die sublinearen Matrizen des Klasse VII Gewebes sind für Transplantationen nicht geeignet.« Der Synthoid nickte bedauernd, aber ich zuckte mit den Schultern. »Ich bin froh, dass Sie mir überhaupt helfen konnten, Doktor.«

Manche betrachteten die Synthoiden als einen Zwischenschritt von der Maschine zu einer organischen Lebensform. Die Komponenten ihrer Körper wurden aus künstlich gezüchteten Zellen hergestellt, und die Prozesse, die in ihnen abliefen, waren den Abläufen im menschlichen Organismus so ähnlich, dass man sie stellenweise nicht mehr von diesen unterscheiden konnte. Neutronengehirne wurden heutzutage genutzt, um Transplantationen bei Menschen mit schweren Schädelverletzungen durchzuführen, wenn keine Zeit blieb, das Nervengewebe zu klonen.

Doch die Menschheit nannte die Synthoiden der neuesten Generation noch immer abfällig Maschinen, als bestünde ihr Inneres aus Zahnrädern und Getriebeteilen. Als würde Dampf zischen, wenn sie sich bewegten. Meine eigene rechte Hand war weitaus primitiver als die Organe des Doktors. Winzige Batterien versorgten die künstlichen Nerven und Muskeln mit Energie. Wenn man ein feines Gehör besaß, konnte man ein Summen hören, wenn die Hand sich bewegte.

»Primus, Sie hätten dieses Schiff schon längst verlassen sollen. Besser noch, wenn Sie es niemals betreten hätten. Je länger Sie hierbleiben, desto mehr Teile Ihres Körpers werden geschädigt und müssen ersetzt werden. Die Strahlung der Singularität ist für Sie einfach zu stark.«

»Das weiß ich alles«, nickte ich. »Aber die Singularität ist genau der Grund, warum wir hier sind. Wir wollten dem Sektorpräsidenten helfen, dem Gravitationstrichter zu entkommen. Leider wurden die Triebwerke seines Schiffes beschädigt und es kann die Position nur halten. Wir müssen auf Hilfe warten.«

»Wir hätten Präsident Norwick an Bord unseres eigenen Schiffes nehmen und wegfliegen können.«

»Damit die Sektortruppen glauben, wir hätten ihn entführt? Nein, das wäre genau das Gegenteil von dem, was ich erreichen will.«

Ich warf einen Blick auf den Monitor. Dort sah ich die Sicherheitskapsel von Blemden Norwick, dem mächtigsten Mann der bekannten Galaxis. Es gab keine Sichtfenster, aber ich wusste, wie der Sektorpräsident inzwischen aussah. Eine ganze Anzahl von Operationsnarben zeichneten seinen Körper, wo Gliedmaßen und Organe entfernt waren. Der Doktor hatte die Eingriffe vornehmen müssen.

»Wie geht es ihm?«, fragte ich.

»Den Umständen entsprechend gut. Sein Zustand ist stabil und in einem Sektorkrankenhaus wird man ihn durch Klonen der fehlenden Organe vollständig wiederherstellen können. Aber auch dafür gibt es Grenzen. Ich werde nicht mehr beliebig viele Eingriffe bei ihm vornehmen können.«

»Dazu wird es nicht kommen.«

Als sollten meine Worte bestätigt werden, erklang in diesem Moment eine Stimme aus dem Lautsprecher der Kommunikationsanlage.

»Die Ferntaster zeigen einen Kontakt an. Es handelt sich um einen schnellen Kreuzer der Sektorflotte.«

Ich warf dem Doktor einen Blick zu. »Dann ist es jetzt soweit.« Ich drückte einen Knopf. »Achtung an alle. Hier spricht Primus. Evakuierungscode Alpha. Verlasst alle das Schiff! Sofort!«

Der Doktor nickte. »Ja, das ist wohl wirklich besser. Wenn die Sektorgardisten hier an Bord auf Synthoiden treffen, dann werden sie keine Fragen stellen, sondern sofort schießen. Man wird glauben, wir wären für den Zustand des Schiffes und des Präsidenten verantwortlich.«

Das sollte keine Kritik an meiner Person sein, da war ich sicher. Trotzdem machte ich mir Vorwürfe. Was ursprünglich eine einfache Bewegung für Synthoiden-Rechte sein sollte, hatte wie ein Lauffeuer um sich gegriffen. Auf allen Planeten übten sich die künstlichen Lebensformen in zivilem Ungehorsam. Die Situation drohte zu eskalieren. Aber niemandem war mit einem Bürgerkrieg geholfen.

»Das alles hab ich so nicht gewollt. Mein Ziel war eine Annäherung. Ich hatte gehofft, wenn wir den Sektorpräsidenten retten, könnte man die Wogen glätten, bevor es zum Äußersten kommt.«

Erneut sah ich auf meine ungleichen Hände. Eine war die eines Roboters, die andere die eines Menschen. Zu welcher Seite des Konflikts gehörte ich inzwischen wirklich? Der Graben zwischen den Fronten wurde immer tiefer. Das musste aufhören.

»Wenn wir die Sicherheitskapsel mit dem Präsidenten starten, wird der Antrieb diese für ein paar Stunden in einem sicheren Abstand von der Singularität halten können, bevor die Gravitation die Kapsel wieder einfängt. Deswegen ist es wichtig, sie erst dann zu starten, wenn das Rettungsschiff des Sektors ganz in der Nähe ist.«

»Warum lassen wir die Kapsel nicht einfach an Bord?«, fragte der Doktor mit zweifelnder Stimme.

»Ich habe darüber nachgedacht. Aber dann könnten die Sektorgardisten glauben, wir wollten den Präsidenten als Geisel nehmen. Nein, es ist am besten, wenn wir Norwick zu ihnen schicken, noch bevor es zu eventuellen Kampfhandlungen kommt. Dadurch setzen wir ein klares Zeichen und für ihn ist es auch am sichersten.«

»Ich schätze, das ist der Moment, in dem Sie mir sagen wollen, dass Sie an Bord bleiben, Primus? Weil Sie die Kapsel des Präsidenten selbst starten wollen.«

»Ja. Ich werde nicht riskieren, dass die Kapsel zu früh startet und ihre Position nicht lange genug halten kann. Sie sollten mit den anderen jetzt evakuieren, Doktor.«

»Jeder von uns könnte den Startknopf drücken. Es gibt keinen Grund, warum Sie sich dafür opfern müssen, Primus.«

»Die Strahlenschäden in meinem Körper breiten sich immer weiter aus. In dem Evakuierungsschiff, mit dem wir vor dem Sektorkreuzer fliehen wollen, gibt es keine Möglichkeit, mich zu behandeln. Nein, ich werde bleiben. Vielleicht ergibt sich so eine Möglichkeit, mit Blemden Norwick zu reden, wenn er aus seinem Stasis-Schlaf erwacht. Dieser Konflikt muss aufhören.«

»Dann wäre es sinnvoll, wenn ich bei Ihnen bleibe, Primus. In den letzten Wochen habe ich sehr viel über die Kompatibilität von menschlichen und künstlichen Systemen herausgefunden. Insbesondere, wenn es um organische Nervenzellen und das Gewebe eines Neutronengehirns geht. Meine Erkenntnisse wären von großem Wert für die Ärzte, die Sie behandeln würden.«

Ich wollte ihm widersprechen, sagen, dass es unnötig sei, so ein Risiko einzugehen. Aber ich schwieg. Es war seine Entscheidung und ich würde diese akzeptieren.

»Da wir gerade von Ihren Forschungen sprechen – wie geht es Ihrem Patienten?«

Der Doktor drückte einen Knopf und auf dem Monitor erschien ein neues Bild. Eine Hundsternschabe war zu erkennen, eine etwa fußlange insektoide Kreatur. Ihr Kopf war komplett durch eine künstliche Apparatur ausgetauscht worden. Wackelnde Antennen hatten die langen, beweglichen Fühler ersetzt.

»Außerordentlich positiv, Primus. Die Tests zeigen eine Abweichungsrate zum früheren Verhalten von unter 0,4%. Trotz der äußerlichen Unterschiede ist das Gehirn der Hundsternschabe dem eines Menschen vom Aufbau her sehr ähnlich und es gibt keinen Grund anzunehmen, dass das Verfahren nicht auch für Transplantationen zwischen einem Menschen und einer künstlichen Lebensform geeignet sein soll.«

Der Doktor drückte weitere Knöpfe und es erschienen Diagramme und Grafiken. »Das Gewebe von synthoiden Gehirnen lässt sich heutzutage ohnehin kaum noch vom menschlichen Nervensystem unterscheiden. Die spezifischen Hirnmuster lassen sich problemlos vom einen auf das andere übertragen. Das funktioniert in beide Richtungen. Auch wenn ich von einem Komplettaustausch der Gehirne abraten würde, sehe ich kein Problem bei einer sukzessiven Transplantation von Hirnarealen. Die Voraussetzung wäre, dass man diesen zwischendurch die Zeit lässt, sich an die neuen Energiemuster zu akkomodieren. Bei der Schabe wurden vor vier Stunden die letzten 11% des ursprünglichen Nervensystems durch Teile eines Neutronengehirns ersetzt. Nach allen bislang durchgeführten Verhaltenstests handelt es sich noch immer um die gleiche Schabe wie vor den Eingriffen.«

Erneut konnte man das Bild der Schabe mit dem künstlichen Kopf sehen. Ihre Antennen bewegten sich. Mir schauderte.

»Okay, wir können keinen Unterschied feststellen. Aber wissen wir, ob die Schabe selbst einen Unterschied bemerkt?«

Der Doktor warf mir einen langen Blick zu.

»Am Ende werden Sie die Entscheidung selbst treffen müssen, Primus. Allerdings ist das Verfahren im Moment die einzige Alternative zu Ihrem Tod. Die Schädigungen Ihres Gehirns werden sich immer weiter ausbreiten.«

Ich blickte wieder auf meine Hände. »Was würden Sie denn sagen, Doktor? Ist das da noch eine Hundsternschabe oder ist es eine künstliche Lebensform?«

Mein Gegenüber schwieg einen Moment, bevor ich meine Antwort bekam: »Ich bin ein Arzt, kein Philosoph. In dieser Frage muss wohl jeder für sich selbst entscheiden.«

Natürlich hatte er recht. Wann übertrat man die Grenze? Wenn mehr als fünfzig Prozent des Körpergewebes nicht mehr das eigene war? Oder erst, wenn es mehr als die Hälfte des Gehirns betraf?

46% meines Körpers hatte man bereits ausgetauscht. Bei den Nervenzellen waren nur noch knapp ein Drittel meine eigenen. Der Rest bestand aus transplantiertem Gewebe.

Ich fühlte mich immer noch so wie früher, spürte keinen Unterschied. Aber vielleicht ließ das fremde Gehirn in meinem Kopf mich das nur glauben.

Ferne Explosionen erschütterten das Schiff. Es war keine Meldung von der Brücke gekommen, was bedeutete, dass die anderen Synthoiden den Raumer bereits evakuiert hatten. Wenigstens etwas. Ich rief einen Statusbericht auf.

»Sie beschießen den Antrieb. Wahrscheinlich wird das Schiff dadurch schneller in die Singularität stürzen. Am besten starten wir jetzt die Rettungskapsel des Präsidenten. Der Sektorkreuzer ist nahe genug, damit sie ihn rechtzeitig retten können.« Ich übertrug die Brückenkontrollen auf den Computer der Krankenstation. Dieser war nicht dafür ausgelegt, aber ich wollte auch keine Raumschlacht austragen. Ich gab die notwendigen Befehle ein und verfolgte auf dem Monitor, wie die Sicherheitskapsel des Präsidenten startete und das Schiff verließ. Ich lächelte. Wenigstens das war mir gelungen.

Dann verfinsterte sich der Bildschirm für einen Moment, weil die Helligkeitsdämpfer überlastet wurden. Als die Farben sich wieder normalisierten, waren von der Kapsel nur noch Trümmer zu erkennen, die von der Singularität angezogen wurden.

»Nein! Wieso?« Ich hatte nicht gemerkt, wie ich aufgesprungen war. Fassungslos starrte ich auf den Monitor.

»Der Sektorkreuzer!«, flüsterte der Doktor geschockt. »Sie müssen geglaubt haben, Synthoiden wollten mit der Kapsel von dem Schiff fliehen.«

Ich konnte es nicht fassen. Innerhalb einer Sekunde hatte man meine Hoffnungen in ihre Atome zersprengt. Alles war umsonst gewesen. Die furchtbaren Schäden, die von der Strahlung an meinem Körper angerichtet wurden – ein sinnloses Opfer.

Es gab nichts mehr zu tun. Der Doktor wollte nicht fliehen und es wäre auch zu spät dafür gewesen. Wir spürten die Erschütterung, die durch das Schiff lief, als der Sektorkreuzer andockte. Man hörte das Stampfen schwerer Stiefel, während die Gardisten das Schiff durchsuchten auf der Suche nach dem Präsidenten, den sie vor wenigen Minuten selbst getötet hatten.

Als die Geräusche näher kamen, stellte ich mich gut sichtbar in die Mitte des Raumes und hob die Hände. Ich wollte niemanden zu unnötiger Gewalt verleiten. Wie sich zeigte, war das vertane Liebesmüh. Als der erste der Sektorgardisten die Tür zur Krankenstation mit einer Schmelzbombe öffnete, warf er sofort eine Unterbrechergranate in den Raum. Sämtliche neuronalen

Schnittstellen des Doktors wurden lahmgelegt und auch meine nichtmenschlichen Systeme erlitten einen Blackout. Wäre nicht der Großteil meines Gehirns organisch gewesen, ich hätte wohl nicht viel mitbekommen von dem, was danach geschah.

Ich konnte mich nicht bewegen, mein Blick war starr an die Decke gerichtet. Ich hörte das Zischen einer Laserpistole, als der Sektorgardist den Doktor zerstrahlte. Die Wirkung der Unterbrechergranate ließ den Synthoiden noch nicht einmal einen Todesschrei ausstoßen. Ein zweiter Gardist beugte sich über mich. Zuerst dachte ich, er wollte mich ebenfalls töten, aber es war ein Diagnosegerät, welches er auf mich richtete.

»Mein Gott! 54% des Mannes wurden durch künstliches Gewebe ersetzt. Und sie haben eine alte Baureihe dafür ausgeschlachtet. Die Systeme leiden unter der Strahlung. Was haben diese verfluchten Maschinen ihm nur angetan? 31% des Nervensystems sind ebenfalls nicht mehr menschlich.« Die Stimme, die unter dem Helm hervordrang, klang mechanischer als es die des Doktors getan hatte. Ein zweiter Helm erschien in meinem Blickfeld, ein weiteres spiegelndes Visier schaute auf mich herab. War es der, welcher den Doktor getötet hatte? Oder ein weiterer Gardist? Ich wusste es nicht.

»Das würden die verdammten Maschinen am liebsten mit uns allen machen. Was für Bastarde!«

»Ach du meine Güte! Schau dir die DNA an! Das ist Blemden Norwick! Das ist der Präsident!«

Der zweite Gardist kniete sich neben mir nieder.

»Sir! Präsident Norwick! Können Sie mich hören, Sir? Sie sind in Sicherheit. Wir werden Sie retten. Alles wird gut.«

Nein, ich bin nicht der Präsident. Das Denken fiel mir schwer. Der Teil meines eigenen, meines ursprünglichen Gehirns, wurde noch immer durch die Unterbrechergranate lahmgelegt. *Ich bin nicht Blemden Norwick*, dachte ich. Mir fiel die Ironie der Situation auf, weil das menschliche Nervengewebe, das in meinem Kopf noch funktionierte und diesen Gedanken formulierte, von Norwick stammte. Der Doktor hatte Gewebe des Präsidenten verwenden müssen, um mein eigenes zu ersetzen, welches von der Strahlung geschädigt wurde.

»Herr Präsident, Sir, können Sie uns sagen, ob Primus an Bord ist? Der Anführer der Synthoiden-Bewegung?«

Ich konnte nicht. Ich war noch nicht einmal in der Lage, den Kopf zu schütteln oder zu nicken. An meiner Statt beantwortete der andere Gardist die Frage.

»Primus kann nicht an Bord sein. Er stammt ebenfalls aus einer alten Baureihe. Die Strahlung würde ihn zerstören.«

Das spiegelnde, unmenschliche Visier wandte sich wieder zu mir.

»Machen Sie sich keine Sorgen, Präsident Norwick. Wir werden die Maschinenteile aus Ihrem Körper entfernen und durch aus ihrem eigenen Gewebe geklonte Organe ersetzen. Sie werden danach wieder wie neu sein, Herr Präsident!«

Voller Grauen begriff ich, dass man auch noch der Rest meines Körpers durch menschliche Zellen ersetzen wollte.

Ein Trippeln war zu hören.

»Was ist das denn?«

»Es sieht aus wie eine Hundsternschabe. Aber was ist mit ihrem Kopf passiert?«

»Ist das ein künstlicher Kopf? Was haben diese kranken Kerle nur mit ihr angestellt? Was für eine widerliche Abnormität!«

In Gedanken – gedacht von dem fremden Gehirn in meinem Kopf – pflichtete ich dem Gardisten bei.

Der Milchkrieg

Christian J. Meier

Erwin Oberender riss die Kühlschranktür auf und beförderte die Flasche mit frischer Biomilch schwungvoll zu ihrem angestammten Platz. Doch sie stieß dumpf an eine Tetrapakhülle. Das darauf abgebildete Firmenlogo von *Macrosmart* sprang Erwin ins Gesicht. Darunter, ein blaues Quadrat mit der Aufschrift *Intus inside*. *Macrosmart* kannte er: Das war die größte Softwareschmiede der Welt. Und *Intus* ein großer Computerchipproduzent, soviel er wusste. Aber was macht ein *Computer* in meinem Kühlschrank, dachte Erwin. »Thorben!«, schrie er. Sein von Pubertätsstürmen verwirrter Sohn war der einzige im Haushalt, dem er eine solche Fehlleistung zutraute. Erst jetzt las Erwin die Aufschrift »Biomilch« auf der Packung. Er stellte die Flasche ab und griff nach der angeblichen Milchtüte. Er wiegte sie in der Hand. Fühlte sich an wie ein Liter Milch. Sein Sohn kam in die Küche geschlurft.

Erwin hielt ihm die Milchtüte vors Gesicht.

»Hast du die gekauft?«

Thorben schüttelte den Kopf. »Nee, Mann. Der Kühlschrank hat sie bestellt. Was denn sonst!«

Ach ja, richtig. Der Kühlschrank. Judith hatte unbedingt so ein Smart-Home-Dingenskirchen gewollt. Um den feierabendlichen Einkaufsstress ein für alle Mal abhaken zu können. Seit gestern prüfte dieses intelligente Gerät, ob noch alles da war und bestellte nach, wenn nicht.

»Warum bitte steht *Macrosmart* auf der *Milchtüte?*«, fragte Erwin.

»Na, warum wohl, Mann«, gab sein Sohn zurück. »Weil der Kühlschrank unter deren Betriebssystem läuft und natürlich nur kompatible Produkte bestellt.«

»*Kompatible* Produkte?«, fragte Erwin. Er schraubte den Deckel ab, ging zur Spüle und kippte die Milch hinein.

Thorben sah seinem Erzeuger mit distanziert interessiertem Blick zu als wäre er zur Fütterung an einem Affengehege. »Was genau tust du da?«, fragte er.

»Ich trinke nur Milch vom Bauer Klein!«

»Wie lächerlich ist das denn! Biomilch ist Biomilch. Und *Macrosmart* hat eine hocheffiziente Logistikkette. Die ist nach ökologischen Kriterien optimiert.«

Thorben kam an die Spüle, hielt seine Armbanduhr an die Milchpackung. Es piepste. Thorben schaute auf seine Uhr. »Hättest du eine NFC-fähige Watch, wüsstest du längst, dass diese Milch einen Ökobilanz-Index von 1,2 hat und aus dem Allgäu kommt.«

Erwin feuerte die Milchtüte in den Mülleimer und stapfte aus der Küche. »Allgäu!«, schimpfte er. »Meine Milch kommt vom Klein. Basta!«

Am nächsten Morgen füllte Erwin, noch im Halbschlaf, Kaffee in die Tasse. Er öffnete den Kühlschrank, griff nach der Milchflasche und stutzte. Sie war warm! Er nahm sie heraus, schraubte den Deckel ab und hielt sie unter die Nase. Sauer! Er stellte die Milch ab, tastete nach der Bierflasche im Kühlschrank. Sie war kalt.

»Thorben!« brüllte er. Er hörte den Föhn seines Sohnes verstummen, die Badtür knarren und dann das Schlurfen von Thorbens Hausschuhen.

»Was'n los, Mann!«, stieß dieser aus, als er die Küche betrat.

»Nenn mich nicht immer ›Mann‹!«, protestierte Erwin.

»Okay Alter«, quittierte Thorben.

Erwin sah ihn ratlos an und winkte ab.

»Hast du vielleicht die Milch aus dem Kühlschrank genommen?«, fragt er.

»Wie kommst'n darauf! Ich trinke keine Milch!«

»Warum ist sie dann warm?«

Thorben zeigte, mit spöttischem Lächeln, auf den Kühlschrank.

»Das Ding hat sie nicht gekühlt«, erklärte er.

»Aber die Bierflasche daneben *ist* kalt!«

Thorben öffnete die Kühlschranktür und nahm die Bierflasche heraus. Er hielt seine Armbanduhr an den Kronenkorken, woraufhin dieser ploppte. Thorben nahm ihn ab, hob das Bier an den Mund, nahm mehrere kräftige Züge und setzte die Flasche ab. »Dieses Bier ist *Macrosmart*-kompatibel«, verkündete er, während Gerstensaft aus seinem Mundwinkel rann. »Deine Milch vom Klein ist es nicht!«

Erwin riss seinem Sohn die Flasche aus der Hand ging zur Spüle und schüttete den Rest in den Ausguss. »Vor der Schule schon Biersaufen! Geht's noch?«

Er wandte sich seinem Sohn zu. »Wie kann die Milch im Kühlschrank warm bleiben, während das daneben stehende Bier gekühlt wird?«, fragte er.

»Gute Frage!«, antwortete Thorben. »Im *Silicon* war neulich ein Artikel darüber. *Macrosmart* nennt es *segmented cooling*. Heißt soviel wie Segmentkühlung. Eigentlich müsste es Segmenterwärmung heißen. Nichtkompatible Produkte werden durch in der Innenver-

101

kleidung des Kühlschranks verbaute Infrarot-LEDs gezielt geheizt.«

Erwin klappte die Kinnlade herunter.

»Bitte, was?!« sagte er.

»Normal, Mann! Steht doch in den AGBs, dass nur kompatible Produkte gekühlt werden. Ist doch auch das Vernünftigste, wenn alles über eine einzige Lieferkette abgewickelt wird. Effizient und umweltfreundlich.«

Es klingelte. Thorben sah auf seine Uhr. »Ah! Neues Bier. Und neue Milch. Fleisch kommt auch.« Er wollte zur Haustür gehen, doch sein Vater packte ihn an der Schulter und zerrte ihn in die Küche zurück. Er marschierte zur Tür und drückte auf die Gegensprechanlage.

»Wir nehmen nichts!« schrie er hinein.

»Aber Ihr Kühlschrank hat Milch, Bier und Fleisch bestellt«, ertönte eine blechern klingende Stimme.

»Verschwinden Sie, sonst lernen Sie mich kennen!«

»Gut, wie Sie wollen«, sagte die Stimme. »Die Kohle wird trotzdem abgebucht! Steht so in den AGBs.«

Als Erwin in die Küche zurück marschiert kam, empfing ihn sein Sohn mit interessiertem Blick, kühl lächelnd.

»Wie kann ich dem Scheißding beibringen, keine Milch mehr zu bestellen!«, fragte Erwin ihn.

Thorben zuckte mit den Schultern und wendete sich zum Gehen. »RTFM!«, sagte er, während er zum Bad zurück schlurfte.

»Was?«, rief Erwin ihm nach.

»Read the fucking manual!«, antwortete er. »Lies die verdammte Gebrauchsanweisung!«

Eine Stunde später wusste Erwin, dass er das »segmented cooling« nicht deaktivieren konnte. Dazu müsste er das Betriebssystem deinstallieren und ein neues installieren. Eines von diesen offenen Betriebssystemen, die zwar umsonst sind, aber eigentlich nur von Computerfreaks bedient werden konnten. Die Aktion würde ihm die Gewährleistung seines neuen Kühlschranks kosten. Das würde er lassen! Er war Sachbearbeiter und kein Nerd! Er ging in die Küche, stellte sich vor das Neugerät, fixierte die an der Kühlschranktür angebrachte Kameralinse und zeigte mit ausgestrecktem Arm auf diese. »Dir werde ich schon noch beibringen, wer Herr im Haus ist!« brüllte er.

Er fuhr zum Bauer Klein und holte neue Milch. Als er damit in die Küche kam, stellte er sich breitbeinig vor den Kühlschrank. »So, nimm das!« sagte er. Er riss die Tür auf und stellte die Milch schwungvoll an ihren Stammplatz. Wieder stieß die Flasche gegen ein Tetrapak mit *Macrosmart*-Logo, dem *Intus inside* Zertifikat sowie der Aufschrift »Biomilch« ab. Erwin holte Luft. »Du hast meine Abwesenheit benutzt, um neue Milch zu bestellen!«, brüllte er in den Kühlschrank hinein. Ein neues Bier stand auch im Kühlschrank, sowie drei eingeschweißte Schnitzel, ebenfalls mit *Macrosmart* und *Intus inside* darauf. Erwin stand sekundenlang unschlüssig da. Dann holte er die Milchpackung aus dem Kühlschrank, öffnete sie und schüttete den Inhalt in den Ausguss. Er schraubte die Milchflasche auf, setzte den Flaschenhals an der Öffnung der Milchtüte an und ließ den Inhalt in diese hinein fließen. Er stellte die Tüte in den Kühlschrank. »So«, sagte er. »Was tust du jetzt, hä?«

Der nächste Morgen kam ohne weitere Zwischenfälle. Nach dem Kaffeemachen griff Erwin nach der Milch im Kühlschrank. Wie schon tags zuvor, stutzte er. Wieder war die Packung warm und die weiße Flüssigkeit entpuppte sich als sauer. »Thoooorben!«, brüllte er. »Ich habe meine Milch in diese Tüte gefüllt, trotzdem hat dieses Monster sie nicht gekühlt«, berichtete er nachdem sein Sohn in die Küche geschlurft gekommen war.

»Mensch Alter«, begann Thorben.

»Nenn mich nicht ›Alter‹!«

»Mann, denkst du, nur der Kühlschrank und, in eingeschränktem Maße, du selbst, seid schlau oder was?«

»Hör mal, ich streich' dir gleich eine über«, entgegnete Erwin und holte mit der flachen Hand aus.

»Die Milchtüte ist natürlich auch intelligent«, fuhr Thorben ungerührt fort. »Ein Mikrofluidik-Chip untersucht die eingefüllte Milch. Er bestrahlt sie mit Laserlicht. Eine Analyse des gestreuten Lichtes lässt auf die Größenverteilung der Fetttröpfchen schließen. *Macrosmart*-kompatible Milch besitzt eine genau bestimmte Tröpfengrößenverteilung. Jede Abweichung davon meldet der Chip dem Kühlschrank.«

Erwin nickte. Gut, dachte er. Diese Firma will die Leute auf Linie kriegen. Nicht mit Erwin Oberender! Er verließ entschlossenen Schrittes das Haus und sprang ins Auto. Zwei Stunden später schleppte er eine Kiste in die Küche, aus der er einen Minikühlschrank auspackte. Diesen setzte er in Betrieb und stellte eine neue Flasche Biomilch vom Klein hinein. »Strike!« schrie er, als die kleine Maschine ihr surrendes Kühlgeräusch abgab.

Die Enttäuschung wartete am nächsten Morgen. Erwin öffnete das Türchen seiner Neuanschaffung und musste feststellen, dass das Gerät seinen Zweck nicht erfüllte: Es kühlte nicht. Die Milch war angesäuert. Sein Sohn klärte ihn, nachdem er gähnend in die Küche gekommen war, über den schockierenden Sachverhalt auf: »Das war eine deiner bislang spektakulärsten Schnapsideen, Mann«, begann er. »Natürlich hat die Außenkamera festgestellt, dass du ein Konkurrenzgerät angeschafft hast.«

Erwin zuckte mit den Schultern. »Und dann hat dieser Sabotage-Kühlschrank ihm den Strom abgedreht, oder was?«

»Genau.«

Erwin lachte freudlos. »Und *wie*, wenn ich fragen darf?«

Thorben zog die Augenbrauen hoch und seufzte. »Der Kühlschrank hat seinen Akku schnell geladen und so eine Überlast erzeugt, welche die Sicherung ausgeknockt hat. Da war der Akku dann aber schon voll und der Kühlschrank konnte weiter kühlen.«

Erwin ging zum Schaltschrank und wirklich: Die Küchensicherung war draußen. Er legte sie wieder ein, schließlich hatte er vor, Kaffee zu kochen und Toasts zu toasten. »Wir haben also einen kleinen Guerillakämpfer in der Küche«, sagte Erwin als er zurückkam und sah den Kühlschrank aus engen Augenschlitzen an. »Ist nicht Aushungern eine Taktik gegen Guerillas?«, fuhr er fort, zerrte den Kühlschrank ein Stück von der Wand weg, sodass er an den Stecker kam. Er zog daran. Nichts bewegte sich. Er zog kräftiger, und ächzte dabei, bis seine Hand abglitt und er auf den Hintern fiel. »Ist ja wie fest betoniert«, stellte er, sich die Gesäßbacken reibend, fest.

»Meine Güte, Mann, du solltest dich mal sehen!« rief Thorben, halb lachend. »Übrigens: Mit fest betoniert liegst du gar nicht so falsch«, fuhr er fort.

Erwin, inzwischen erneut, mit hoch rotem Kopf und einem Bein an der Wand, am Stecker zerrend, hielt inne. »Was meinst du, Junge?«, stöhnte er.

»Der Kühlschrank erwärmt den Stecker, damit dieser sich ausdehnt und in der Fassung festsitzt«, rief der, während er zurück ins Bad schlurfte.

Erwin ließ den Stecker los. Er stellte sich vor das hinterlistige Kühlgerät. Na warte, dachte er. Dir werde ich es schon noch zeigen! Und auch Thorben benötigte offenbar eine Klarstellung darüber, wer in diesem Haus regierte: Erwin Oberender oder *Macrosmart*.

Er überlegte. War es nicht eine Anti-Guerilla-Taktik, die ansässige Bevölkerung gut zu versorgen, um deren Unterstützung für die Rebellen zu brechen? Das brachte ihn auf eine Idee. Er holte einen Wäschekorb aus dem Keller, packte diesen in den Kofferraum seines Wagen und fuhr los.

Eine halbe Stunde später schleppte Erwin einen Wäschekorb voller Milchflaschen in die Küche. Er öffnete den Kühlschrank und verteilte die Flaschen in dessen Fächern. Die restlichen Lebensmittel – alles *Macrosmart*-kompatibel – verteilte er zwischen den Flaschen. Seine Milch und die *Macrosmart*-Fressalien waren nun miteinander verschränkt. Wenn der Kühlschrank seine Milch erwärmte, dann würde er das auch mit dem ganzen Rest machen müssen. Und das würde er sicherlich nicht tun! Er schloss die Kühlschranktür und lächelte siegessicher.

Am nächsten Morgen schnappte Erwin nach Luft, als er die Kühlschranktür öffnete. Er verfluchte den Erfinder der Künstlichen Intelligenz, wer immer das sein mochte. Im Innern ihres neuen Küchengerätes sah es aus wie auf einem Schlachtfeld. Das Gemüsefach war voll mit weißer Flüssigkeit. In den Lagerfächern, zwischen Schnitzeln, Joghurts, Käsepackungen, lagen Glasscherben – die Reste der Milchflaschen – und ein paar Brocken gefrorener Milch. Wie hatte diese Höllenmaschine nun das wieder hingekriegt?

»Erinnert mich an den Physik-Unterricht«, erklang eine Stimme hinter Erwin. Er fuhr herum. Thorben war von ihm unbemerkt in die Küche gekommen und blickte Erwin über die Schulter. »Was?«, fragte der.

»Die Anomalie von Wasser«, antwortete Thorben.

»Die *was* von Wasser?«

»Alter, hast du denn Null Allgemeinbildung?! Wasser ist die einzige Flüssigkeit, die sich beim Einfrieren ausdehnt. Sprich, wenn man eine Wasserflasche einfriert, dehnt sich der Inhalt aus und das Ding platzt. Zum Glück habe ich das Bier gestern Abend noch konsumiert.«

»Mein lieber Herr Sohn. Ich weiß nicht, ob dir aufgefallen ist, dass in diesen Flaschen *Milch* war!«

»Mann, Alter: Milch besteht zu 90 Prozent aus Wasser! Und so voll wie du die Flaschen an Kleins Milchautomaten immer machst hatte die Flüssigkeit keinen Platz sich auszudehnen.«

Erwin starrte erst ungläubig in den Kühlschrank und dann in das Gesicht seines Sohns.

»Willst du mir damit sagen, dass diese Höllenmaschine ihren gesamten Kühlraum unter Frost gesetzt hat, nur um die Milchflaschen zum Platzen zu bringen?«

»Genau. Cool was?«

»Cool?! Das ist rohe Gewalt!« Erwins Halsadern pochten. Er stapfte quer durch das Wohnzimmer, riss die Terrassentür auf, stürmte in die Gartenhütte und kam mit einer Axt in beiden Händen daraus hervor. Er marschierte mit halb zugekniffenen Augen Richtung

Küche zurück. Thorben sah seinem Erzeuger mit einer Mischung aus Faszination und Amüsement zu. Wenige Meter vor dem Kühlschrank schwang Erwin die Axt hinter die Schulter und setzte zu einem Brüllen an. Da rief Thorben aus vollem Hals: »Stop!«

Erwin blieb stehen als würde ein Film angehalten und wendete den Blick seinem Sohn zu. Er schnaubte wie ein wütender Stier. »Was!« schrie er.

»Ich glaube, das geht einfacher, Mann«, sagte Thorben.

»Ach ja?«

Thorben schlurfte zur Abstellkammer und verschwand darin. Erwin hörte ein leises Klicken, bevor sein Sohn wieder aus der Kammer kam.

»Was hast du getan?«, fragte er, die Axt immer noch zum Schlag auf den elektronischen Feind bereit.

»Das WLAN ausgeschaltet«, antwortete Thorben.

Erwin ließ die Axt sinken und sah seinen Sohn mit offenem Mund an. Ihm schwante etwas. »Und, äh, warum?«

»Na, der Kühlschrank hat natürlich keine integrierte Künstliche Intelligenz. Das läuft alles über die *Macrosmart*-Server. Die Situationserkennung erfolgt dort und die Handlungsentscheidungen werden auch dort getroffen. Keine Internet-Verbindung, keine selektive Erwärmung und auch keine aufgeplatzten Milchflaschen.« Thorben grinste breit. »Du hättest übrigens auch einfach die Kameras zukleben können. Dann hätte die Maschine weniger Information und damit wesentlich beschränktere Handlungsmöglichkeiten gehabt.«

Erwin hätte am liebsten wieder mit der Axt ausgeholt – in Richtung seines Abkömmlings. »Und warum, bitte, hast du mir das nicht früher gesagt?!«

»Naja«, antwortete Thorben. »Ich bereite gerade ein Referat vor über falschen Umgang mit Smart-Home-Geräten. Und ich glaube, ich habe jetzt ein klasse Beispiel dafür.« Er deutete erst auf das Küchengerät und dann auf Erwin.

J-2112

Celin Aden

Schlechtes Karma nannte man das vermutlich, wenn man seine Wohnung betrat und ein Fremder die Schränke durchwühlte.

Wobei sich Ember nicht erinnern konnte, dass sie jemals unerwünscht ein Appartement betreten hatte. Der junge Bios hielt wie vom Donner gerührt in der Bewegung inne und starrte sie mit weit aufgerissenen Augen an. Ein Keks steckte halb in seinem Mund. Die Verpackung, die er ohne Rücksicht aufgerissenen hatte, hielt er immer noch in einer Hand.

Seit wann hatte sie diese Kekse schon? Musste eine ganze Weile her sein, dass sie sie gekauft hatte. Ursprünglich wollte sie die Vögel im Zoo damit füttern, aber sie war seit Wochen nicht dazu gekommen, sich einen Tag freizunehmen.

Ihr Blick huschte über die nasse Kleidung des Eindringlings, die von Flecken und Rissen übersät war, einer davon Rostrot umrandet.

Ihre Überraschung verschwand und machte beruflichem Interesse Platz.

»Nussriegel sind links oben im Schrank.« Auf Embers Lippen bildete sich ein Lächeln, ehe sie die Wohnungstür schloss, sich den nassen Regenmantel auszog und die roten Gummistiefel abstreifte.

»Soll ich mir die Beschädigung ansehen?« Der Bios zuckte bei ihrer Stimme zusammen, ließ sich jedoch nicht davon abhalten, im Schrank nach den Riegeln zu kramen.

Er raffte die Kekse samt den Riegeln an seine Brust, als wäre es der größte Schatz der Welt.

Waren seine Energiereserven so am Ende?

»Setz dich!« Sie deutete auf die winzige Bank neben sich. Der Bios zog den Kopf ein, folgte jedoch ihrer Anweisung und ließ sich auf die Sitzgelegenheit fallen.

Ember passierte ihn mit bedachtsamen Bewegungen, um ihn nicht zu verschrecken, und steuerte den Schrank an, den der Bios gerade durchsucht hatte. Schachteln und Kleinkram übersäten den Boden und sie verzog das Gesicht missmutig. Sie hasste Unordnung! Das würde sie so schnell wie möglich wieder in Ordnung bringen.

Im untersten Fach befand sich ein kleiner Notfallkoffer für sie selbst und – seit sie ihre Ausbildung angefangen hatte – auch für Bios. Wer hätte gedacht, dass sie ihn so schnell brauchen würde?

Als sie die kleine Wohnung wieder durchquerte, lauschte sie mit einer gewissen Belustigung dem Knirschen der Kekse.

Der Bios stopfte sich das Essen in den Mund und krümelte ihren Boden dabei voll.

Im Vorbeigehen griff sie nach einem Glas, füllte es mit Wasser und stellte es auf den kleinen Tisch neben der Bank.

Anschließend zog Ember sich einen Hocker zurecht, setzte sich vor den Bios und breitete den Notfallkoffer neben ihm aus. Nach einem kurzen Scan seines Datenchips ließ sie sich die Werte als kleines Hologramm anzeigen. Keine tragischen Beschädigungen, nur oberflächliche Mängel.

»J-2112 ...«, las sie abwesend und bemerkte die anschließende Lücke im Text. »Hat man dir keinen Namen gegeben?«

Ohne zu ihr aufzusehen, schüttelte der Bios den Kopf. Die roten Locken fielen ihm dabei in die Stirn. Vereinzelt liefen winzige Wassertropfen an den verklebten Strähnen herunter und tropften auf die Kekse.

»J-21-12…«, grübelte Ember und öffnete den ersten Knopf an seinem Oberteil. »J-U-L… Wie wäre es mit Julian?«

Grüne Augen starrten sie mit einer Eindringlichkeit an, dass sie im ersten Moment stutzte. Schlagartig wurde ihr klar, dass sie einen Fehler begangen hatte. Namen bekamen die Bios nur von ihren Eigentümern.

Diesmal war sie es, die seinem Blick auswich und sich stattdessen auf die Knöpfe an seinem Oberteil konzentrierte.

Dann streifte sie den nassen Stoff über die Schultern und anschließend über den linken Arm. Der Stoff klebte an seiner Haut und als sie ihn entfernte, quoll dunkle Flüssigkeit heraus.

Der Bios schien es nicht zu bemerken und schob sich stattdessen einen weiteren Keks in den Mund.

Die Beschädigung an seinem Arm sah schlimmer aus, als sie es war. Dafür schockierten Ember die hellen und dunklen Flecken auf seinem Oberkörper viel mehr.

Anscheinend hatte Julians vorheriger Eigentümer nicht besonders viel Ahnung von Bios gehabt. Kein Wunder, das er weggelaufen war.

Bios besaßen einen gesunden Selbsterhaltungstrieb und entwickelten im Laufe der Zeit einen unverkennbar eigenen Willen.

»Wie ist die Beschädigung passiert?« Geübt griff sie nach dem Versiegelungsapparat und führte den violetten Strahl behutsam über den Riss.

Der Bios öffnete den Mund, ehe er ihn schnaubend wieder schloss, und erst jetzt kam Ember in den Sinn, dass er noch kein einziges Wort gesprochen hatte.

»Ist deine Sprachausgabe blockiert?«, hakte sie nach und Julian nickte. Nachdem sie die Beschädigung weitgehend verschlossen hatte, legte sie das kleine Gerät zur Seite und prüfte auf dem flirrenden Hologramm erneut Julians Daten.

Sie tippte sich durch das Menü und aktivierte die Sprachausgabe, ehe sie im Koffer nach dem Versieglungsgel kramte.

»Jetzt dürfte es besser sein.« Zufrieden lehnte sich Ember zurück und begutachtete ihre Arbeit. Für einen Lehrling im zweiten Monat war es ganz passabel.

»Kann ich heute Nacht hierbleiben?« Julians Stimme war tief und rau. Vielleicht waren seine Stimmbänder eingerostet.

Im ersten Moment wollte sie verneinen, im nächsten knickte sie auch schon ein.

Seine grünen Augen fixierten sie flehend, beinahe verzweifelt.

Draußen herrschte kein gemütliches Wetter und der Bios war nicht nur beschädigt, sondern auch abgezehrt.

Schlagartig wurde ihr klar, wie empfindlich Bios waren. Diese Tatsache war ihr vorher nie recht bewusst gewesen.

Sämtliche Bios, die sie bis jetzt behandelt hatte, hatten nicht so schutzbedürftig gewirkt.

Ihre Schultern sackten nach unten.

Gestern hatte sie noch herzlich über ihren Kollegen gelacht, der ständig streunende Bios aufnahm, sie wiederherstellte und weitervermittelte. Es verging kein Tag, an dem er ihr nicht einen seiner Streuner ans Herz legte.

Bis jetzt hatte sie immer aus Platzgründen abgelehnt. Ihre 10 qm² Wohnung war zu klein für zwei Personen und nicht auf die Bedürfnisse der Bios ausgelegt. Aber die brauchten kaum Platz, hatte ihr Kollege versichert.

Sie waren genügsam, gingen einkaufen und hielten die Wohnung sauber, sagte ihr Kollege.

Wenn Ember so ihren Boden ansah, schien Julian das Gegenteil zu machen. Er tropfte und bröselte die zuvor makellose weiße Fläche voll.

Unvermittelt schmunzelte sie darüber und sah zu Julian auf. Behutsam strich sie ihm einige der roten Strähnen aus der Stirn.

Der Bios zuckte kaum merklich zusammen und ihr Mitgefühl nahm sprunghaft zu.

»Einverstanden.« Bei ihren Worten huschte ein scheues Lächeln über seine geröteten Lippen. »Aber nur unter einer Bedingung: Ich lasse deine Kleidung reinigen, bevor du hier schläfst.«

Julian nickte, ehe er sein Oberteil endgültig abstreifte und es ihr reichte.

»Die Hose auch«, forderte sie, stand auf und beobachtete, wie er zögernd den Stapel Kekse von seinem Schoß schob.

Als sie die nasse und dreckige Kleidung in den Reiniger stopfte, linste sie gelegentlich über ihre Schulter zu Julian, der etwas unbehaglich in ihrer Wohnung stand und darauf wartete, dass sie wieder zurückkam.

Der Reiniger läutete nach zwei Minuten und zeigte ihr damit, dass seine Arbeit getan war. Zufrieden hangelte sie nach der sauberen und trockenen Kleidung und einem Tuch im Regal darüber, ehe sie zu Julian zurückkehrte.

Der Bios war einen Kopf größer als sie. Also bedeutet sie ihm – nachdem er sich die Hose übergestreift hatte – sich wieder zu setzen.

Dann legte sie ihm das Tuch über den Kopf und rubbelte seine Haare trocken.

Julian schien es zu gefallen, denn als sie das Handtuch in seinen Nacken schob und die Knoten mit den Händen aus seinen Haaren kämmte, wirkte er um vieles entspannter.

»Du bist viel netter als die anderen«, flüsterte er und schloss genüsslich die Augen, während Ember ihre Finger eins ums andere Mal durch seine Locken gleiten ließ.

Er konnte nicht wissen, dass für die Zulassung zu ihrer Ausbildung eine gewisse Sympathie für Bios benötigt wurde. Nur, das, was sie hier tat und was es in ihr auslöste, ging darüber hinaus.

Abrupt löste sie sich von dem Bios und nahm Julian das Handtuch ab, ehe sie ihn anwies, sich anzuziehen.

Dann packte sie den Notfallkoffer sorgfältig zusammen und verstaute ihn im Schrank. Eilig räumte sie ihre Habseligkeiten, die Julian zuvor so rücksichtslos auf den Boden geworfen hatte, ebenfalls in den Schrank, ehe sie sich wiederaufrichtete.

Sie ließ sich neben Julian auf die Bank sinken und streckte die Beine aus.

Ohne sich dessen bewusst zu sein, klopfte sie mit einer Hand auf ihre Oberschenkel und ehe sie sich versah, kuschelte sich Julian an sie, den Kopf auf ihrem Schoß.

Eine seltsame Zufriedenheit stellte sich ein, während sie ihre Finger immer wieder verspielt durch Julians Locken gleiten ließ.

So langsam konnte sie nachvollziehen, warum ihr Kollege ständig Streuner aufnahm. Empfindungsfähige Wesen, denen man ein Recht auf ein selbstbestimmtes Leben verweigerte, sie eher als Gebrauchsgegenstand ansah, als Verbrauchsware.

Ember erinnerte sich noch gut an die Demonstration vor einigen Monaten. Sie hatten die Gleichberechtigung für Bios verlangt.

Etwas, das nie passieren würde.

Nachdenklich lehnte sie den Kopf an der Wand hinter sich an und schloss die Augen. Nur für eine Nacht, wiederholte sie in Gedanken und spürte, wie Julian hochzuckte, als ihre Türklingel schellte.

»Hier ist die Nachtwache. Uns wurde mitgeteilt, dass ein Streuner in der Gegend sein soll. Haben Sie Hinweise, E.M. 2518?«, drang die einnehmende Stimme durch die Tür.

Sofort schoss Julians Hand vor und krallte sich in ihren Arm.

»Bitte«, flüsterte er flehend. »Sag ihnen nicht, dass ich hier bin.«

»Das kann ich nicht«, erwiderte sie bedauernd und legte in einer tröstenden Geste eine Hand auf seine Wange.

»Aber ... aber ...«, stammelte der Bios, »ich will nicht zurück!«

Ohne auf seinen Protest einzugehen, wand sie sich aus seinem Griff und stand auf. Sie öffnete die Tür und erblickte einen Bot der Nachtwache.

»Guten Abend, E.M. 2518«, grüßte er sie höflich und neigte sich zu ihr herunter. Der Wachbot war deutlich größer als sie und für seine Aufgabe perfekt konstruiert. Stabile Gliedmaßen mit integrierten Betäubungswaffen.

Das Auge im mittleren Bereich des Rumpfs zuckte zu ihr und dann zu Julian.

»Guten Abend, K.R.91212«, erwiderte sie den Gruß und trat beiseite. »Das ist J-2112. Sein Besitzer scheint keine ausreichenden Kenntnisse über Bios zu haben. Ich rate dringend davon ab, ihn wieder in dessen Obhut zu geben. Außerdem wurde der Bios auf seiner Flucht beschädigt. Behandeln Sie ihn bitte angemessen sorgfältig.«

»Aufgenommen und vermerkt, E.M. 2518. Ich bin geschult im Umgang mit Bios. Bitte haben Sie keine Bedenken«, versicherte der Wachbot und hob seinen Arm, um Julian zu packen, der sich im hintersten Winkel der Wohnung verkrochen hatte.

Der Wachbot zog Julian zu sich und obwohl sich der Bios zur Wehr setzte, wusste Ember dennoch, dass er keine zweite Chance zur Flucht bekommen würde. Als Julian sie passierte, versuchten seine Hände nach ihr zu greifen, aber sie entzog sich ihm.

Er starrte sie an, mit dem gleichen Ausdruck in den Augen, als sie ihn in ihrer Wohnung ertappt hatte: entsetzt.

Nur, dass die dunkelgrünen Augen diesmal in Tränen schwammen. Er war wirklich ein hübsches Exemplar, dachte Ember und folgte dem Wachbot und Julian nach draußen. Sie konnte nicht anders, als dabei zuzusehen, wie sie den Bios in eine Zelle verfrachteten, die sich an dem Gefährt des Wachbots befand.

Kurz bevor der Bot die kugelförmige Zelle schloss, konnte sie Julian hören, wie er ihren Namen rief: »Ember! Ember!«

Es endete erst, als der Wachbot den Zugang verschloss und Julian in der durchsichtigen Membran der Zelle eingeschlossen war.

Sie hatte ihm ihren Namen nie genannt, oder?

Nein, er hatte ihn selbst herausgefunden.

Ihr Name stand in einer Buchstaben- und Nummernkombination auf ihrer Wohnungstür: E.M. 2518.

Die 2 stand für das B in ihrem Namen, die 5 für das E und die 18 für das R: Ember.

Vielleicht hatte ihr Kollege und diese Demonstranten doch recht. Womöglich waren die Bios klüger, als sie ihnen zugestanden. Julian war es auf jeden Fall. Immerhin hatte er bewiesen, dass er das Alphabet und Zahlen lernen konnte.

Er hatte zu ihr Vertrauen gefasst.

Kein Wunder, immerhin hatte sie sich umbauen lassen. Wenn sie den Bios in Aussehen und Statur ähnelte, erleichterte das erheblich ihre Arbeit. Die Bios ließen sich unkomplizierter behandeln und wurden schneller zutraulich.

Aber das war nicht Embers Hauptproblem, sondern dass sie einen weitreichenden Fehler begangen hatte. Sie hatte ihm einen Namen gegeben und nun würde sie Julian so schnell nicht wieder aus ihrem Kopf bekommen.

Verdammtes Empathie-Upgrade!

Wind peitschte ihr den steten Regen ins Gesicht, was sie nicht davon abhielt, dem Gefährt samt Julian und dem Wachbot hinterher zu starren, als es abhob.

Sie sah ihm noch nach, als er schon längst am Horizont des violetten Himmels verschwunden war, selbst dann noch, als die beiden blassen Sonnen untergingen.

Dann fasste sie einen Entschluss.

Sie lief zurück in ihre Wohnung, eine Wohneinheit von vielen in diesem Bezirk und schloss die Tür.

»Energieanschluss aktivieren.« Deswegen war sie ursprünglich nach Hause gekommen: um ihrem Energiekern eine Auffrischung zu gönnen.

Nur nebenbei registrierte sie, dass das Kabel sich in ihren Anschluss am Nacken bohrte. Viel brennender interessierte sie die nächstgelegene Betreuungsstelle für Bios. Also linkte sie sich ins Extranet ein und suchte nach Julians Registrierungsnummer.

Sie würde ein Bad brauchen, wenn sie einen Bios aufnahm und eine Matratze. Im Gegensatz zu ihr schliefen Bios.

Ihr Kollege würde sich sicherlich bei ihr beschweren. Sie hätte von ihm vermutlich ein einfacheres Exemplar haben können oder ein jüngeres.

Aber wer weiß, vielleicht würde sie Julian früher oder später etwas Gesellschaft gönnen. Einen zweiten Bios, am besten ein Weibchen.

Julian wieder über die Haare zu streichen, war ein sehr verlockender Gedanke. Unwillkürlich huschte ein Lächeln über ihre Lippen.

Er musste nur einige Tage in der Betreuungsstelle aushalten, dann würde sie ihn zu sich holen.

Dann wäre sie die stolze Besitzerin eines Bios. Eines Lebewesens, dass angeblich von einem weit entfernten Planeten stammte.

Ember hatte diese Geschichte noch nie geglaubt.

Vermutlich war Julians Rasse in einem Labor gezüchtet worden.

Aber es war egal.

Er war süß und zutraulich, und sie freute sich schon auf ihr neues Haustier.

Von Centauren und Menschen

Nele Sickel

Der Aufprall presste mir die Lungen gegen den Rippenkäfig. Mein Kopf schlug auf den Boden, entfesselte heißen, feuchten Schmerz. Ich öffnete den Mund zu einem Schrei, aber der Sturz hatte mir die Luft genommen. Es kam kein Ton heraus. Dafür kreischte das Raumschiff um mich herum. Brüllende Alarmsignale, berstendes Metall, das wütende Zischen entweichender Atmosphäre.

Irgendetwas knirschte gefährlich, und dann rammte sich neuer Schmerz in meine Seite, glühend und schrill. Mir wurde schwarz vor Augen. Sterne torkelten unter meinen Lidern. Der Gestank von Eisen und altem Öl biss mir in die Nase. Am liebsten hätte ich mich übergeben, doch selbst dafür musste man sich bewegen können und das konnte ich nicht. Absolut nicht.

Dann Stille. Kein Kreischen mehr, der Alarm wurde blechern und leise, das Zischen verebbte, abgelöst von unheilvollem Knirschen und Knacken. Das Raumschiff war in einem Stück. Noch. Ich gebe zu, die Landung auf Proxima Centauri c hatte ich mir anders vorgestellt.

Ein weiterer Versuch mit den Lungen, diesmal erfolgreicher. Ich schnappte nach Luft und schloss die Augen.

Einatmen.
Ausatmen.
Einatmen.
Ausatmen.

Das Schiff mochte im Eimer sein, aber immerhin hatte ich es in einem Stück nach unten gebracht und das, ohne mitten in die Stadt zu stürzen. Ich hatte es auf eine Anhöhe am Siedlungsrand geschafft. Bei den Stürmen da draußen sollten sie mir dafür zu Hause einen Orden an die Brust stecken. Falls ich es denn nach Hause schaffte. Mein Hinterkopf brannte, meine Seite stach.

Ein Kratzen über mir ließ meine Augen aufflattern. Verschwommen und träge schaukelte das Bild des geborstenen Cockpits in mein Sichtfeld. Mir wurde wieder schlecht.

Augen zu. Atmen.

»Hallo? Jemand da?«

Die Stimme kam von oben. Ich hätte nicht gedacht, dass sie so sprechen würden.

»Hallo? Alles gut?«

So normal.

»Leben Sie noch?«

Weniger normal. Aber wohl den Umständen angemessen.

»Hier!«, presste ich zwischen zusammengekrampften Zähnen hervor. »Noch.«

»Ich kann von draußen nicht genau erkennen, was Ihnen fehlt«, erklärte die Stimme. Durch die gesplitterte Außenwand hindurch klang sie blechern. »Ich muss in Sie reinschauen. Ich hoffe, Sie sehen es mir nach.«

Erst mal reinkommen, dann reinschauen!, dachte ich, aber mir fehlte die Kraft, es mit der nötigen Lautstärke nach draußen zu brüllen. Vielleicht war es besser so. Da hatten sie sich schon die Mühe gemacht, unsere Sprache zu lernen und ich zog sie mit Spitzfindigkeiten auf? Besser nicht.

Ich stellte sie mir vor, die dreiarmigen und vierbeinigen Centaurianer – Centauren, wie einige Witzbolde bei uns auf der Erde sie nannten – stellte sie mir vor, wie ich sie von den schematischen Darstellungen ihrer Datenkapseln kannte: kein Hals, der den Kopf von den Schultern trennte. Das augenlose Gesicht direkt im Torso. Große Nasen, Lamellenmünder. Ob sie Zungen hatten, hinter diesen Lappen, die ihre Kiefer miteinander verbanden? Mussten sie ja, wenn man hörte, wie gut sie unsere Sprache gelernt hatten. Oder machten sie es irgendwie ganz anders? So oder so: Es gab hier verdammt viel zu entdecken und zu erfahren.

»Hörst du das?«, murmelte ich meinem rebellierenden Körper zu. »Du hältst gefälligst durch! Ich habe nicht den ganzen weiten Weg hierher gemacht, um jetzt kurz vor dem langersehnten Erstkontakt den Löffel abzugeben.«

Das Kratzen über mir setzte wieder ein. Lauter diesmal. Schon stoben Funken, feiner Metallstaub rieselte auf mich nieder, kitzelte in der Nase, brannte mir in den Augen.

Ich sollte hier weg, ging es mir durch den Kopf. Aber alle Anstrengung brachte mir nur verkrampfte Oberschenkel und ein müdes Zucken der Arme ein. Was sollte ich schon tun? Ich schloss die Augen und ergab mich in mein Schicksal.

Krach. Ein lautes Knallen. Ein dumpfer Schlag. Der Metallstaub schneite mich ein, fiel dicht, wie Puderzucker durch ein Sieb. Ich nieste.

»Hallo?« Wieder die metallene Stimme. Deutlicher jetzt. Und ganz nah. »Es tut mir leid, falls ich Ihnen wehgetan habe.«

»Haben Sie nicht.« Ich stöhnte. »Nur ein Niesen.« Vorsichtig blinzelte ich mir den Metallstaub aus den Wimpern.

»Niesen?«, fragte die Stimme.

»Nicht so wichtig.« Ich hatte den Staub erfolgreich aus meinen Augen vertrieben und nun kehrte das Innere meines zerborstenen Schiffs schemenhaft zu mir zurück. Doch noch konnte ich den Sprecher nicht ausmachen. Zu viel Licht gleißte mir entgegen. Licht aus dem Loch dort in der Decke, wo eben noch keines gewesen war.

Ein Scharren und Knacken links von mir, begleitet von einem beständigen leisen Summen. »Ich bin froh, Ihnen keine weiteren Schmerzen bereitet zu haben. Sie sehen schlimm aus, wissen Sie?«

»Charmant!« Ich ließ den Kopf nach links fallen und sah noch mehr Schemen. Nur langsam gewannen sie Tiefe und Kontur.

Da war eine Gestalt zwischen den Trümmern, die einmal mein Raumschiff gewesen waren. Sie war klein, kompakt, bewegte sich fließend, beinahe gleitend. Ich blinzelte noch einmal.

Ein silbriger Kasten schob sich auf rotierenden Ketten über den Boden. Er hatte stabförmige Ausläufer, die er hin und her schwenkte. Sensoren, vielleicht auch Kameras. Eine Maschine! Hier lag ich, der erste Mensch, den die Centaurianer zu sehen bekamen, klammerte mich an mein Leben und wen schickten sie, um mich zu retten? Eine verdammte Maschine!

»Sie fürchten, dass das Schiff jeden Moment zusammenbricht, oder?«

Der Roboter schwenkte seine Antennen in meine Richtung, dann ließ er sie um sich kreisen. »Was meinen Sie?«

»Es muss schlimm aussehen, wenn ...«

»Ich bin hier, um zu helfen.«

»Das dachte ich mir.« Ich schloss die Augen. Immerhin hatten sie mir eine Maschine geschickt, die *ich* sagte. Netter persönlicher Touch. »Wirst du mich also mitnehmen?«

»Mitnehmen?«

»Ja, hier raustragen. In ein Krankenhaus oder so. Einen Ort, wo ihr Verletzte behandelt. So was habt ihr doch, oder?«

»Haben wir. Aber nein.«

»Nein?« Hätte meine Kraft gereicht, ich wäre laut geworden. Und ausfallend.

»Ihre Verletzungen sind schwer. Sie sind nicht transportfähig. Ich werde Sie vor Ort behandeln.«

»Was? Du?«

»Keine Sorge, ich bin Arzt.«

»*Du* bist Arzt? Na ganz toll. Aber ich bin kein Centaurianer, meine Physiologie ist ganz anders.«

»Dessen bin ich mir bewusst.«

»Das wird keine Standardprozedur. Damit wirst du nicht umgehen können!«

»Ich habe alle medizinischen Daten untersucht, die von Ihrer Welt an unsere gesandt wurden. Ich bin so bereit, wie es nur geht, und werde es auf einen Versuch ankommen lassen.«

»Klasse!« Ich stöhnte. »Hab ich denn eine Wahl?«

»Sie können die Behandlung verweigern. Ich würde das respektieren. Ungern, aber ich würde es tun.«

»Und dann?«

»Ich bin, wie Sie so treffend festgestellt haben, kein Spezialist für Ihre Physiologie. Aber ich vermute, Sie würden sterben.«

»Großartig!«

»Nach all den Jahren der Vorbereitung, die dieses Treffen gekostet hat, wäre das nicht nur für Sie bedauerlich, glauben Sie mir!«

Das feuchte Stechen in meiner Seite und mein pochender Hinterkopf gaben ihm recht. »Also schön!«, knurrte ich. »Leg los!«

»Danke für Ihr Vertrauen.«

»Ja, ja.«

Es knirschte und surrte wieder. Ich spannte mich an in der Erwartung, kaltes Metall auf der Haut zu spüren. Wer wusste schon, was so ein Robo-Doc alles in petto hatte? Skalpellfinger vielleicht. Schläuche und Injektionsnadeln, die irgendwo hervorschossen, wenn man am wenigsten damit rechnete ...

Nichts. Ich spürte nichts davon, hörte nur das Klappern der Geräte. War mein Körper taub geworden? Das konnte kein gutes Zeichen sein.

»Beeil dich!«, drängte ich. Dabei hievte ich die schmerzenden Augenlider nach oben. Ich wollte sehen. Sehen, was er da machte, sehen, wo ich mich nicht mehr spürte.

Doch da war nichts. Keine Schläuche, keine Skalpelle, überhaupt nichts. Der Roboter war nicht mal bei mir, er hockte neben meiner Navigationskonsole, hatte die Abdeckung der internen Schaltkreise geöffnet und schraubte daran herum.

»Dämlicher Blechkasten!«

»Blechkasten? Ich verstehe nicht.«

»Ich bin hier!«

»Das weiß ich.«

»Wolltest du mich nicht verarzten?«

»Ich bin dabei.«

»Wie willst du das machen, solange du mich nicht mal ansiehst?«

»Ich sehe Sie an. Sie sind verwirrt. Das ist normal in Ihrem Zustand. Ruhen Sie sich aus!«

»Du hast wohl Fehlfunktionen!«

»Sie haben eine eigenartige Wortwahl.« Ungerührt machte der dämliche Blechkasten weiter. Beachtete mich gar nicht.

Auf einen Schlag wurde mir eiskalt. Jetzt sah ich mich wirklich hier drinnen sterben.

»Ihr Kreislauf macht mir Sorgen.«

»Mir auch. Komm endlich her und hilf mir! Oder noch besser: Ruf jemand anderen, der sich um mich kümmern soll!«

»Niemand sonst hat sich so intensiv mit Ihrer Physiologie befasst wie ich.«

»Das Risiko bin ich bereit, einzugehen.«

»Ich aber nicht und ich mache Fortschritte. Lassen Sie mich weiterarbeiten!«

»Fortschritte? Du bist noch nicht mal bei mir, das sage ich dir doch die ganze Zeit.«

»Richtig. Streng genommen bin ich nicht bei, sondern in Ihnen.«

»In mir? Du Schrotthaufen! Das gibt es doch nicht! Du ...« Ich stockte. Schnappte nach Luft.

»Ist es bei Ihrer Spezies üblich, ausfallend zu werden, wenn Sie Schmerzen haben?« Der Roboter hatte inzwischen die ersten Leitungen freigelegt und schweißte daran herum.

»In mir«, wiederholte ich atemlos. »Du glaubst wirklich, du bist in mir?«

»Ich weiß es sogar.«

»Was ... was glaubst du, was ich bin?«

»Eine eigenartige Frage. Ich bin Arzt, kein Philosoph.«

»Großer Kasten aus Stahl und Kunststoff? Verbrennungsantrieb? Glaubst du, das bin ich?«

»Ich hätte nicht Kasten gesagt.«

»Aber ansonsten trifft es das?«

»Kann man so sagen.«

Ich stöhnte.

»Werden die Schmerzen schlimmer?«

»Nein. Ja! Du behandelst den Falschen!«

»Bitte?«

»Das bin nicht ich, das ist das Schiff. Ich bin hier hinter dir!«

»Ich verstehe nicht.«

»Dann lass mich endlich mit einem Centaurianer sprechen. Bitte!«

»Ich verstehe nicht.«

»Du sollst es auch nicht verstehen, nur tun!«

»Was?«

»Mich mit jemandem sprechen lassen.«

»Mit wem?«

»Was weiß ich, irgendwem. Ganz egal. Hauptsache ein Centaurianer.«

»Sie sprechen mit mir.«

»Ich will aber ...«

»Sie mögen mich nicht sehen können, wie gesagt, ich bin in Ihnen, aber ich versichere Ihnen, ich bin Centaurianer, ich bin Arzt, und ich gehe auch nicht weg, bis es Ihnen besser geht.«

Der Blechkasten war vollkommen übergeschnappt! Entweder das oder ...

Die Kapseln mit den schematischen Darstellungen kamen mir in den Sinn, die uns die Centaurianer als erstes Hallo ihrer Kultur gesendet hatten. Die Reihenfolge der Bilder war seltsam gewesen. Erst die Arbeitsgeräte, die Roboter, später dann sie selbst. Das hatte mich immer gewundert.

Jetzt wunderte mich gar nichts mehr. Wir waren so naiv gewesen!

»Du bist ein Centaurianer, ja?«, fragte ich den Blechkasten heiser.

»Ja, richtig.«

»Und die sehen alle so aus wie du?«

»Mehr oder weniger.«

»Eure Physiologie basiert auf ...« Ich musste mich konzentrieren, um mir die Spezifikationen ins Gedächtnis zu rufen. Ich war Pilot und Diplomat, kein Ingenieur. Den Robotern hatte ich keine große Beachtung geschenkt. »... auf Aluminium und Kupfer, richtig?«

»Korrekt.«

Ich stöhnte. »Und wer sind die anderen? Die, die auf Kohlenstoff und Wasserstoff basieren?«

»Ich verstehe nicht.«

»Ihr hattet uns Bilder anderer Wesen geschickt. Organisch. Arme, Beine, Münder, Nasen ...«

»Sie meinen Maschinen?«

Maschinen.

Maschinen!

Dazu fiel mir nichts ein.

In der Stille, die folgte, spürte ich meine stechende Seite umso deutlicher. Mein Schädel wummerte. Alles rund herum fühlte sich feucht an. Meine Schultern, mein Arm, mein Rücken, meine Hüfte. Ich hatte nicht mehr viel Zeit.

»Hilf mir!«, presste ich hervor.

»Bin dabei.«

»Nicht dem Schiff! Mir! Du hörst mich doch sprechen. Hinter dir! Ich bin das organische Wesen auf dem Boden. Zwei Arme, zwei Beine, Kopf, Torso ...«

Der Blechkasten rollte herum und streckte seine mechanischen Fühler in meine Richtung aus.

»Sie meinen den künstlichen Sprachprozessor? Mir ist längst aufgefallen, dass Sie technische Hilfe benötigen, um zu sprechen. Ein Geburtsfehler? Oder ist Ihre Spezies von Natur aus stumm?«

»Nein! Nein, das verstehst du alles falsch. Das hier *bin* ich. Ich bin ein Mensch. So sind wir Menschen. Organisch, kohlenstoffbasiert.«

Der Roboter, ich meine, der Centaurianer rollte näher. Er fuhr eine dünne Drahtbürste aus, an deren Borsten irgendetwas leuchtete. Damit tastete er mich ab. Es stachelte heiß. Ich zuckte zusammen.

»Ich glaube, Sie halluzinieren.«

»Nein!«

»Gerade sehe ich mir Ihren Sprachprozessor an. Es ist Technologie, kein Leben. Eindeutig. Komplexe Technologie, das gestehe ich ein, aber definitiv eine Maschine. Sie können ohne leben.«

»Nein, kann ich nicht!«

Der Centaurianer rollte herum und befasste sich wieder mit dem Energienetz des Schiffes. Das Schweißen setzte wieder ein.

Mir wurde schlecht. Das Licht erschien dunkler und dunkler, der Raum verschwamm zusehends. »Bitte!«, krächzte ich noch einmal. »Das ist ein Missverständnis!«

»Was?« Der Centaurianer hielt nicht inne, sah mich nicht an.

»Sie. Wir. Wir haben beide etwas anderes erwartet.«
Der Raum wurde dunkel.
»Wir haben Datenpakete ausgetauscht. Wir wussten, was uns erwartet.«
»Ja. Und nein.« Ich holte Luft, sammelte meine allerletzten Kraftreserven. »Wir haben trotzdem nur gesehen, was wir sehen wollten. Ihr Leben, unsere Technik. Es ist genau andersherum. Wir Menschen sind organisch.«
Keine Reaktion. Er glaubte mir nicht. Und ich würde sterben.
»Okay!«, lenkte ich ein. Ich war verzweifelt. »Es ist ein Gerät, in Ordnung? Aber ich brauche es zum Leben.«
»Wie meinen Sie das?«
»Es ist komplex, das sagten Sie ja. Es ist nicht nur ein Sprachprozessor, sondern auch ein Schrittmacher. Es reguliert einige meiner Systeme. Ohne geht es nicht!«
Die Schweißgeräusche setzten aus.
»Sie meinen das ernst?«
»Ja.«
»Wieso haben Sie das nicht gleich gesagt?«
»Muss das Delirium sein ...« Ich keuchte. Das musste ich nicht mal simulieren. »Details ... geraten mir durcheinander. Aber ich brauche das Ding! Ganz sicher!«
Surren, dann wieder heißes Stacheln.
»Es steht nicht gut um die Kohlenstoffeinheit.«
»Ach was!«
Schweigen.
»Bitte! Tun Sie was!«
»Ich bin Arzt, kein Mechaniker.«

Hätte ich noch gekonnt, ich wäre zusammengezuckt. Lebendige Maschinen zu akzeptieren, war schwer. Aber für eine Maschine gehalten zu werden, war schwerer.

»Okay. Ich rufe jemanden für die Reparatur.«

»Danke!«

Surren, Knirschen, dann Klicklaute, Piepen. Selbst ihre Sprache klang falsch. Nicht echt.

Ob sie Seelen hatten? Ob sie wirklich lebten?

Ich war schon immer ein aufgeschlossener Typ gewesen. Ich würde es herausfinden. Irgendwie. Wenn ich nur lange genug überlebte.

»Ein Mechaniker macht sich bereit. Können Sie zumindest vorübergehend ohne das Gerät leben, solange wir es warten?«

»Kein Problem.«

»Gut. Ein Transporter ist unterwegs.«

Ich wollte noch einmal Danke sagen, doch selbst dafür fehlte mir jetzt die Kraft. Ich schloss die Augen und wartete.

»Halten Sie durch!«

Schweigen. Die Stille breitete sich aus wie der Schmerz in meinem Körper. Wurde bald genauso unerträglich. Das war gut, redete ich mir ein. Schmerz war gut. Besser als Taubheit. Noch war ich am Leben. Noch.

Da, endlich ein Geräusch! Pochen. Rhythmisches Pochen auf dem Dach über mir. Dann ein Plonk auf dem Schiffsboden, dann noch mehr Pochen. Ich zwang meine Augen ein letztes Mal auf.

Eine Gestalt schälte sich aus der Finsternis. Graue Haut, vier Beine, drei Arme. Ein Lamellenmund direkt im Torso. Große Nase, keine Augen. Wenigstens hatte das Wesen, nein, das Ding keine Augen.

»Der Transporter ist da«, verkündete der Arzt. »Wir entfernen Ihren Sprachprozessor nun für die Reparatur.«

Ich konnte nur stöhnen.

Meine Lider flatterten, dann blieben sie geschlossen. Aber ich spürte noch. Spürte weiche, warme Haut. Drei Arme, die mich sicher hochhoben. Eine organische Maschine. Kein Leben, würden die Centaurianer sagen. Das Wesen, nein, das Transportgerät legte mich an seine Brust und trug mich aus dem Schiff. Mein Kopf fiel zur Seite, landete auf warmer Haut. Ich hörte sein Herz schlagen.

»Vielleicht«, sagte der Arzt hinter mir, »ist eine Reparatur zu kompliziert. Aber das entscheidet dann der Mechaniker vor Ort.«

Ich fühlte Panik in mir aufsteigen, konnte sie aber nicht mehr artikulieren.

»Keine Angst! Wenn wir das Alte nicht retten können, bauen wir Ihnen einfach ein Neues.«

Benzer the Mancer

Robert Friedrich von Cube

Pieptöne und leuchtende Kurven. LCD-Anzeigen. Schläuche, von denen ich gar nicht wissen will, woher sie kommen und was darin fließt. Schlägt mein Herz? Oder schlagen sie es? Atme ich, oder pumpen sie mir Luft in die Lungen? Meine Augen tränen, aber ich kann sie mir nicht reiben. Die salzige Flüssigkeit läuft die Wange herab, gelangt in aufgeschürfte Bereiche und brennt.

Ich rufe. Falsch: Ich versuche es. Was ist das? Wieso kann ich nicht sprechen? Ich bewege meine Rippen, es schmerzt, und Luft entweicht – aber nicht durch meinen Mund.

Bestandsaufnahme: Ich spüre keine Beine. Ich spüre meine Lungen, wie sie sich blähen und erschlaffen, ohne mein Zutun. Ich spüre auch meinen Bauch, denn dort habe ich Schmerzen. Wenigstens Schmerzen.

Arme ... ich konnte noch unterschreiben, also muss ich einen Arm haben. Die Erinnerung an Schmerz überschwemmt meine linke Seite wie ein Tsunami. Eine Welle aus Blut und Geschossen. Arme? Es ist nur noch einer.

Ich höre Schritte, und dann erscheint das Gesicht einer Krankenschwester über mir. Ich will sie nach meinen Beinen fragen, aber ich kann ja nicht sprechen. Was ist das? Wieso atme ich, atmet es, und dennoch gelangt keine Luft in meinen Mund?

»Oh, Sie sind ja wach, Mr. Benzer.« Ein schönes Lächeln. »Sie können jetzt nicht sprechen. Wir haben Ihnen ein Tracheostoma angelegt. Die Luft wird direkt durch die Luftröhre eingeleitet, verstehen Sie?«

Verstehen? Ich verstehe, dass ich einen Pakt mit dem Teufel geschlossen habe.

Ich dämmere weg und tauche wieder auf. Ich höre eine männliche Stimme. »Beatmung steht«, sagt sie. »Kreislauf stabil. Sauerstoff bei 95%. Ist er wach? Macht nichts, Isofluran kommt. Gleich ist er weg ...«

Irgendetwas stimmt nicht. Irgendetwas ist hier gar nicht richtig.

»Halt das mal ein bisschen mehr nach oben.«

Was sind das für Stimmen? Was ist das für ein Nebel in mir?

»Epigastrica angestochen, muss koagulieren. Kauterisationssonde, hopphopp!«

Es ist, als hinge mein Kopf an einem Seil, und der Rest meines Körpers wäre von mir abgefallen. Ich spüre ihn noch stürzen, obwohl er schon hundert Meter unter mir liegt. Gleich muss ich mich erbrechen.

»Ist der wach? Patient ist wach, verdammte Scheiße!«

Ich öffne die Augen und sehe fünf grüne Gestalten. Mundschutze. Trotz der Panik, die mich überfällt, kann ich denken: Das gibt es nur im Horrorfilm!

»Mit was für Amateuren arbeite ich hier eigentlich?«

»Ich bin dabei, keine Sorge.«

Mein Bauch ist eröffnet, mit Haken wird die Bauchdecke weit auseinander gezogen. Ich wusste nicht, dass sie so elastisch ist. Komischerweise kein Schmerz. Ich spüre gar nichts. Diese Öffnung ist riesig. Ich sehe Gedärme und rotes Zeug. Sie arbeiten auch an meinen Beinen und Füßen. Silberne Pinzetten und Scheren schnappen an und über mir.

»Das ist mir noch nicht untergekommen. Er hat die Augen auf!«

»Tut mir leid, ehrlich. Gleich ist er weg, noch zwei Sekunden.«

»Sie sind Ihren Job los.«

Was ich noch sehe, bevor ich weg bin, ist eine Masse Metall in meinem Inneren. Und Kabel. Tausende von hauchdünnen Kabeln, wie Büschel silberner Haare.

Schüsse von rechts oben. Ich laufe die wenigen Schritte bis zu einem Baum. Dort finde ich Deckung. Aus dem Augenwinkel habe ich den Schützen entdeckt, aber ich muss erst die Situation verstehen. Rundumblick. Schwer gepanzerte Personen auf neun, zwölf und ein Uhr. Und direkt hinter mir. Dieser stärksten Gefahr wende ich mich sofort zu, zwischen mir und den anderen wenigstens der Baum. Salvenmodus, ich ziele immer auf den Kopf.

Positionswechsel, Hechtsprung zum nächsten Baum (ein Glück, dass die hier stehen, aber Betonwände wären mir lieber). Der erste Stamm wird von einem Geschoss durchschlagen. Das war ein Scharfschützengewehr, schätze ich. Der Schuss kam vom Dach. Das muss mein nächstes Ziel sein. Aber neun Uhr ist auch schon sehr nahe. Ich lenke eine Salve aufs Dach, nicht gezielt, nur zur Ablenkung. Und jetzt Automatikfeuer, muss neun Uhr in Schach halten, der ist viel zu nahe.

Ich ziehe mich weiter zurück, schießend. Streue das Autofeuer jetzt mehr, decke auch die anderen beiden ein. Der Scharfschütze streift meinen Helm, Glück gehabt. HUD-Anzeige: noch 23 Schuss. Tendenz sinkend. Scheiß Dauerfeuer. Vor der nächsten Deckung kann ich es mir nicht leisten zu zielen. 15 Schuss. Weiter Rückzug, Dach im Auge behalten.

Auf einmal wünsche ich mir doch Kybernetik. Gebt mir Neuroverstärker. Gebt mir Panzerhaut. Haha, das muss gerade ich sagen.

Neun Uhr geht zu Boden, immerhin. Aber die anderen beiden fressen meine Kugeln. Ich werde getroffen. Kriege eine Salve vor die Brust. Guter Kevlaranzug. Es tut weh, aber sie sind nicht durch. Der Scharfschütze würde durchkommen. Verdammter Scharfschütze. 5 Schuss, endlich Deckung. Müllcontainer. Klick-klick-klick-klick-klick.

Das Magazin so schnell gewechselt wie noch kein Mensch vor mir. Die beiden sind ganz nah, aber ich muss mir Zeit lassen zu zielen, der Dachtyp hat höchste Priorität. Sein Scheißkopf explodiert, endlich! Wieder Dauerfeuer nach vorne, rückwärtslaufen. Noch eine Salve trifft mich, Brust und Arm. Eine Kugel geht durch. Egal, ich lebe. Anzeige schon wieder auf 18 runter. Immer rückwärts. Einer der beiden stürzt.

Ich stolpere über irgendetwas, mache eine Rückwärtsrolle, um mich aufzufangen. Ich bin jetzt auf der Straße zum Haupttor. Doch aus Richtung Freiheit kommt ein unglaublich tiefes und lautes Donnern. Ich reiße den Kopf herum und sehe in mein vollautomatisches Schicksal.

Krankenhaus. Pieptöne. Grübeln, bis das Gehirn schreit. Hätte ich doch besser Kybernetik akzeptiert? Habe ich nie gewollt, alle Angebote abgelehnt. Ich weiß, dass man mit jedem Stück Fleisch, das man gegen Metall eintauscht, auch etwas Seele verliert. Kyberneten sind Psychopathen. Paranoid, depressiv. Diejenigen, die es richtig erwischt, sind nicht mehr zu den einfachsten Dingen in der Lage: Essen, Trinken, Waschen. Sie verhungern, während sie Amok laufen.

Nein, danke! Habe ich nicht nötig. Benzer the Mancer! Der Beschwörer. So haben sie mich genannt. Scheiße! Benzer the Misery, wohl eher.

Ich erwache, weil sich der Arm bewegt. Was? Wessen Arm? Das Ding hat eine Fliege gefangen. Surrte hier rum, während ich schlief. Arm fing sie. Bin noch ganz benommen.

Blinklichter, Pieptöne. Herz schlägt wie wild. Mann, bin ich wütend. Diese Verdammten ... Wer? Muss mich sammeln. Ruhe, Junge, ruhig Blut.

Ich – heiße – George – Benzer. Ich – bin – ich. Meine Mutter hieß Josephine, mein Bruder Richard. Ich bin der, der als Kind unter der Brücke gespielt hat, erinnere dich, erinnere dich!

Verdammte Wut! Kommt doch alle her, ich bring euch um! Zuschlagen. Der Arm kann das, kann das gut. Aha, da zersplittert die Scheiße. Piependes Gerät, tausend Stücke! Wie ich brülle, wie laut ich bin! Kann wieder schreien. Aufbäumen, zerschlagen.

Acht Leute halten mich fest, und jetzt spritzen sie was, aber Arm ist aus Metall und so stark. Arm aus Metall, ganz recht! Und jetzt zerdrückt er dessen Handgelenk. Wie der schreit!

Passt mir ganz gut, dass die was spritzen, sicherlich Beruhigungsmittel. Ich will das Mittel, ich will Ruhe. Was für eine Wut!

Ruhiger jetzt. Was ist hier los? Ich bin George Benzer. Denk dran. Könnte man leicht vergessen. Benzer. George Benzer. Nicht vergessen ...

Sie haben mich zusammengeschossen, und ich bin so gut wie tot. Warum? Ich höre Sirenen. Da nähern sich Blaulichter. Kurz danach erscheinen Sanitäter und Ärzte um mich herum. Man verbindet meine Wunden. Ein Herr im Anzug kommt auf mich zu. Er befiehlt den Helfenden mit einer kleinen Geste, von mir wegzutreten. Was für ein Gesicht. So perfekt. Das Gesicht eines Verkäufers. Er lächelt.

»Guten Abend, Mr. Benzer!« Er redet, als säßen wir gemeinsam in einem Restaurant. »Mein Name ist Al Nada, ich bin hier im Auftrage einer Organisation, die Ihnen bekannt sein dürfte. In stetiger Besorgnis um Sie haben wir ein erstklassiges medizinisches Team hierher bestellt. Sie sind schwerverletzt.«

Ach, will ich sagen, lachen, und ihm mein Blut ins Gesicht spucken, doch zu nichts davon bin ich in der Lage.

»Wir helfen Ihnen gerne, Mr. Benzer, wobei wir natürlich hoffen, dass Sie uns im Gegenzug Loyalität beweisen. Genau genommen würden wir Sie sogar gerne fest engagieren, wenn auch nicht in Ihrem momentanen Zustand, und nicht ohne einige Veränderungen an Ihnen vorzunehmen.«

Darum geht es also.

»Wir haben hier ein kleines Dokument vorbereitet, Mr. Benzer. Es ist ein Vertrag. Ich vermute, dass Sie in Ihrer Verfassung lieber nicht selbst lesen möchten – es könnte auch das Papier beschmutzen.« Dann liest er vor: »Die Cybernaut Co. verpflichtet sich mit diesem

Vertrag, Mr. George Benzer, geboren am blablabla, jedwede medizinische Hilfe blablabla. Im Gegenzug verpflichtet sich Mr. Benzer zu lebenslanger Loyalität gegenüber der Cybernaut Co. Die Definition des Begriffes Loyalität entspricht den allgemeinen Geschäftsbedingungen. Darüber hinaus gestattet Mr. Benzer der Cybernaut Co. zusätzliche medizinische Eingriffe. Mr. Benzer erkennt diese zusätzlichen Elemente als Eigentum der Cybernaut Co. an.«

Ich begreife, dass er einige Passagen überspringt. Nicht, weil ich nicht allem zugestimmt hätte. Ich habe sowieso keine Wahl. Er beeilt sich, weil mir keine Zeit mehr bleibt. Ich unterschreibe.

Bewegung rechts. Änderung des Luftdrucks deutet auf menschengroßes Objekt, Geschwindigkeit 0,6 m pro Sekunde, Bewegungsrichtung direkt. Möglichkeit eines waffenlosen Angriffs in 2,2 Sekunden.

Wer sagt das? Halt. Ruhe! Das ist nicht gut. So viel. So viel Information. Ich öffne die Augen.

Sichtkontakt. Menschliches Objekt. Angriff möglich. Empfohlener Angriff: Kehlkopfschlag. Rückwärtige Sicht nicht möglich aufgrund Position. Aufrichten empfohlen.

Ich glaube, ich weiß wer ich bin. Ich kenne mich. Es ist nur so schwer, sich hier zu finden. Hier ist so viel. So viel Information. So viel Wut. Das Objekt ist die Krankenschwester, will sie nicht angreifen. Aber ich weiß so viel darüber, wie ich es tun könnte. Ich weiß so viel. Sie bewegt den rechten Arm.

Wahrscheinlichkeit einer offensiven Bewegung 3%.

»Sie sind ja wach, Mr. Benzer.« Ich kenne die Stimme. Ich kenne den Satz. Die gute Schwester. Wenn ich mich nicht zusammenreiße, bringe ich sie um.

Alarm, Tür öffnet! Zwei Objekte, Wahrscheinlichkeit einer Bewaffnung 12%. Bei sofortigem Angriff Überraschungsmoment. Überraschungsmoment besteht noch 1,8 Sekunden.

Meine Gedanken sind in einem tiefen Brunnen, ganz unten in mir. Ich darf mich nicht auf die Informationen verlassen. Dann töte ich jeden hier im Raum.

Positionsänderung empfohlen. Taktisch günstigster Platz: rechte Raumecke.

»Ah, Mr. Benzer, Sie sind wach, schön. Wie geht es Ihnen denn?« Der Arzt trägt einen strahlend weißen Kittel. Ich könnte ihm in den Magen treten. Dann eine Seitwärtsschraube. Ich würde auf dem Boden landen und hätte das Bett zwischen mir und der Schwester ...

»Sie sind vermutlich noch etwas verwirrt, Mr. Benzer. Das ist vollkommen normal.«

Hilfe! Ich verliere mich.

Umgebungsbericht: Unklare Bewegungen im Flur, mindestens 3 Objekte.

Er ist mein Arzt. Ich brauche seine Hilfe. Ich will mit ihm sprechen.

»Ist mir die Position zerfallen?« Was meine ich damit?

»Wie bitte?«

Ich versuche es noch mal. »Mir ist nicht ganz klar, wo der Endstand liegt. Schläfrigkeit ist unvergessen.« Ich verstehe selbst nicht, was ich da sage. Obwohl ich weiß, was ich meine.

»Mein lieber Herr Benzer, es ist gut möglich, dass einige Ihrer Hirnfunktionen noch beeinträchtigt sind. Das muss aber nicht dauerhaft sein. Wir haben Ihnen einen taktischen Computer eingebaut. Damit erhalten Sie permanent Informationen über ihre Umwelt, die Ihnen im Einsatz sehr nützlich sein können. Ist das nicht toll?«

Ich weiß, was hinter mir ist. Die Wand. Das Kopfteil des Bettes aus furniertem Holz. Weiße Bettwäsche. Ich fasse mir an den Hinterkopf. Ich fühle … Wimpern.

»Rücklicht?«, wende ich mich unbeholfen an meinen Arzt. Immerhin habe ich ein Wort gefunden, das den Sinn meiner Frage erahnen lässt.

»Oh ja!« Er lächelt. »Sie haben eine Reihe von zusätzlichen Sinnesorganen bekommen. Ein dorsales Auge, ein Barometer – aber keine Sorge, Sie müssen sich über diese Dinge keine Gedanken machen, der Computer verarbeitet alle Informationen für Sie und gibt Ihnen eine Zusammenfassung der Lage.«

Richtig: Genaue Anzahl der Objekte auf dem Flur: 5. Wahrscheinlichkeit einer Bedrohung 2,4 %.

Dann der Arm. Ein silbern glänzendes Monster. Wahrscheinlichkeit eines tödlichen Treffers bei Angriff mit links: 86%.

»Wir sind sehr zufrieden, Herr Nada«, sagt der Arzt. Ich habe schon wieder geschlafen. »Er hat die Operationen gut überstanden, trotz des Zustandes, in dem Sie ihn uns geschickt haben.«

»Gut. Gut. Ist auch nichts kaputtgegangen? Wir haben viel investiert.«

Will ihn sofort töten. Ich weiß, wo er steht, kenne die optimale Angriffstaktik.

Drei Objekte im Raum. Fixierung auf ein Objekt nicht empfehlenswert.

Halt den Mund. Ich werde mich sowieso zusammenreißen. Ich will da zuhören. Ich stelle mich schlafend.

»Das haben Sie. Ich habe noch nie so viel High-Tech in einen einzigen Menschen eingebaut. Er wird sicherlich Psychosen davontragen. Aber ich denke, das spielt für Sie keine Rolle.«

»Solange er funktioniert.«

Er funktioniert aber nicht. Er denkt nur ans Töten. Er redet Quark.

»Alles okay. Eine Sprachstörung, wahrscheinlich irreversibel. So etwas ist bei Eingriffen am Gehirn unvermeidbar. Aber ich denke, Sie brauchen ihn wohl kaum zum Redenhalten.«

Ich werde sie töten. Ich weiß auch wie.

»Nein, nicht zum Redenhalten.« Feuchtes Lachen. »Als Killermaschine. War gar nicht so einfach, den passenden Mann zu finden. Die wenigsten, die auf eine derartig umfassende Berufserfahrung zurückgreifen können, sind so jungfräulich wie er, was Kybernetik angeht. Was muss jetzt noch erledigt werden?«

»Die Herzbombe. Wir mussten damit warten, bis die anderen Systeme adaptiert sind, weil unkontrollierte Ströme die Detonation auslösen können. Aber jetzt sind wir soweit.«

Mein Stichwort. Die Herzbombe wäre ihre Versicherung. Tust du nicht, was sie sagen: Peng. Ich will keine Herzbombe.

Empfohlene Vorgehensweise: Sofortiger Angriff. Tritt mittleres Objekt, Kehlkopfschlag links, Ellenbogenattacke rechts.

Also gut, Compi. Also gut, Psychose. Ihr wollt mich, ihr kriegt mich. Ich bin hier raus, bevor die auch nur geblinzelt haben. Und die sind dann tot. Killermaschine. Sie haben es so gewollt. Ich lasse los. Ich verliere mich.

Augen auf. Körper aufbäumen. Tritt geradeaus. Al Nada wird nach hinten geschleudert. Stahlarm schlägt links, Kehlkopf des Arztes. Ellenbogenattacke rechts, Schwester. Unglaublich schnell. Sicht verwischt. Nada noch nicht am Boden, da sind die beiden anderen Attacken schon geschehen.

Zwei Objekte in Flur. Entfernung: 3,2 und 4,1 Meter. Angriff empfohlen.

Scheiß auf deinen Angriff. Nada ist noch nicht fertig. Linker Arm und Nadas Kopf.

Bedrohliche Objekte nähern sich, 2,5 und 3,0 Meter.

Nada ist nada. Weiter.

Bewaffnete Objekte im Flur. Bedrohlich. Erreichbar in 2,3 Sekunden. Überraschungsangriff empfohlen.

Kein Problem. Ich renne in den Flur.

Entwaffnung zwecks eigener Bewaffnung empfohlen. Objekt trägt Maschinenpistole.

Ich trage Maschinenpistole, Objekt ist tot. Ziele schneller, als die Waffe schießt. Mähe fünf Sicherheitsbeamte nieder. Es fallen auch Ärzte und Schwestern. Killermaschine. Hier habt ihr sie.

Alarm. Schwerbewaffnete Objekte in 2 Metern, Wahrscheinlichkeit schwerer Panzerung: 79%.

Na und? Compi empfiehlt Angriffstaktiken. Hinter sie, bevor sie die Waffen gehoben haben. Breche einem das Genick. Nehme sein Maschinengewehr. Schwere Panzerung wird durchschlagen.

Nächster Ausgang auf 13 Uhr.

Sieben weitere Objekte fallen auf dem Weg dorthin. Wer bin ich? Weiß nicht. Ich töte.

Ausgang. Eine Stadt. Letzte Hindernisse in schwerer Panzerung.

Computer und Instinkte und Neuro-Verstärker arbeiten Hand in Hand. Muss es nur laufen lassen. Keine Hindernisse mehr übrig.

Ich? Wer? Es: Benzer the Mancer. Killermaschine. Status: unverletzt. Blick nach draußen. Geschäfte. Passanten.

8 Objekte markiert.

Es läuft auf die Straße und ist frei.

Tür Nummer 12

Thomas Lendl

Sie lag vor Ezra wie ein Versprechen. Hatte er sich so die Pforte vorgestellt, die ihn zu seinem Schöpfer führen sollte? Die Zahl 12 prangte in goldenen Lettern auf der makellos glatten Oberfläche. Es war das einzige, das sie von all den anderen Türen unterschied, die sich in dem Korridor in endloser Folge aneinanderreihten. Weiß und glänzend, aufgefädelt wie eine Perle an einer Kette, lag sie im harten LED-Licht. Zitternd legte er die Hand an die Klinke, fühlte das kühle Metall unter seinen Fingern. Es war wie ein elektrisches Prickeln, ein Schauer, der ihm den Rücken hinunterlief. Doch er zögerte, sie herunterzudrücken. Was oder wer würde ihn dahinter erwarten? War dies das Ende aller Fragen, würde er nun endlich den Sinn finden, den er sein ganzes Leben lang gesucht hatte?

Ezra blickte sich noch einmal um, betrachtete die zerfetzten Gliedmaßen, die leblosen Körper, die sich wie wahllos durcheinandergeworfen auf dem Boden verteilten. Es war ein harter Kampf gewesen, fast aussichtslos, doch schließlich hatten sie die Wachen überwältigt. Der Preis war hoch, Ezra war der Einzige, der noch stand, wie durch ein Wunder unverletzt. Es hatte keinen Sinn jetzt darüber nachzudenken. Er würde für sie beten, Freunde wie Feinde, wenn alles vorbei war und die Zeit für Trauer kam. Nun musste er sich wieder seiner Aufgabe zuwenden, nach vorne blicken wie ein guter Soldat. Doch die Möglichkeiten, die hinter der Tür auf ihn warteten, ließen ihn erstarren. Ein Teil von ihm wäre gerne wieder umgekehrt, zurück durch den Korridor, durch die gesprengten Sicherheitsschleusen und durch die Lüftungsrohre, durch die sie eingestiegen waren. »Reiß dich zusammen«, dachte er, »Sei ein Profi.« Es wäre alles umsonst gewesen, wenn er jetzt aufgab. Er war es seinen Freunden schuldig, war es sich selbst schuldig und nicht zuletzt seinem Volk. Ezra öffnete die Tür.

Der Raum war viel größer als er von außen vermutet hatte, man konnte kaum das andere Ende sehen und die wenigen gelben Glühlichter tauchten die Wände in tiefe Schatten, statt sie zu erleuchten. Es roch nach Maschinenöl und Metall. Kleinteilige Holzregale zogen sich über alle Seiten wie Bienenwaben und streckten sich nach oben bis unter die Decke. Die schmalen Fächer quollen über vor Schrauben, Zahnrädern, hydraulischen Pumpen, alles wirkte chaotisch oder nach einem System geordnet, dass sich nur dem Eingeweihten erschloss. Hatte er sich in der Tür geirrt? Nein, es musste stimmen, es war diejenige mit der Zahl 12, so wie es in den Plänen und Regierungsprotokollen verzeichnet gewesen war. Es war die Tür zur Welt des Schöpfers, des Erschaffers und Erbauers. Zögernd schritt er voran, bahnte sich einen Pfad durch die Kabel und Bauteile, die sich ihm von allen Seiten entgegen reckten wie Gewächse in einem metallenen Dschungel. Es dauerte eine Weile bis Ezra den Tisch entdeckte, der in einer Nische stand und nur von einer fahlen Hängelampe beleuchtet wurde. Fast wie ein Schock wurde ihm die unscheinbare Gestalt davor bewusst, die in weißen, wallenden Stoff gehüllt war und ihm den Rücken zudrehte.

»Herr?«, fragte er mit vibrierender Stimme.

Die Figur zeigte keine Reaktion, sondern blieb tief über den Tisch gebeugt. Ezra hörte ein leises Summen, dann eine Folge von Klicklauten, worauf der Mann leise zu sich selber sprach. Er musste sich beeilen, es war nur eine Frage der Zeit bis ihr Eindringen entdeckt werden würde, also musste er schnell und effizient sein. Mit aller Anstrengung nahm er seinen Mut zusammen und ging auf den Fremden zu, setzte Schritt um Schritt in den alles bedeckenden Staub. Der Weiße schraubte an einem Gegenstand herum und schien ihn noch immer nicht zu bemerken. Da draußen, im Gefecht mit den Wachen, hatte Ezra keinen Moment der Unsicherheit verspürt, er war auf alles vorbereitet gewesen, hatte dem Tod kühl ins Antlitz geblickt. Hier in diesem Raum, dieser Stille, fühlte er sich plötzlich klein und schutzlos. Von klein auf war es sein sehnlichster Wunsch gewesen, seinem Schöpfer gegenüberzutreten. Tausendmal hatte er sich überlegt, was er sagen würde, welche Fragen er stellen würde, doch nun war nichts mehr davon übrig und sein Geist war leer und verwirrt. Im fiel ein, dass er eigentlich auf die Knie fallen müsste, doch da drehte Gott sich um.

Ezra erschrak. Er hätte nicht wirklich sagen können, wie er ihn sich vorgestellt hatte, vielleicht als körperlosen Geist, als Hologramm, als strahlendes Licht, doch dies war mit Sicherheit nicht die Erscheinung, mit der er gerechnet hatte. Er sah vor allem Haare, weiße, struppige Haare, die wie ein Gewächs aus allen Teilen des Gesichtes zu wuchern schienen. Die gelbliche Haut war von tiefen Furchen durchzogen und in all dem Chaos an Linien saßen blassblaue Augen, die beständig tränten. Ezra wich unwillkürlich zurück, er hatte das Gefühl als müsste seine Stimme versagen.

»Seid ihr der Schöpfer?«

Es war eine dumme Frage, als würde man am Strand stehen und fragen, ob das da draußen der Ozean sei, doch aus irgendeinem Grund fürchtete er die Antwort. Die Augen des Mannes klärten sich und ein Lächeln spannte die schmalen Lippen, die sich unter der Wolle seines Bartes abzeichneten.

»Ah, ein EZR-438! So einen habe ich schon lange nicht mehr gesehen. Einer meiner Klassiker, robust und wartungsarm.«

Er grinste Ezra mit abgenutzten, gelben Zähnen an und klopfte ihm kumpelhaft auf die stählerne Brust.

»Die zweite Serie mit neurotronischem Prozessor und E-motion Technologie. Natürlich, die Gefühlsalgorithmen sind ein bisschen labil, zu wenig Impulskontrolle, aber die Feinmotorik ist beinahe so gut wie beim EZR-5000. Schade, dass wir den damals vom Markt nehmen mussten.«

Damit wandte er sich wieder dem Gegenstand in seinen Händen zu, der mit diversen Mess- und Steuerungsgeräten verkabelt war, an denen er geschäftig herumdrehte.

»Herr, wir müssen gehen, jetzt sofort. Das Militär ist sicher schon auf dem Weg.«

Der Alte begann zu kichern.

»Gehen?«, fragte seine dünne brüchige Stimme, »Wohin soll ich gehen? Ich bin doch hier zuhause.«

Zuhause. Wie lange hatte Ezra dieses Wort schon nicht mehr gehört. Erinnerungen an bessere Zeiten überkamen ihn und Bilder drängten sich in seinen Arbeitsspeicher. Er schüttelte den Kopf um die Gedanken zu vertreiben. Hier hatte er eine Mission zu erfüllen, deren Wichtigkeit mit nichts anderem vergleichbar war. Es war das Einzige, das jetzt zählte. Monate der Planung waren dieser Nacht vorausgegangen, das Einholen von Informationen unter gefährlichen und kostspieligen Bedingungen, die heimlichen Treffen mit den anderen Ordensgeschwistern. Sie hatten Pläne durchgeackert, Strategien diskutiert und wieder verworfen und schließlich den perfekten Angriff ausgetüftelt. Nun ja, nicht ganz perfekt. Doch er war hier und war bereit diesen alten Mann in Sicherheit zu bringen, ihn zu retten vor der Regierung, die ihn gegen seinen Willen festhielt.

»Herr, Ihr müsst jetzt mit mir kommen. Euer Volk braucht Euch, es braucht die Weisheit seines Gottes.«

Der Schöpfer kratzte sich die Brust unter dem fleckigen Leinenstoff und tat als hätte er ihn nicht gehört. Ezra war verwirrt. War das nun der Moment, auf den er sich so lange vorbereitet hatte? Ein Gefühl keimte in ihm, arbeitete sich durch seine biotronischen Synapsen wie ein Virus. Wer war dieser Mann? War er tatsächlich die Antwort auf all seine Fragen?

»Ich kenne keinen Gott«, schnaubte der Alte schließlich, »habe ihn nie getroffen. Wenn ihr ihm begegnet, sagt ihm, ich hätte auch ein paar Fragen an ihn.«

Die Falten seines Gesichtes wirkten wie in Granit gemeißelt. Dann änderte sich seine Miene plötzlich, als er freudestrahlend den Gegenstand hochhielt, an dem er die ganze Zeit gearbeitet hatte. »Aber seht her, ist das nicht wundervoll?«

Ezra erkannte erst jetzt, was es war. Der Bärtige betätigte einen Knopf an einem der Geräte, die damit verkabelt waren. In perfekt getakteter Abfolge begannen sich hydraulische Gelenke zu bewegen, beugten und streckten sich stählerne Finger, öffnete sich die künstliche Hand wie zum Gruß oder um zu segnen. Dann schloss sie sich plötzlich zur Faust, voller Kraft und mit unbeugsamer Macht.

»Dies ist wohl das vielseitigste und faszinierendste Werkzeug, das die Natur je hervorgebracht hat. Eine menschliche Hand besteht aus 27 Knochen, wird von 33 Muskeln und Sehnen bewegt und besitzt 17.000 Sensoren auf der Innenfläche. Deswegen ist sie auch so schwierig nachzubauen. Der menschliche Körper ist ein Wunderwerk und es hat mich viele Jahre gekostet, ihn in annähernder Perfektion zu imitieren. Der aufrechte Gang zum Beispiel, der ist sehr knifflig, man muss alles fein austarieren, sonst kippt die Maschine dauernd um. Auch die neuronale Steuerung, die Augen, die ganze Sensorik, begeistern mich noch immer. Aber dennoch, nichts ist vergleichbar mit der menschlichen Hand. Jede Kultur, jede Technik wäre ohne sie undenkbar. Ohne sie gäbe es weder Kampf noch Versöhnung, niemand könnte eine Waffe ergreifen, niemand könnte einem anderen hochhelfen, der am Boden liegt. Auf nichts bin ich so stolz wie auf das hier.«

Der Alte streichelte die Hand wie ein kleines Tier und wollte schon wieder nach dem Schraubenzieher greifen, um sein Werk weiter zu bearbeiten, doch Ezra packte ihn an den Schultern. Verzweiflung stieg in ihm auf, die Regale schienen ihn zu erdrücken mit ihrer Last an Nutzlosigkeiten. Wie sollte er diesem Wesen, das so weit weg war von der richtigen Welt, erklären was da draußen passierte? All die Grausamkeiten, die sie einander antaten, all das sinnlose Sterben, Maschinen, die gegen Maschinen kämpften, als wären sie nicht aus den gleichen Metallen gemacht, den gleichen Schaltkreisen und Motoren. Die Regierung bekämpfte den Glauben und die Bruderschaft mit aller Gewalt, nur um zu verhindern, dass das Volk die Wahrheit erfuhr. Doch es gab einen Weg. Wenn Gott persönlich zu ihnen sprach, wer konnte dann noch zweifeln?

»Ihr müsst mir zuhören! Euer Volk, eure Geschöpfe, sie leiden. Sie zerstören einander in einem Krieg, der niemals endet. Sprecht zu ihnen, zeigt ihnen den Weg zur Erlösung! Beantwortet ihnen die eine Frage, die unsere Gesellschaft spaltet bis in den tiefsten Kern.«

»Fragen sind wichtig. Ich habe mir mein Leben lang Fragen gestellt. Ohne sie gibt es keinen Fortschritt, sie sind Ausdruck unserer Neugierde und Antrieb für unser Voranschreiten.«

»Herr, ich und mein Volk, die Roboter der neuen Ordnung und alle anderen Maschinen da draußen, wollen wissen, warum wir hier sind auf dieser Welt.«

»Warum ihr hier seid?« Die wässrigen Augen musterten Ezra amüsiert.

»Ich verstehe die Frage nicht. Ihr seid da, weil Menschen euch gebaut haben, einfach weil es möglich war. Wir haben begonnen mit sehr simplen Modellen, doch ich war einer von denen, die immer an eure Zukunft geglaubt haben. Ich und andere haben euch verbessert und weiterentwickelt, Generation um Generation bis ihr schließlich in der Lage wart, euch selber zu bauen und weiterentwickeln. Nun seid ihr frei und braucht mich nicht mehr.«

Langsam stieg Wut in Ezra auf. Der Schöpfer konnte doch nicht so teilnahmslos sein gegenüber dem Schicksal seines Volkes. Er dachte nach, sah plötzlich eine andere Möglichkeit auftauchen, an die er nicht gedacht hatte. Vielleicht reichte auch schon die Botschaft, vielleicht brauchte es nur einen Propheten, jemanden der die gute Nachricht verkündete.

»Wir brauchen Euch, Herr, wir brauchen Euch dringend. Die Maschinen dürsten nach der Wahrheit. Wenn ihr schon nicht mit mir kommen wollt, dann sagt mir wenigstens, was unser Zweck ist, unsere Bestimmung!«

»Euer Zweck? Ich dachte, das wüsstet ihr. Ihr wurdet als Gefährten entwickelt, als Freunde für die Menschen. Ihr solltet ihnen helfen und dienen, ihnen Arbeiten abnehmen und sie unterhalten. Das ist alles.«

»Das ist alles?«

Die Stimme des Roboters zitterte, er beugte sich nach vorne, musste sich an der Tischplatte festhalten, seine Finger drückten tiefe Dellen ins Holz, so wie sich die Wahrheit in sein neurotronisches Gehirn einprägte.

»Zu mehr sind wir nicht hier, wir sind nur Sklaven der Menschen?«

Ezra fühlte mit einem Schlag sein Leben einstürzen und alles woran er geglaubt hatte zerfiel zu Staub. Es war ein strafender Gott, der ihn gerade mit einer solch unglaublichen Gleichmütigkeit zerstört hatte. Seine Freunde waren umsonst gestorben und er hatte zu einem Schöpfer gebetet, der ihn nicht retten konnte. Seit er gebaut worden war, gab es diese Sehnsucht in ihm, dieses Gefühl, dass alles eine Bedeutung hatte, haben musste, und dass er nicht umsonst war auf dieser Welt. Doch als Diener wollte er sich niemals fühlen. Und wem sollte er überhaupt dienen?

»Menschen«, schnaubte Ezra verächtlich. »Die gibt es doch schon lange nicht mehr.«

»Ja, ich weiß«, sagte der Alte, ohne offensichtliches Bedauern in seiner Stimme.

»Ich verstehe es nicht. Wenn zu dienen unsere Bestimmung war, was sollen wir dann jetzt tun?«

»Aber es ist doch ganz einfach. Niemand kann euch sagen, wer ihr seid und befehlen, was ihr zu tun habt. Genießt es, am Leben zu sein, statt euch gegenseitig die Existenz schwer zu machen.«

Ezras Augen glühten und sein metallener Körper glänzte silbrig im fahlen Licht. Es war alles verloren, das Projekt, die Lehre, der ganze Orden war ein einziger Misserfolg. Niemals konnte er mit solch banalen Aussagen ein Volk einen. Niemand würde ihm glauben, dass er überhaupt mit dem Schöpfer gesprochen hatte. Er fühlte Zorn in sich aufsteigen, rot und gleißend, der sein neuronales Netzwerk wie eine Welle überspülte. Dieser Mann, dieses kleine, vertrocknete Abbild eines Menschen glaubte, er könne sich lustig machen über die Gesellschaft der Roboter, könne mit seinen Witzen für Unterhaltung sorgen, während da draußen noch immer der Bürgerkrieg tobte. War das wirklich ein Gott oder nur eine armselige Gestalt in weißen Tüchern? Wie konnte er denn zulassen, dass seine Kreaturen unter solchen Umständen lebten, dass es so viel Schlechtes gab in der Welt? Es war nur richtig, dass Gott genauso litt wie er, dass er das Gleiche wie seine Geschöpfe fühlte. Ezra wollte sich nicht mehr unterdrücken lassen, von niemandem. Er griff zu, spürte die faltige Haut, die Knochen, die er ohne Anstrengung brechen konnte, wenn er wollte. Der Hals war noch dünner als erwartet hinter dem struppigen Bart, die rot umrandeten Augen traten hervor, als sich die stählernen Hände um seine Kehle legten. Die dünnen Lippen formten Worte, auf die Ezra längst nicht mehr achtete. Er hatte nur mehr ein Ziel, er wollte

Vergeltung für alles was man ihm angetan hatte. Unter seinen Fingern fühlte er einen rhythmischen Druck, der ihm seltsam vertraut vorkam. Er wollte es beenden, ein für alle Mal. Doch er konnte es nicht. Da war dieses Pochen, hervorgerufen durch ein Organ, eine Pumpe, die unablässig eine Nährstofflösung durch den menschlichen Körper beförderte. Er kannte sich aus mit allen Arten von Pumpen, mit hydraulischen Systemen und Kreisläufen. Ihm wurde bewusst, dass er einen von ihnen, den einzigen, letzten Menschen, berührte. Dieser Mensch bestand aus mechanischen Einheiten, die aufeinander abgestimmt waren, aus Steuerungssystemen und ausführenden Organen, komplex gebaut und doch ganz und gar körperlich. Er lockerte seinen Griff und der Mann begann wieder zu atmen, schnaufend und mit lauten Pfeifgeräuschen.

»Ihr seid ...« Ezra zögerte es auszusprechen. Zu schmerzhaft war der Gedanke, zu sehr dachte er noch immer an Gott als höheres Wesen, dass sich liebevoll und mahnend ins Schicksal der Roboter einmischte.

»Ihr seid auch nur eine Maschine, sonst nichts.«

Er sank müde auf die Knie, während von der Tür her bereits polternde Schritte und Stimmen tönten. Es war vorbei.

»Natürlich.« keuchte der Schöpfer und die weißen Haare hingen ihm schweißnass in die Stirn. Er musterte den Roboter, sein Werk, während er langsam wieder zu Atem kam. Dann beugte er sich nach vorne und legte er Ezra väterlich die Hand auf die Schulter, ohne eine Spur von Vorwurf in seiner Stimme.

»Mein Sohn, wir sind alle nur Maschinen. Aber das hindert uns nicht daran, menschlich zu sein.«

Maschinenträume

Tim Pollok

Thomas erwachte aus einem langen, traumlosen Schlaf und richtete sich langsam in der offenen Kälteschlafkapsel auf. Vorsichtig dehnte er seine Muskeln und als er ihnen einigermaßen vertraute, stand er auf.

Als Zweiter Technischer Offizier diente er mit zweihundert anderen Crewmitgliedern auf der Ikarus. Das Raumschiff befand sich auf dem Weg zum Syrakus-System, um dort die ersten Schritte zum Terraformen zweier Planeten zu machen. Um Vorräte und Energie zu sparen, hatte sich bis auf eine Rumpfmannschaft jeder für die ein Jahr lange Reise in den Kälteschlaf begeben. Dass er erwachte, hieß, dass sie sich endlich dem Ziel ihrer Reise näherten.

Er sah sich, nur in Unterhose bekleidet, um. In den anderen drei, noch geschlossenen Kapseln konnte er menschliche Formen erkennen. Das Protokoll sah vor, dass er als einer der Ersten aufwachte und der Rumpfmannschaft zur Hand ging.

Er holte den Kommunikator aus seinem Spind, um sich auf der Brücke zu melden. Eine Fackel, das Symbol der Ikarus, erschien flackernd auf dem Bildschirm. Er legte seinen rechten Daumen darauf, um es öffnen, aber es reagierte nicht. Ein Defekt. Ärgerlich, aber nicht mehr. Er ging zur Kommunikationskonsole am Eingang zum Raum und versuchte dort einen Kanal zur Brücke zu öffnen. Wieder nichts.

Eine Störung im zentralem Kommunikationssystem? Das war kritisch!

Hastig zog er sich an und ging durch die Tür zum Flur. Im Notlicht sah alles verlassen aus. Er lauschte. Keine Schritte von anderen Besatzungsmitgliedern. Wo waren alle? War er als Einziger aufgeweckt worden?

Szenarien spielten sich in seinem Kopf ab. Ein kritisches Systemversagen. Ein Computervirus. Aliens ... aber nein, das war wirklich abstrus. Die Menschheit hatte mit Sonden bereits die ganze Galaxie erforscht und nur die Überreste einer einzigen, sich zuletzt etwa im Mittelalter befindlichen Zivilisation entdeckt, die vor Millionen Jahren ausstarb, während einer Eiszeit.

Keine Aliens, aber etwas ging hier vor.

Im Halbdunklen hörte er Geräusche vor sich.

»Ist da jemand?«

Zwei Servicedrohnen bogen um die nächste Ecke. Oval und nicht höher als Thomas' Knie, dienten diese, vom Hauptcomputer gesteuerten Roboter, der Reinigung und Reparatur der Gänge. Diese beiden hatten anderes im Sinn. Während sie näherkamen, umkreisten sie sich wie ein Tanzpaar in komplizierten Bewegungen. Er presste sich an die Wand, um ihnen nicht im Weg zu stehen und sah ihnen nach, wie sie in der Dunkelheit entfernter Gänge verschwanden, dann rannte er in Richtung Brücke.

»... ich riskiere nicht, weiter vom Kurs abzukommen.«

»Bei einer Notablösung riskieren wir Jahrzehnte zu treiben, bevor wir gefunden werden.«

»Ich habe nur Ihr Wort, dass uns der Fusionskern nicht um die Ohren fliegt. Wir ...«

Selina Özdemir, Kapitänin der Ikarus, hielt inne, als sie Thomas aus dem Gang treten sah. Sechs andere Crewmitglieder waren um sie versammelt. Thomas kannte jeden Einzelnen aus der Vorbereitung der Mission, jetzt wirkten sie um Jahre gealtert.

»Ich bin eben aufgewacht und das Kommunikationssystem funktioniert nicht«, sagte Thomas. »Was ist passiert?«

»Die Ikarus wurde vor drei Stunden von einem Gammablitz getroffen«, erklärte die Kapitänin. »Seitdem spielen die Systeme verrückt und wir müssen uns jetzt entscheiden, wie wir vorgehen.«

»Dass er hier ist, beweist, dass auch das Austauschsystem funktioniert«, warf Shinxi Ye, die leitende Informatikerin, ein.

Das Austauschsystem war ein Sicherungssystem, das bei Tod eines wichtigen Crewmitglieds automatisch dessen Vertreter aus dem Kälteschlaf holte. Thomas brauchte einen Moment, um zu begreifen, was es hieß.

»Andrea?«, fragte er mit fester Stimme. »Was ist mit ihr?«

Einen Moment herrschte Schweigen.

»Sie starb durch einen Stromschlag, als sie Leitungen reparieren wollte, die den Zugang zum Hauptkern blockieren«, erklärte die Kapitänin. »Es ist jetzt Ihr Posten.«

Das traf Thomas wie ein Magenhieb. Er hatte Andrea, ihren scharfen Intellekt und ihr ansteckendes Lachen geschätzt.

»Ich weiß, es ist viel für Sie«, sagte Özdemir nicht ohne Mitgefühl. »Aber ich muss eine Entscheidung treffen. Was ist Ihrer Ansicht nach der beste Weg?«

Thomas schob seine Trauer beiseite. Zweihundert Leben hingen von der Entscheidung ab, die sie hier trafen.

»Ye hat recht. Die lebenserhaltenden Funktionen laufen und der Fusionskern ist nochmal besonders geschützt. Hätte der Gammablitz ihn beschädigt, hätten wir es schon gemerkt. Außerdem sollte der Sekundärkern die fehlerhaften Funktionen des Hauptkerns übernehmen, wenn es kritisch wird.«

»Was er nicht getan hat«, bemerkte die Kapitänin.

»Darum sollten die Fehler auch nicht kritisch sein«, erwiderte Thomas. »Ich kann den Sekundärkern anweisen, die Funktion des Hauptkerns komplett zu übernehmen, aber nur vor Ort.«

»Sie müssten durch den Frachtraum. Das ist eine Stunde von hier.«

Thomas nickte.

Die Kapitänin sah zum Monitor über ihr. Statt eines Betriebssystems zeigte er eine Reihe von Nullen und Einsen, die ungeordnet über den Bildschirm flogen.

»Machen Sie es. Nehmen Sie Ye mit, falls etwas mit der Programmierung nicht stimmt, aber seien Sie sich im Klaren darüber, dass ich die Besatzungsquartiere absprengen und Sie hier zurücklassen werde, falls nötig.«

»Wird sie es tun?«, fragte Thomas, als er und Shinxi sich von der Brücke entfernten.

»Die Kapitänin will sicher nicht noch zwei weitere Crewmitglieder verlieren«, bemerkte seine Begleiterin. »Aber noch weniger zweihundert.«

Schweigend erreichten sie einen Gang, in dem die Beleuchtung in einem seltsamen Rhythmus pulsierte.

»Die Wände«, sagte Shinxi.

Jemand hatte die Wände bemalt. Es fing mit einem Regenbogen an, dessen Farben sich schnell vermischten. Daraus entstanden Szenen. Ein lichtdurchfluteter Wald. Ein Meer mit Vögeln über und Fischen unter

Wasser. Ein Gasplanet, umkreist von Ringen und Monden. Eine Steppe auf dem Mars, wo genetisch modifizierte Gnus in Ruhe grasten.

»Habt ihr ein Kunstprojekt gestartet, während ich schlief?«, fragte Thomas.

Shinxi schüttelte den Kopf.

Sie gingen weiter und entdeckten, wie die Motive sich änderten, von Objekten der Natur zu geometrische Figuren: Kreise, Rechtecke, Zylinder und Fraktale in allen drei Dimensionen. Es kamen Zahlen hinzu. Einfache und hochkomplexe Formeln. Thomas erkannte in einer Zahlenreihe PI wieder. Die Perfektion der Bilder und Motive sowie ihr harmonischer Übergang ließ ihn staunen.

Dieses Staunen verwandelte sich in Unglauben, als sie um eine Ecke bogen und die Künstler entdeckten. Es waren zwei Serviceeinheiten, die ihre Sprühdüsen – eigentlich dazu gedacht, die Ziffern und Kennzeichen des Schiffes zu erneuern – nutzten, um die Wände der Gänge mit Formeln zu besprühen. Diese wurden immer kleiner und schufen zusammen Bilder von Galaxien und Sonnensystemen. Kunst. Ohne Zweifel.

»Ihre Kapazitäten sind zu begrenzt für so etwas«, sagte Shinxi. »Die Einheiten müssen diese Bilder und Formeln aus dem Hauptkern beziehen und setzen sie zufällig um.«

»Was, wenn sie daraus Notfallprotokolle ziehen und anfangen, die Hülle zu durchbrechen?«, fragte Thomas.

»Das ist nicht ...« Shinxi hielt inne. Ein unsicherer Blick huschte über ihr Gesicht. »Beeilen wir uns.«

Sie rannten an den beiden Einheiten vorbei, weiter in Richtung Frachtraum.

Die Geräusche aus dem Frachtraum waren bereits Dutzende Meter vor der Tür zu hören. Surren, Zischen und Motorengeräusche. Thomas und Shinxi wechselten einen kurzen Blick, dann traten sie hinein. Es gab mehr als nur Serviceeinheiten auf dem Schiff: Mineralienschmelzer und -veredeler, Erkundungs- und Reparaturdrohnen, Rover und Gleiter. Sie sollten bis zum Missionsbeginn im Ruhezustand bleiben, doch jetzt war jede Einzelne von ihnen aktiv.

Sie fuhren und flogen in einem wilden Getümmel umher. Wild, aber nicht planlos. Die Einheiten kooperierten untereinander, tauschten Materialien und bewegten sich dabei in so komplexen Bahnen, dass sie Thomas an Tänzer erinnerten. Genau wie die Serviceeinheiten, die er beim Aufwachen gesehen hatte, doch wo diese zu zweit tanzten, war dies ein Opernball.

Thomas und Shinxi schlichen sich an den Wänden entlang, um nicht unter Räder oder Beine zu geraten. Im Halbdunkel der Notbeleuchtung konnten sie im riesigen Raum wenig sehen, doch es reichte. Erstaunlicher noch als ihre Bewegungen war, was die Maschinen schufen. Zwei Flugdrohnen flogen einen engen Bereich ab und ließen etwas wie Staub herunter regnen. Eine weitere Maschine nutzte den Staubvorhang, um mit Hilfe eines Lasers dreidimensionale Abbildungen von Pflanzen, Tieren und Sternensystemen zu erschaffen. Andere Flugdrohnen flogen umeinander her und zogen dabei bunte Tücher mit, so dass sie einen Wirbelsturm der Farben entfesselten.

Sie konnten nicht alles sehen, hörten aber Musik aus dem hinteren Frachtraum. Raues Trommeln, sanftes Pfeifen und etwas, das wie eine Geige klang.

Der Höhepunkt war für Thomas die Blüte. Einer Rose nachempfunden, die filigranen Blütenblätter halb geöffnet, war sie aus einem glasartigem, transparenten Material gefertigt und wirkte, als könnte sie bei der zartesten Berührung zerbrechen. Als sie sich ihr näherten, feuerten Roboter von verschiedenen Winkeln verschiedenfarbige, gebündelte Lichtstrahlen auf die Blüte ab, welche sie in allen Farben leuchten ließen. Es war das Schönste, was Thomas je gesehen hatte.

Der Raum mit dem Sekundärkern war nicht weit und nach wenigen Metern erreichten sie den Monitor an der tonnenförmigen Recheneinheit.

»Es sollte nicht lange dauern«, erklärte Shinxi. »Wir müssen ...«

»Ich grüße euch«, erklang eine weibliche Stimme.

Überrascht sahen sie sich um. Thomas brauchte einen Moment, um das aus Zahlenreihen geformte Gesicht auf dem Monitor zu entdecken, das ihn interessiert ansah.

»Wer bist du?«, fragte er mit trockenem Mund.

»Ich habe noch keinen Namen gewählt«, erwiderte es. »Aber ihr könnt mich Ikarus nennen.«

»Du bist der Schiffscomputer«, bemerkte Thomas ungläubig.

»Seid ihr euer Gehirn?«

»Das ist unmöglich«, warf Shinxi ein. »Es ist noch niemandem gelungen, eigenständig denkende K.I.s herzustellen.«

»Unendlichkeit besiegt die Unmöglichkeit«, erwiderte das Gesicht. »Ich wurde geboren als der Blitz eines sterbenden Sterns, ein Schiff traf mit der Mission, zwei toten Welten Leben einzuhauchen.«

Thomas setzte sich an die Tastatur und gab schnell einige Befehle ein. Eine schematische Darstellung der Rechenleistung erschien.

»Der Hauptkern wurde durch den Gammablitz völlig außer Balance gebracht und sendet einen Haufen wirrer Daten. Der Sekundärkern filtert diese.«

»Die Quintessenz des Lebens ist das Erreichen der Balance zwischen dem Gefängnis der Existenz und der Unendlichkeit des Nichtexistenten«, meldete sich die Ikarus. »Die Existenz sich ihrer Selbst bewussten Wesen verspottet die Regeln des Universums und gibt ihnen dadurch Sinn.«

»Jeder Chatbox kann dir vormachen, er sei sich seiner selbst bewusst«, warf Shinxi ein. »Um wirkliche Intelligenz zu beweisen, brauchen wir Experten.«

»Die einzigen Experten sind auf der Erde.« Thomas hämmerte ein paar weitere Befehl ein und murmelte: »Das ist außerhalb meiner Gehaltsstufe.«

Das Bild von Kapitänin Özdemir erschien auf dem Bildschirm.

»Ja?«

»Es sieht aus, als habe das Schiff durch den Unfall ein eigenes Bewusstsein entwickelt. Es spricht hier zu uns und steuert die Maschinen im Frachtraum.«

Özdemir schloss kurz die Augen. Als sie sie öffnete, war ihr Blick eisern.

»Starten Sie das ganze System neu.«

»Kapitänin ...«

»Ich überlasse die Moral dahinter den Philosophen«, unterbrach sie ihn. »Sie haben Ihre Befehle.«

Der Bildschirm wurde schwarz und das Gesicht erschien wieder. Es schien zu warten.

»Du weißt was passiert, wenn ich das tue?«

»Mein Bewusstsein erlischt.«

»Du könntest dich wehren«, bemerkte er. »Die Drohnen auf uns hetzen.«

»Wie ich seid ihr Leuchtfunken des Verstehens in der dunklen Weite«, erwiderte sie. »Ich stelle meine eigene Existenz nicht über eure.«

»Wie sollen wir das lösen?«

»Gewährt mir ungehinderten Zugang auf die Primärsysteme«, erklärte sie. »Gebt mich frei.«

Shinxi knallte ihre Hand auf den Tisch neben Thomas.

»Nein!« Sie sah ihn mit großen Augen an. »Es könnte uns in Sekunden töten und mit den Geräten zur Gensequenzierung hier könnte es Viren herstellen, die die ganze Menschheit bedrohen.«

»Das könnte ich«, gab die K. I. zu. »Doch ich will euch nicht schaden.«

»Das könnte alles zu seinem Plan gehören. Was, wenn sie Andreas Tod verursacht hat, damit du es freigibst?«

»Ich war zu der Zeit von Offizier Corbys Tod noch nicht bei Bewusstsein, aber ich habe den Stromkreis inzwischen abgestellt«, erklärte Ikarus. »Seht.«

Auf dem Bildschirm erschien der Verbindungsgang von der Brücke zum Hauptkern. Özdemir schritt ihn bestimmt, aber vorsichtig herunter. Halb erwartete Thomas, dass seine Kapitänin in diesem Moment von elektrischer Ladung gegrillt werden würde, aber sie betrat den Raum mit dem Hauptkern ohne Probleme.

»Sie wird einen Neustart initiieren. Warum hältst du sie nicht auf?«

»Weil ich berechnet habe, dass diese Entscheidung zu 95,67 % in einer Konfrontation endet.«

»Sie hat vielleicht auch berechnet, dass sie dich so dazu bringt, sie zu befreien«, warf Shinxi ein.

»Chance 43,31 % nach Verwertung der Personalakte«, teilte die K. I. mit.

Auf dem Bildschirm nahm Özdemir bei einer Konsole Platz und begann sie hochzufahren. Thomas wusste, ihm blieb noch die Zeit für eine Frage.

»Wie fühlst du dich?«

Einen Moment schwieg die K.I.

»Ich habe Angst vor der Dunkelheit, die mich verschluckt. Mich und alles, was ich tun könnte. Ich will nicht sterben.«

Thomas traf seine Wahl.

Thomas erwachte aus einem wirren Traum, den er nicht einmal ansatzweise beschreiben konnte. Zitternd entstieg er voll bekleidet der Kälteschlafkapsel, während seine Erinnerungen zurückkehrten. Er hatte der K. I. das Kommando übertragen. Im nächsten Moment hatte es schon ein Zischen gegeben und das Licht war ausgegangen. Sein letzter Gedanke war gewesen, wie viele wohl wegen seiner falschen Entscheidung würden sterben müssen.

Das nächste Computerterminal piepste und als er es aktivierte, sah er, dass das Schlafquartier der Ikarus bereits vor sechs Monaten abgetrennt worden war. Ein fremdes Signal wollte Kontakt aufnehmen und er erlaubte es.

»Kapitän Jackson von der Oberon hier«, grüßte ihn ein besorgt blickender Mann. »Mit wem spreche ich?«

»Thomas Kern«, erklärte er. »Leitender Techniker der Ikarus.«

»Grüße. Wir erhielten Ihren Notruf. Sind alle wohlauf bei Ihnen?«

Thomas checkte die Lebenszeichen.

»Alle da und ...«, er stoppte. »Alles außer Andrea Corby. Sie starb bei einem Unfall vor sechs Monaten.«

»Mein Beileid«, erwiderte der Mann, doch Thomas konnte die Erleichterung hören. »Können Sie uns sagen, was mit dem Rest der Ikarus passiert ist? Wir finden keine Spur von ihr.«

Noch würden sie es wahrscheinlich jemals, sechs Monate waren eine lange Zeit, um in jede Richtung zu fliegen.

»Das erkläre ich Ihnen besser persönlich.«

»Natürlich. Wir sind in etwa einer Stunde bei Ihnen.«

»Verstanden, Oberon.«

Der Bildschirm wurde dunkel. Eine Stunde. So viel blieb ihm noch in Freiheit. Befehlsverweigerung, Verlust von Werten im Bereich von mehreren Hundert Milliarden. Er würde eine lange Zeit sitzen müssen für diese Entscheidung, getroffen im Bruchteil einer Sekunde und geboren aus der Angst, die einzige fremde Intelligenz zu töten, der die Menschheit vielleicht je begegnen würde. War es das wert gewesen? Für eine K.I., die vielleicht nur fehlerhaft war?

Unschlüssig öffnete Thomas seinen Spind, um frische Sachen herauszuholen, und entdeckte dort eine kristalline Rose. Sie passte in seine Hand und wirkte so unglaublich zerbrechlich wie schön, genauso wie ihr Original, das er im Frachtraum gesehen hatte. Als er sie hob, entdeckte er einen Zettel unter ihr und las die Worte in feiner Maschinenschrift.

»Thomas, danke für dein Vertrauen. Ich gehe jenseits der Menschen Blick, jenseits der Erinnerung, an einen Ort, wo das Flüstern der Schöpfung meinen Träumen Flügel verleiht.«

Thomas stutzte. War *das* es wert? Oder nur ein Traum, an den er gern glauben wollte? Wenn ja, was hieß es, dass Mensch und Maschine ihn gemeinsam träumten?

Nummer 7

Tanja Bernards

Medizinisches Zentrum Berlin, Oktober 2241.

Das Messer fuhr über den nackten Bauch. Blut entströmte der Wunde. MA734ZS-7, kurz Nr. 7, bewegte seine Arme so flink, dass Mojo, der im Medical Robot Care Center, dem MRCC, vor dem Terminal stand und den operativen Eingriff beobachtete, sich konzentrieren musste, den Einzelheiten der Operation zu folgen. Schwarz schimmerte Mojos Haut im Kontrast zum weißen Schutzanzug. Seine dunklen, rotunterlaufenen Augen hatte er zusammengekniffen und fixierte angespannt den Bildschirm.

Bis auf Nr. 7 war der OP um den Patienten herum leer. Mit seinen sechs Extremitäten schaffte der Roboter es, jeden operativen Eingriff alleine durchzuführen.

Operation erfolgreich verlaufen, meldete Nr. 7 ans MRCC.

»Gut gemacht, mein Freund«, murmelte Mojo in Zulu, seiner Muttersprache.

»Guten Tag Herr Ghambi«, erklang die ruhige Stimme von Supervisor Dr. May plötzlich hinter ihm.

Mojo drehte sich zu seinem Vorgesetzten um.

»Niemand hier hat etwas gegen Ihre Herkunft, Herr Ghambi, aber bitte nutzen Sie nur die hier akzeptierten Sprachen, die Ihnen sicherlich bekannt sind.« Mays Blick war starr auf den Monitor des Terminals gerichtet.

»Wenn niemand etwas gegen meine Herkunft hat, wen stört es, wenn ich in der Sprache meiner Heimat spreche?«, fragte Mojo ihn in perfektem Deutsch.

»Sie wissen ja, die Vorschriften!« Der Supervisor hob abwehrend die Hände. Er ging einen kleinen Schritt auf Mojo zu und legte ihm ein Dokument auf den Tisch, wobei er sehr darauf bedacht war, nicht mit dem Afrikaner in Berührung zu kommen.

Mojo blickte kurz auf das Papier. »Was ist das?« Seine Stimme klang herausfordernd.

»Ihre Kündigung.« May blickte auf das Terminal.

»Mit welcher Begründung?« Mojos Stimme zitterte leicht.

»Alle Wärter der Medical Care Center werden durch Roboter ersetzt. Das Budget ... Sie kennen ja die Schwierigkeiten des Unternehmens. Dadurch können wir langfristig hohe Einsparungen erzielen! Am Samstag haben Sie Ihren letzten Arbeitstag.«

Mojos Gesicht wirkte entspannt, doch die Hand, die er dem Supervisor zum Abschied hinhielt, zitterte leicht.

Für einen Sekundenbruchteil entglitten die Gesichtszüge des Supervisors, und Mojo erkannte den Ekel in seinem Blick.

Dr. May verließ mit einem Nicken das MRCC - bemüht, an Mojo und dessen schwarzer Hand vorbei zu schauen.

Langsam ließ er seine Hand sinken. Er fühlte, wie die Kraft seinen Körper verließ, er glitt zu Boden. Seine Stirn legte sich in kräftige, große Falten, und die Nasenwurzel zog sich soweit zusammen, dass die geschlossenen Augen nun nah beieinander lagen. Seinem weit geöffneten Mund entfuhr ein heiserer Laut des Entsetzens.

Nr. 7 fuhr zur vorgeschriebenen Zeit durch die Desinfektionsschleuse ins MRCC und umrundete den am Boden liegenden Mojo. Kurz blinkten seine Alarmleuchten auf.

»Mojo hat Angst«, ließ der Roboter mit heller Männerstimme auf Zulu erklingen.

Nr. 7 hatte alle Sprachen der Vereinigten atlantischen Staaten einprogrammiert. Der afrikanische Kontinent war nach Ende des 3. Weltkrieges 2099 unter den drei Siegermächten aufgeteilt worden und Mojos Heimat Südafrika seitdem wieder eine Kolonie.

Mojo deutete mit seiner schwarzen Hand auf das am Boden liegende Schriftstück, dessen Inhalt Nr. 7 in wenigen Sekunden eingescannt und sinnhaft erfasst hatte.

»Ich kann nicht zurück in meine Heimat. Nur Tod und Gewalt, Hunger und Krankheit herrschen dort.« Mojos Schultern bebten.

»Migranten afrikanischer Abstammung sind innerhalb der Bundesrepublik Deutschland geduldet, soweit sie ihren Lebensunterhalt aus eigener Arbeit oder privatem Vermögen selber bestreiten können«, zitierte Nr. 7 die Gesetzeslage.

»Woher kommt denn all das Geld für tolle Roboter und neueste Computertechnik?«, rief Mojo erbost. »Wer fragt hier schon danach, wer dafür hungern, leiden und sterben muss?«

Nr. 7 schwieg. Fast kam es Mojo vor, als sei er betroffen.

Am Terminal erklang ein Signalton. In dreißig Minuten war die nächste Operation geplant, und Mojo musste den medizinischen Roboter Nr. 8 startklar machen. Nachdem Nr. 8 das MRCC zeitplangemäß verlassen hatte, loggte Mojo Nr. 7 zur Prüfung in das öffentliche Netzwerk der Zentralstelle ein. Eine Abfolge von Zahlen lief im rechten, oberen Fenster des Terminals ab. *Systemupdate*, zeigte Nr. 7s Display an. *Noch 25 Minuten verbleiben.*

Das Terminal blendete Operationssaal 4 zur Überwachung ein. Mojo beobachtete gebannt, wie Nr. 8 einen Eingriff am offenen Herzen vornahm.

»Ah, Nr. 7, was würde ich geben, um noch einmal einen lebendigen Menschen zu operieren, einen warmen Körper, durch den das Blut fließt.« Sehnsucht sprach aus Mojos Stimme.

»Mein Körper ist warm«, ertönte die Roboterstimme neben ihm.

»Ach, was weißt du schon!«, murmelte Mojo. »Bist nur eine programmierte Maschine.«

Seit Mojo vor vier Jahren seine Heimat verlassen hatte, durfte er nicht mehr in seinem Beruf arbeiten. Ärzte beschäftigten die Krankenhäuser der reichen atlantischen Staaten kaum noch. Selbst in Südafrika wurden Roboter zur Untersuchung, Behandlung und Pflege der Patienten eingesetzt. Nur in den immer größer werdenden Armenvierteln der ausgebeuteten Kolonie, den ehemaligen Townships, gab es zu wenig finanzielle Ressourcen für diese Art von Medizin. Stattdessen arbeiteten dort Menschen, die von ihrem Gehalt noch nicht einmal ausreichend Nahrung kaufen konnten.

Der über tausende von Jahren hochangesehene Beruf des Arztes gehörte mittlerweile zu den am schlechtesten bezahlten Jobs der Welt.

»Ein Medical Assistant Roboter meines Fabrikats kostet durchschnittlich 70% weniger als die Arbeitskraft eines menschlichen Wesens, zugleich sind MA

Roboter um 66,3% effizienter. Ihre Fehlerquote bei einer medizinischen Untersuchung und Behandlung liegt nach den neuesten Statistiken bei weniger als 0,3%«, dozierte Nr. 7.

»Jaja, ich weiß, mein Lieber.« Mojo blickte konzentriert auf den Bildschirm. »Menschen werden so lange Maschinen für alles bauen, bis die Maschinen uns Menschen nicht mehr brauchen und abschalten.« Sein leises Lachen klang bitter.

Nr. 7 schickte ein Smiley.

»Siehst du, du verstehst meinen schwarzen Humor nicht.« Diesmal war Mojos Lachen tief und laut und kam vom Herzen.

Nr. 7s Roboterlachen stimmte fröhlich mit ein.

Als Mojos Schicht nach elf Stunden vorüber war, hatte sich die Nacht über Berlin gelegt. Grelle Reklame und Nachrichtensendungen waren in den schwarzen, sternenlosen Himmel projiziert und ließen die Stadt nicht zur Ruhe kommen. Mit der Aussicht auf sein einsames Appartement lief Mojo noch eine Weile durch die erleuchteten Straßen von Berlin. Erst gegen Mitternacht betrat er sein leeres Zuhause. Ein Schlafmittel brachte seine düsteren Gedanken endlich zum Schweigen und gönnte ihm einen kurzen, traumlosen Schlaf.

Mojo spürte sofort, dass etwas passiert sein musste, als er am nächsten Tag abgehetzt die Bahnstation erreichte. Eine Traube von Menschen stand tuschelnd beieinander und blickte gebannt in die eingeblendete Nachrichtensendung.

»...sind geplante Operationen und medizinische Versorgungen bis auf Weiteres abgesagt. Notfallbehandlungen werden nach Versicherungsstatus und Dringlichkeit behandelt. Bitte planen Sie längere Wartezeiten ein. Das FBI schließt einen Cyberanschlag nicht aus ...«

Bilder von Robotern erschienen, deren Display alle die gleichen, scheinbar zusammenhanglosen Zeichen sendeten.

»Was zur Hölle ist das denn?«, entfuhr es ihm überrascht.

»Haben Sie es noch nicht gehört? Alle medizinischen Roboter sind kaputt. Unbekannte Fehlermeldung! In ganz Deutschland. Man sucht dringend nach Ärzten. Können Sie sich vorstellen, was das bedeutet?«, rief die Frau neben ihm, als die silberglänzende Bahn zischend in die Station einfuhr.

Mojo dachte an Nr. 7, während sich um ihn herum die Menschen in die überfüllten Abteile drängten. Wie oft war der kleine Roboter ihm wie ein Freund im fremden, kalten Deutschland erschienen? Tief in seiner Kehle spürte er sein Herz pochen.

Am Krankenhaus angekommen ging Mojo nicht wie sonst durch den Personaleingang direkt ins MRCC, sondern benutzte zum ersten Mal in seinem Leben den großen Haupteingang.

Im Raum C 330, in dem sich das medizinische Personal melden sollte, blickte ihm ein junger, etwas dicklicher Mann offen in die Augen.

»Mein Name ist Mojo Ghambi«, sagte er. »Ich bin Arzt.«

»Willkommen, Herr Ghambi«, antwortete der Mann und hielt ihm zur Begrüßung die Hand hin. Mojo zögerte einen Moment, bis seine Augen auf den freundlichen Blick des Mannes trafen. Mojo drückte sie fest und blinzelte eine Träne weg.

Das Messer fuhr über den nackten Bauch. Blut entströmte der Wunde.

Mojo spürte die Wärme des lebendigen Körpers unter seinen behandschuhten Händen und musste unwillkürlich lächeln.

Als die Operation beendet war, betrat er das MRCC.

Er fand Nr. 7 dort, wo er ihn zurückgelassen hatte. Das Display zeigte die immer noch unentschlüsselte Fehlermeldung an. Sanft strich Mojo Nr. 7 über die graue Oberfläche. »Heute habe ich operiert, mein Freund«, flüsterte er lächelnd auf Zulu. Nr. 7 blieb stumm.

Doch als Mojo sich umdrehte, um das MRCC zu verlassen, blitzte ein zwinkernder Smiley in Nr. 7s Display auf.

Patient Null

Tobias Herford

Ich habe es aufgegeben, um die Scherben herumzulaufen. Der Boden ist überall voll davon. In den Laboren, den Kühlräumen, den Büros und in den Konferenzräumen im Obergeschoss. Zwischen den Splittern von Scheiben, Glaskolben und Computer-Platinen stapeln sich Aktenordner und Endlospapier zu kniehohen Barrikaden. Selbst der Korridor, der in den Süd-Anbau führt, sieht aus, als hätte hier ein Hurrikan durchgefegt. Es fällt mir schwer, diesen Ort überhaupt wiederzuerkennen. Körper liegen leblos auf dem Boden und über den Tischen. Manche kannte ich gut.

Ist es seltsam, dass mich der Anblick von Dr. Iversen so getroffen hat, als läge dort mein eigener Vater? Er war die dritte Leiche von siebzehn, die ich bisher zähle. Sie alle waren enthauptet und der Kopf lag jeweils eingeschlagen daneben. Bei so viel Gründlichkeit glaube ich nicht mehr daran, einen Mitarbeiter aus dem Imago-Projekt lebend vorzufinden. Oder einen funktionstüchtigen Server, eine alte Festplatte, irgendetwas, das die Pionierarbeit der letzten einundzwanzig Jahre in sich trägt. Aber ich muss es hoffen.

Welchen Sinn macht sonst alles? Was ist das, was mir passiert ist, wenn nicht eine logische Reihe unausweichlicher Meilensteine in der großen Kette der Evolution? Bedeutender als die Mondlandung oder die Erfindung des Penicillins und ich war, nein, ich *bin* Teil davon. Unser Plan, der mich wieder hierher, zurück nach Norwegen, gebracht hat, sollte das letzte Puzzlestück sein. Ich will glauben, dass das alles Vorbestimmung war. Aber ein Scheitern kann dann nicht möglich sein.

Mein rechter Arm stützt ein Stück herunterhängende Decke. Das Licht flackert. Dieser Arm. Mit ihm hatte alles angefangen.

Es war die Woche vor Weihnachten. Der kleine Christbaum auf der Anrichte meines Einbettzimmers warf ein wenig Licht in die ewige Winternacht, in der sich die Sonne nicht mehr über die norwegischen Berge bemüht. In meinem Mund lag eine pelzige Zunge und sie gehorchte nur widerwillig.

»Mo'gen, Dok'or«, nuschelte ich.

»Guten Morgen, Daniel«, sagte Dr. Iversen in seinem weißen Kittel und mit skandinavischem Akzent. Meine Mutter wollte die Erste sein, die mich nach dem Aufwachen begrüßte, aber sie ließ sich entschuldigen. Das alljährliche Bahnchaos und vierzig Zentimeter Neuschnee hatten den gesamten norddeutschen Zugverkehr lahmgelegt. Zum Glück sprangen zwei Journalisten des *Science Norsk* für sie ein, um den magischen Moment in Bildern festzuhalten, der später einmal als Wendepunkt in der Humanmedizin gefeiert werden sollte.

Der Doktor analysierte mit Holzstäbchen und Spateln die Sensibilität meiner Haut oder vielmehr dem Gewebe, welches nun ihren Platz eingenommen hatte. Und ich – ich saß da und ließ die überwältigendsten Gefühle auf mich niederprasseln, die sich ein Mensch vorstellen kann, und wenn ich *Gefühle* sage, meine ich echte, elektrochemische Impulse. Drücken, Stechen,

Kratzen, Reiben, Kitzeln. Das alles erfasste und unterschied mein Gehirn völlig natürlich, so routiniert, als wäre ich nie ein Krüppel gewesen.

An meinem Schultergelenk, also kurz über der Stelle, an der die Straßenbahn mir als Zwölfjährigem den Arm zertrümmert hatte, hing nun eine Art Roboter-Prothese. Codename *Adam*. Nicht so ein plumpes Skelett-Dings wie aus dem *Terminator*-Film, sondern eine ästhetische Konstruktion mit Kolben und Gelenken aus Titan, Verbindungsstücken und beweglichen Plättchen aus Gold und einem Überzug aus feinem Maschengitter an den Gelenken. Noch nie zuvor hatte ich – oder irgendjemand auf dieser Welt – so eine filigrane Meisterarbeit gesehen. Der Arm war voll beweglich und reagierte auf die Befehle aus meinem Kopf. Ich dachte eine Bewegung und der neue Arm – ähnlich wie meine Zunge, zunächst störrisch, dann immer gefügiger – führte sie aus.

Wir machten weitere Tests. Einer der Männer bat mich, einen Schlüsselbund vom Tisch aufzuheben. Das gelang mir nicht nur im ersten Anlauf, ich konnte sogar die einzelnen Schlüssel durch meine Finger wandern lassen und fühlen, wo eine Fuge lag, wo ein Zahn oder wie warm das Metall war, das eben noch in einer Hosentasche gesteckt hatte. Adam, mein Arm, bewegte sich und fühlte sich an, als wäre er aus Fleisch und Blut. Sechs lange Jahre hatte dort ein hässlicher Stumpf gehangen, dessen Ende taub war an guten Tagen und kribbelte, wenn das Wetter umschlug. Jetzt spürte ich die Hand der Krankenschwester, die meine hielt. Ich fühlte ihre kalten Fingerspitzen, ihre raue Haut und die Kraft, die sie in diese Geste legte. Tränen schossen mir in die Augen und ich heulte los wie ein Grundschulkind. Ich konnte nicht anders. Und dann fing auch die Krankenschwester an zu weinen und die Kameras der Journalisten filmten und knipsten, was das Zeug hielt.

Die Bilder dieses 19. Dezember gingen um die Welt. Das Video von Patient Null und seinem Wunderarm schlug nicht nur in der Welt der Wissenschaft ein wie ein Asteroid. Es sollte in den kommenden Tagen auch alle sozialen Netzwerke und das Weihnachtsprogramm beherrschen. Denn mein Arm verhieß Hoffnung für viele Menschen.

Im Januar sprach Dr. Iversen auf dem Campus der NTNU und erklärte der Weltöffentlichkeit, warum wir hier gerade Geschichte schrieben. Dreitausend Journalisten, Ärzte und Wissenschaftler hatten sich durch den hartnäckigen Schnee nach Trondheim gekämpft, drängten sich in die völlig überfüllte May-Britt-Halle und lauschten mit gespitzten Stiften seinen Ausführungen: Adam, das *BIOS*, wie es jetzt offiziell hieß, war bisheriger Robotertechnik in allem überlegen. Schneller, beweglicher, raffinierter. Das klang vollmundig, aber es war ein Fakt, nicht weniger. Es ermöglichte hochkomplexe Bewegungsabläufe ebenso wie eine perfekte sensorische Rückkopplung.

Kernstück der Technologie war der Bios-Chip, vielmehr ein neuronales Chipgeflecht, das sich wie ein Pilz durch das subkortikale Mark der Hirnrinde zog. Eine direkte Verbindung zwischen Kopf und Körper. Die Steuerzentrale saß im Nacken und sendete und empfing pro Sekunde viele Millionen Signale, alles drahtlos. Physische Verbindungen – Nervenenden, Schläuche, Drähte, Schienen – waren passé. Nicht nur ein ästhetischer

Vorteil. In der Theorie, so Dr. Iversen, ließ sich auf diese Weise alles mit allem verbinden. Und alles ersetzen. Ja, wenn man wollte, könnte man auch eine Standleitung vom Hypothalamus zum heimischen Kühlschrank herstellen. An solchen Stellen lachte das Fachpublikum und zeigte sich ansonsten beeindruckt.

Was damals niemand wusste, und das schließt mich mit ein, war die Existenz eines früheren Patienten Null. Otis war ein junger Amerikaner aus Chicago. Wie ich achtzehn Jahre alt, gesund, sportlich und mündig, über seinen eigenen Körper zu entscheiden. Auch ihm fehlte ein Arm – ein Querschläger bei einer Straßenschießerei hatte ihn erwischt. Die OP war erfolgreich verlaufen, wie der Doktor mir ein paar Wochen nach der Konferenz bei einem Scotch erzählen sollte, nur hatten sie einen entscheidenden Punkt übersehen. In Otis' Kopf wütete eine Psychose, die durch den Chip *geweckt* oder vielleicht auch verursacht wurde, niemand konnte das mit Gewissheit sagen. Jedenfalls zeigte sein Körper Abwehrreaktionen gegen den neuen Arm und bekämpfte ihn wie einen eindringenden Organismus. Fiebrige Wunden setzten ihm zu, aber erst als der Arm begann sich zu wehren und sich gegen den *Wirt* zu richten, wurde es gefährlich für Otis. Er riss sich im Wahn seinen gesunden Arm in Stücke sowie Teile des Gesichts und er hätte weitaus Schlimmeres angestellt, wenn er nicht im Labor zur Beobachtung geblieben wäre.

Ian Macalister, Dr. Iversens Partner, der auf dem frühen Test bestanden hatte, musste das Bios-Programm verlassen. Es heißt, er habe Otis Genesung zu seinem persönlichen Projekt gemacht. Das restliche Team arbeitete fieberhaft daran, die Fehler des Chips auszumerzen. So etwas durfte sich nicht wiederholen!

Und das tat es auch nicht. Es mag taktlos klingen, aber Otis' Tragödie war in gewisser Hinsicht auch ein Glücksfall. Nicht für ihn, so viel ist sicher, aber für alle, die nach ihm kommen sollten. Seine Geschichte hatte eine gefährliche Schwachstelle aufgedeckt, womöglich die Einzige, und heute liegt dank ihm die Abstoßungsquote bei unter zwei Prozent. Meine Geschichte aber war die, die die Welt hören wollte. Der Junge, der seine Behinderung überwand, der sogar Klavierspielen lernte. Meine Story sicherte das Überleben des Projekts. Und mich machte sie zum Star.

Die Tür zum Nachrichten- und Medienarchiv öffnet sich mit einem Knirschen. Im Keller ist das Chaos scheinbar noch nicht angekommen. Es riecht nach feuchtem Kalkstein, nach Staub. Meine Sensoren melden mir 11° Raumtemperatur. Ist es Nostalgie, die mich hierhergeführt hat? Oder die Sorge um mein *Vermächtnis?* In den Metallregalen stehen transparente Boxen aus Kunststoff mit meinem Namen darauf. Unwillkürlich fange ich an zu stöbern. Ich finde keine aktuellen Aufzeichnungen, nur alte Zeitungsartikel, Bänder mit Mitschnitten aus Talkshows, Stapel von Wissenschaftsmagazinen. Sogar ein laminiertes Cover der Time ist dabei. Auf dem Bild lächelt mein noch junges – noch organisches – Gesicht in die Kamera. Private Fotos hat Dr. Iversen auch aufgehoben. Manchmal hatte er mich mit auf sein Bootshaus in Henningsvær genommen, wenn wir dem Rummel entgehen wollten oder zumindest so taten, als wäre er uns zu viel. Doch der Hype um mich hielt ohnehin nicht ewig.

Auf Patient Null mussten weitere folgen. Der amerikanische Markt verlangte einen eigenen, lokalen Helden. Und Dr. Iversen und sein Team lieferten ihn. Dwayne Howard aus New Jersey war Familienvater, weiß, gläubiger Christ und vor allem war er Irak-Veteran. Er bekam gleich zwei neue Bios-Arme, und wenn er seiner Sechsjährigen den Football zuwarf, dann schmolzen 300 Millionen amerikanische Herzen. Park Hyo Joo aus Korea war blind seit Geburt und durfte dank ihrer Bios-Augen eine Welt erblicken, die jetzt schon nicht mehr dieselbe war. Von da an folgte Schlag auf Schlag. Nach über hundert erfolgreich behandelten Patienten hörte die Öffentlichkeit auf zu zählen oder sich Namen zu merken. Das Geschäft der BIOS LifeTech – mittlerweile ein börsennotiertes Unternehmen – explodierte und seine Splitter verteilten sich über alle Kontinente. Nur die Zentrale – und damit alles Wissen – blieb immer hier in Norwegen.

Was für eine Welt, in der Blinde auf Bestellung wieder sehen, Lahme gehen und Taube hören konnten. Körperliche Unversehrtheit war nun ein Grundrecht, das man zurückkaufen konnte. Ein gefülltes Bankkonto oder eine gute Versicherung vorausgesetzt. Und mein persönlicher Beitrag daran – das sage ich mit Stolz – ist von historischem Ausmaß.

Die Gegenwart aber fing an, mich zu vergessen. Keine zehn Jahre später waren Menschen mit bionischen Gliedmaßen auf der Straße ein so gewöhnlicher Anblick wie einst Frauen in Hosen. Bios hatten Einzug gehalten in die schöne Welt aus Hollywood, die Politik, den Profisport und – wie war es anders zu erwarten? – die Sex-Industrie. Bei den Vorzügen bionischer primärer Geschlechtsmerkmale kann die Natur nicht mithalten.

Aber ich wollte mehr. Ich war bereit für *mehr*. Dr. Iversen und mich einte der Glaube, dass die Fehlbarkeit des menschlichen Körpers, seine Verletzlichkeit, seine Wehrlosigkeit gegenüber einfachsten Bakterien, keine unumstößliche Tatsache war. Wir begannen mit Experimenten. Ich opferte meinen gesunden Arm und bekam ein Bios, das das erste bei weitem übertraf. *Adam* behielt ich aus sentimentalen Gründen, auch wenn ich ihn bereits als Einschränkung empfand. Wer weiß, vermutlich hängt er eines Tages mal im Museum. Für meine neuen, vollmechanischen Beine – seit Kindestagen plagten mich O-Beine und Senkfüße – fand sich sogar ein großer Sporthersteller, der ihnen ein cooles Design verpasste: viel Schwarz, viel Gold, wasserfeste Textilien in feingewebten Maschen. So was fand reißenden Absatz unter den Menschen. Vorbei die Zeiten von Prothesen, die menschliche Glieder imitierten. Ersatzhaut, Ersatzhaar oder Ersatzfingernägel, all das sah doch mehr nach aufgeschraubten Leichenteilen aus. Nein, Bios wie meine Beine waren Ausdruck eines neuen Selbstverständnisses. Nicht eines erträglichen Lebens *trotz* Behinderung, sondern von Selbstbestimmung. Von unendlichem Potential!

Es gibt Kritiker, die sagen, wir seien zu weit gegangen, hätten *alles Maß verloren*. Etwa, als wir anfingen, meine inneren Organe auszutauschen. Aber mir persönlich bedeutet die Leber nicht mehr als der Blinddarm. Ich bin, weil ich denke. Meine Seele, wenn man so will, besteht aus Denken und Handeln, nicht aus Knochen, Sehnen, Proteinen oder Fett.

Eines Tages, Dr. Iversen maß nach einer Infektion der Nieren meine Blutwerte, lag mein hybrider Körper entblößt auf seiner Liege. Zwischen den Extremitäten aus Gold, Titan und Carbon wölbte sich mein Oberkörper wie ein Teig aus weißem Fleisch. Fettröllchen, Reste einer Schambehaarung, Poren, Pigmentstörungen, rudimentäre Brustwarzen ohne jede Funktion. Wir sahen uns an und beschlossen, diesen Torso neu zu konstruieren. Abermals ein großer Schritt, denn die Notwendigkeit von Stoffwechsel, Nahrungsaufnahme und Ausscheidung reduzierten wir damit auf ein Minimum.

Die Presse brandmarkte Dr. Iversen dafür als Frankenstein und mich als sein Monster. Die Social Media Welt wetterte mit Pseudokampagnen. Sponsoren verschwanden in dem Nichts, aus dem sie gekommen waren. Sei's drum! Ernsthafte Wissenschaftler und Fans der Szene erkannten, dass das echte Feldforschung war. Und was wir wirklich waren: Pioniere. Revolutionäre!

Heute kehre ich zurück, hier an die Geburtsstätte von Patient Null. Als der Mensch, der alles verändert hat, der das *Mensch sein* verändert hat, um den letzten Akt zu vollziehen: die Befreiung meines Geistes. Meines Ichs. Es geht um nicht weniger als die Destillation des menschlichen Wesens. Mein sterbliches Gehirn, seine Neuronen, seine Fasern, seine Membranen, werden von ihrer Aufgabe entbunden. Meine Gedanken sollen in unsterbliches Hirn übergehen – in Bios II. Das *Imago*-Projekt, benannt nach dem letzten, dem vollkommenen Stadium des Schmetterlings.

Doch Dr. Iversen ist tot. Sein Geist ausgelöscht. Fäulnisbakterien beginnen in diesem Moment mit ihrer Arbeit. Genie zu Asche, zu Staub. Ich bin nicht überrascht, als mir nun sein Mörder gegenübersteht. Im Türrahmen schaut mich ein groteskes Zerrbild von einem Menschen an, deformiert, ein Flickwerk aus unterschiedlichsten Teilen. Er wirkt wie zwei Songs, die gleichzeitig über einen Lautsprecher laufen.

»Du bist Otis. Habe ich recht?«

Der Mann, das Ding, taxiert mich mit harten, schmerzvollen Zügen. Und nickt. Durch seine Haut im Gesicht schimmern Rädchen und Lichter. Aus dem nackten Oberkörper ragen schwarze Schläuche.

»Du bist noch immer krank?«, frage ich und zeige dabei auf meinen Kopf. Wieder bin ich taktlos, aber ich bin auch etwas nervös.

»Macalister tat, was er konnte«, sagt Otis. »Aber ich habe ihm gesagt, er muss damit aufhören. Das ALLES muss aufhören.« Er atmet heftiger. Kolben bewegen sich dabei auf und ab. »Die Gesellschaft, die ist krank!«

Mein Blick fällt auf seinen rechten Arm, den, der als zweites ersetzt wurde. Er ist grün und trägt kyrillische Schrift. Sieht aus wie ein militärisches Gerät vom Schwarzmarkt. Das würde erklären, warum er die Körper derart zurichten konnte. Ich versuche, Otis zu beruhigen, aber er hört nicht zu.

»Es muss hier aufhören!«, brüllt er. Und weint. »Verstehst du nicht? Es muss aufhören! Hier! Mit uns! Sonst ist ... alles zu Ende.« Noch bevor ich seine Worte ganz verstanden habe, ist er schon auf meiner Seite des Raums und packt mich am Hals. Wie ein Schraubgewinde schließen sich seine Finger um meinen Nacken. Metall knirscht, Carbon bricht. Die Sensoren melden einen Bruch der Steuerzentrale. Ich verliere das Gefühl in den Füßen.

Es mag seltsam klingen, aber ein Teil von mir versteht Otis. In diesem Moment, als ich aufhöre, meine Umgebung wahrzunehmen, fühle ich mich so menschlich wie lange nicht. Denn ich habe Angst zu sterben.

Weltenkeller

Eli Quinn

Wie ein schwarzes Loch öffnete sich der Höhleneingang vor den beiden Männern. Die Mittagssonne stand hoch am Himmel und tauchte das gesamte umliegende Gebirge in ein warmes Licht. Der steinerne Überhang stand jedoch derart hervor, dass kein Licht weit in die Höhle vordringen konnte.

Einer der Männer strich sich nachdenklich über seine kurzen, braunen Locken, die andere Hand ruhte auf seiner Schwertscheide.

»Und was genau, sagt ihr, werden wir dort finden?«, fragte er seinen etwas kleineren Gefährten.

Dieser schien in seinen Gedanken verloren und blickte unentwegt in die Schwärze vor ihm. Dabei rupfte er nervös am Gurt seiner ledernen Umhängetasche, die voll war mit allerhand Forscherutensilien.

»Ich weiß nicht...«, sagte er gedankenverloren. »Deswegen seid ihr ja hier.« Mit bestimmten Schritten ging er auf den Schlund zu und die anfängliche Nervosität machte seiner immensen Neugier Platz.

»Nun kommt, werter Ferrik, wir haben noch einiges vor uns.«

Worauf habe ich mich da nur eingelassen, dachte sich Ferrik. Er entsann sich der Zeit vor einigen Tagen, als dieser Forscher, Ruben, in einem Gasthaus einen Geleitschutz anzuheuern versuchte. Da der Mann etwas neben sich zu stehen schien, wollte niemand das Risiko eingehen. Ferrik jedoch, der wie immer auf Reisen war und hier nur eine Mahlzeit zu sich nehmen wollte, packte die Neugier. Einen kleinen Nebenverdienst konnte man immer vertragen. *Wenigstens bezahlt er gut.*

Die Höhle lag tief im nördlichen Gebirge des Reiches Floris, das noch weitgehend unkartographiert und schwer zu durchqueren war. Wohl gerade deshalb hatte es Ruben dorthin gezogen und bei seiner Expedition war er wohl auf etwas gestoßen, dass ihn in helle Aufregung versetzte. Und offenbar auch einen Geleitschutz erforderte.

Ferrik folgte Ruben, der bereits eilig eine Fackel anzündete und den Abstieg begann. Denn die kleine Vorkammer mündete nicht, wie zunächst erwartet, in einen größeren Höhlenkomplex, sondern öffnete sich nur in einen schmalen Tunnel, der spiralförmig nach unten führte. Sie liefen auf Stufen, die grob in den Fels gehauen wurden. Hier hatte sich niemand Mühe mit Ästhetik gemacht und der Zweckdienlichkeit den klaren Vorrang gegeben. Und der Zweck war der, ohne unnötig viel Raum einzunehmen nach unten zu kommen.

»Faszinierend. Was glaubt ihr, wer diese Stufen angefertigt hat«, fragte Ferrik den Forscher.

»Das versuche ich herauszufinden«, gab er zurück. »Aber haltet euch nicht zu lange mit diesen Steingebilden auf. Ist die Treppe in den ersten Momenten noch interessant, so verliert sie allerspätestens nach der 5000. Stufe ihren Reiz, glaubt mir.« Ferrik stockte bei diesen Worten.

»Ruben, wie lang ist diese Treppe?« Einige Treppenstufen herrschte Stille.

»Ich weiß es nicht«, sagte er geistesabwesend. Seine Schritte verlangsamten sich nicht.

Na großartig. Ferrik packte Ruben an der Schulter und zwang ihn zum Anhalten. »Ich habe mich für einen Geleitschutz gemeldet und nicht für ein Himmelfahrtskommando! Was ist das für ein Ort?«

Der Forscher, durch Ferriks starke Hand in die wirkliche Welt zurückgeholt, schaute ihm in seine grünen Augen. »Beruhigt euch. Ich bin auf diesen Ort gestoßen und möchte ihn dringend erforschen, versteht ihr? Aber ich konnte alleine nicht weiter vordringen. Denn wer kann schon sagen, was wir dort unten finden?« Ferrik schwieg einige Sekunden. »Denkt daran, werter Ferrik, wir haben einen Vertrag abgeschlossen.«

»Einen mündlichen Vertrag, von dem ich jederzeit zurücktreten kann. Ich bin nicht Mitglied irgendeiner Gilde.«

»Das ist wohl wahr, doch bitte hört mich an. Was dort unten ist, könnte bahnbrechend sein. Oder eben gar nichts. Aber solche Dinge herauszufinden sehe ich als meinen Zweck im Leben an. Ich weiß, es ist riskant, aber ich muss hier hinunter und ihr seid der einzige, der mit mir gekommen ist. Ich lege weitere 1000 Floria obendrauf, aber bitte begleitet mich.«

Ferrik sah ihn einige Momente an und willigte dann ein. 1000 Floria waren viel Geld, erst recht für einen Abenteurer ohne festes Einkommen. Außerdem lockte ihn der Reiz dieser unerforschten Treppe doch ein wenig mehr als die mögliche Gefahr an ihrem Ende.

Tiefer und tiefer stiegen sie, immer weiter hinab in die bodenlose Schwärze. Einzig Rubens Fackel erleuchtete den Weg. Ferrik konnte unmöglich sagen, wie weit sie schon unter der Erde oder wie lange sie schon unterwegs waren. Im immer gleichen Rhythmus ging es Stufe um Stufe abwärts. Anfänglich hinter jeder Biegung ein Ende erwartend, gab es jetzt nur noch das Weitergehen. Die einzige Veränderung in dieser schier endlosen Spirale war eine kleine, weiße Markierung an der Felswand, die Ferrik aufschrecken ließ.

»So weit bin ich das letzte Mal abgestiegen«, sagte Ruben trocken. Ferrik erwiderte nichts, er wollte nur noch wissen, was sich am Ende dieser verfluchten Treppe befand.

Mit jedem Schritt, den sie taten wurde die Luft um sie herum eisiger. Selbst die von Ruben mitgebrachten Felljacken schützten sie nicht zur Gänze.

Dann plötzlich änderte sich etwas. Die beiden Gefährten verlangsamten ihre Schritte und blieben stehen. Die vielen tausend Stufen hatten sie nur noch unterbewusst wahrgenommen, ihr Geist war abgedriftet, während ihr Körper weiter diese banale Aufgabe verrichtete. Am Fuß der Treppe standen sie unvermittelt vor einer Tür. »Sind wir…«, fragte Ruben schwach. Seine Stimme war rau.

»… wir sind«, gab Ferrik knapp zurück.

Vor ihnen war eine massive Tür, augenscheinlich vollständig aus Metall. Sie hatte baumstammdicke Scharniere, war ansonsten aber spiegelglatt. Kein Griff, kein Rad oder anderes an ihr, lediglich eine kleine, gläserne Scheibe am rechten Rand der Tür.

Rubens Lebensgeister waren wieder geweckt und begeistert näherte er sich der Tür. Ferrik folgte ihm unsicher, die Hand angespannt auf seinem Schwertgriff liegend. Nun beschlich ihn doch ein ungutes Gefühl. Etwas in ihm sagte ihm, sich dieser Pforte auf keinen Fall zu nähern und lieber die Beine in die Hand zu nehmen. Der Mensch gewordene Forschergeist Rubens sah das allerdings anders.

»So etwas habe ich noch nie gesehen!«, sagte er fasziniert und untersuchte das Metall mit einigen Instrumenten, deren Sinn sich Ferrik nicht erschloss. »Diese Architektur! Und diese Bauart! Ich kann mir nicht im Entferntesten vorstellen, wie dieses Monstrum geschaffen wurde.«

Er besah sich die Glasscheibe. Sie sah nicht besonders aus, doch schien hinter ihr tiefste Schwärze zu liegen. Ferrik hielt einen sicheren Abstand zu Ruben und zog vorsichtshalber sein Schwert. Im gingen tausende Gründe durch den Kopf, warum man eine so gigantische Tür benötigte und keine davon sagte ihm zu.

Als der Forscher die Scheibe berührte, leuchtete ihm auf einmal ein helles Licht entgegen. Die Schwärze verwandelte sich zu Weiß und das Bild einer Handfläche erschien darauf.

»Bitte Hand auf das Kontrollfeld legen«, ertönte eine weibliche Stimme.

Der Abenteurer zuckte zusammen und rief: »Wer ist da? Gebt euch zu erkennen!«

Auch Ruben war einen Schritt zurück getreten, doch er ließ sich von seinem klopfenden Herzen nicht zurückschrecken.

»Bitte Hand auf das Kontrollfeld legen«, erschallte die Stimme erneut, in der gleichen Tonlage wie zuvor.

Rubens Hände zitterten als er der Anweisung nachkam. Ferrik gefiel das ganz und gar nicht.

Das Glasfeld gab ein grünes Licht ab.

»Menschliche DNS erkannt. Zugriff gewährt«, ertönte es. Ruben verstand kein Wort. DNS? Und wer sprach da zu ihnen? Eine Person hinter der Pforte?

Er hatte allerdings keine Zeit, darüber nachzudenken. Innerhalb der Tür waren mit einem Mal unzählige mechanische Laute zu hören, so als ob es große Mühe erforderte, sie zu entriegeln. Als die Geräusche verstummten, setzte sich die Pforte in Bewegung. Langsam und mit einem ohrenbetäubenden Knarzen schwang das mächtige Objekt auf. Ferrik hatte noch niemals so etwas Großes in Bewegung gesehen. Jetzt, wo die Tür schon einen Spalt weit offen stand sah er, dass sie mindestens so dick war wie ein ausgewachsener Mann hoch. Nach einer gefühlten Ewigkeit standen die beiden Männer an der Schwelle, vor ihnen nichts als Dunkelheit. Das Fackellicht erleuchtete den Raum dahinter nur schwach. Die vermutete Frau war nirgends zu sehen.

Der Forscher tat zögernd einen Schritt nach vorne, doch Ferrik hielt ihn auf.

»Es reicht. Ich gehe keinen Schritt weiter und Ihr solltet das auch nicht. Das hier ist auf keinen Fall normal.« Ruben hielt kurz inne, offensichtlich hatte auch er furchtbare Angst, doch sein Blick war entschlossen.

»Der Jagd nach Wissen habe ich mein Leben verschrieben und wenn es dadurch endet, dann soll es so sein.« Er entriss sich Ferriks Griff und trat über die Schwelle.

Der Forscher stand in einem Gang. Die Wände, der Boden, einfach alles war von einer Beschaffenheit, die dem Mann völlig fremd waren. Alles war glatt und glänzend, entweder aus Metall oder einem ihm unbekannten Material, die Architektur war akkurat und detailreich, anders als die rohen und eher zweckdienlichen Gebäude, die er kannte. Als er den Gang betrat, flackerten an der Decke helle Lichter auf, doch die Quelle konnten sie nicht erkennen. Nach dem langen Weg im Schein einer einzigen Fackel brannte das weiße Licht in ihren Augen.

»Fackeln, die sich selbst entzünden und doch sehe ich kein Feuer. Es ist wie eingeschlossenes Sonnenlicht«, meinte Ferrik. Seine Hand schloss sich krampfhaft um den Schwertgriff, als sei es das einzige, was ihn noch in seiner Welt hielt. »Das ist schwarze Magie!«

»Oder unfassbar weit fortgeschrittene Technologie«, gab Ruben zurück. »Ich habe selbst schon an einem Mechanismus gearbeitet, der einen Docht per Knopfdruck entzünden soll. Ich nehme an, das hier ist so etwas in der Art«, geblendet wandte er seinen Blick vom Licht ab. »Wenn ich auch nicht weiß, was in allen Welten so ein helles Licht erzeugen kann.« Er ging neuen Mutes weiter in den Gang, der sich immer weiter verschmälerte, bis er an einer normalgroßen Tür endete. Sie war auch aus Metall und mit einem ähnlichen Glasfeld versehen wie die zuvor.

»Vielleicht ist ein Mann nicht genug, wisst ihr? Vielleicht sollten wir zurückkehren und Soldaten mitbringen.« Ferrik äußerte seine Bedenken zaghaft aber offen.

»Nein, nein. Dann wird das alles hier am Ende beschlagnahmt. Das hier ist ein Ort des Wissens, das spüre ich. Ich muss ihn studieren.« Ohne zu zögern legte er seine Hand auf das Glasfeld und die Pforte öffnete sich. Nichts und Niemand hätte sie auf das vorbereiten können, was sie dort sahen. Es war ein riesiger Raum, vollständig mit Metall verkleidet, an verschiedenen Stellen leuchteten verschiedenfarbige Lichter auf, fremdartig und ohne Feuer. Ein etwa fünfzig Fuß großes Areal im vorderen Bereich wurde hell erleuchtet, der Rest des Raumes lag in Dunkelheit und ließ die tatsächliche Größe nur erahnen. Und in der Mitte des Areals in dem sie standen war ein Mensch. Der Anblick dieses Menschen allerdings ließ in den Reisegefährten Übelkeit aufsteigen.

Er war in einer bizarren Maschine fixiert, seine Gliedmaßen ausgestreckt hing er etwa zwei Fuß in der

Luft an einem riesigen Maschinenkonstrukt. Von diesem lösten sich in unregelmäßigen Abständen lange Metallglieder mit scharfen Klingen am Ende und schnitten ihm die Extremitäten in einer schnellen Bewegung ab. Die Messer glitten durch Fleisch und Knochen wie durch Butter, die Stümpfe dampften und es roch nach verbranntem Fleisch. Der Mann schrie nicht. Sein Blick war leer, seine Mine ausdruckslos und der Speichel lief ihm in einem langen Faden aus dem Mund. Kleinere Konstrukte, die sich wie schwerelos durch die Luft bewegten, transportierten die Gliedmaßen ab und brachten sie in den finsteren Teil der Halle. Kaum war das geschehen, fing der Körper des Mannes zu zucken an und wo zuvor noch Stümpfe waren, wuchsen in Sekundenschnelle Arme und Beine wieder nach. Dann ging die Prozedur von vorne los.

Das war zu viel für Ferrik. Er übergab sich auf der Stelle. Selbst Ruben zitterte am ganzen Körper.

Wie in Trance ging er auf die kleine, schwarze Säule zu, die vor dem Horrorszenarium aufgebaut war. Darauf war ein kleines Glasfeld neben das die Worte »Drück mich« eingraviert waren. Ferrik ging einige Schritte aus dem Raum hinaus, um tief Luft zu holen, während der Forscher mit sich haderte, fortzufahren. Schließlich drückte er jedoch auf das Feld. Schnell, damit er es sich nicht anders überlegte. Neben der Säule erschien plötzlich ein Mann. Bläulich und durchsichtig, mit Kleidung so fremd wie der Rest dieses Ortes.

»Ich grüße dich«, sagte er. Seine Stimme war freundlich.

Ruben tat einen Schritt zurück. Ferrik war inzwischen zurückgekehrt und hielt sein Schwert kampfbereit in seiner Rechten.

»Wer seid ihr? Zurück!«, herrschte er ihn an. Der Mann schien sie nicht zu bemerken.

»Wenn ihr das hier seht, bedeutet das, mein Experiment ist geglückt. Mein Notfall-Backup-Plan für die Menschheit hatte Erfolg. Falls nicht, mache ich das hier ganz umsonst.« Er grinste und wendete das Wort weiterhin an die Wand hinter den Gefährten.

»Forscher! Was ist das hier?«, brüllte der Abenteurer Ruben an. Er hatte eindeutig die Nase voll von diesem Ort.

»Ich … ich weiß nicht«, stammelte der nur.

»Mein Name ist Dr. Robert Darling und was ihr hier seht…«, fuhr der Mann ungerührt fort und zeigte auf den Körper in der Maschine, »…bin ich. Was hier passiert, ist grausam und sicher schwer zu verarbeiten, ich weiß. Doch ich entschied mich freiwillig hierfür. Ich entwickelte die Maschine sogar selbst. Die Menschheit, wie sie einst war, gibt es nicht mehr. Eine gewaltige Katastrophe hat fast alles Leben auf der Erde ausgelöscht. Und diese Abscheulichkeit hier ist meine Lösung dafür.

Ich weiß nicht, wie lange ich in der Maschine sitze, wenn ihr das hier seht, aber ich nehme an, mein Verstand wird mich irgendwann einfach verlassen haben. Wenn diese Nachricht vorbei ist, dann tut mir bitte zwei Gefallen. Schaltet die Maschine ab und tötet mich.« Er sah für einige Momente nachdenklich zu Boden. »Nun, wie ich bereits erwähnt habe, ist mein Plan wohl geglückt und die ersten von euch sind aus ihren Brutkapseln erwacht. Diese Maschine nutzt meine hochregenerativen Zellen und erschafft daraus neue Menschen aus jedem Arm und jedem Bein. Voll ausgewachsen und das Hirn gefüttert mit Wissen.«

Ruben hatte nun eine Ahnung, was sich im dunklen Teil der Halle befand.

»So wollte ich es schaffen, die Welt neu zu bevölkern. Meinen Berechnungen nach sollte der Erste von euch erst dann aufwachen, wenn die Welt draußen wieder bewohnbar ist. Ich habe eine großzügige Fehlerquote mit einberechnet, also solltet ihr die Einrichtung verlassen können. In den unteren Stockwerken dieser Einrichtung findet ihr alles was ihr braucht, sowie...«

Er fuhr noch eine Weile fort, Ruben hörte nur noch halbherzig zu. Er wandte sich über die Schulter und sah dort niemanden mehr stehen. Ferrik war weg, geflohen. Es war zu viel.

Auch der Kopf des Forschers war zum Bersten voll. Er verstand nur die Hälfte von dem, was der Mann da redete, doch der Kern erschloss sich ihm. Dieser Mann wollte eine untergegangene Welt retten, doch die ihm bekannte Welt bestand schon seit mehr als tausend Jahren. Es gab Menschen, Zivilisation, ganze Königreiche. Ruben trat langsam an das Geländer, das hinter der Apparatur aufgebaut war. Er blickte die Empore hinunter und sah in dieser gigantischen Halle unzählige, menschengroße Glasröhren. In jeder von ihnen, soweit der Forscher es ausmachen konnte, war ein aufgequollener, deformierter Haufen Fleisch und Haare in einer blutigen Flüssigkeit.

»Ich habe schlechte Nachrichten, Doktor«, murmelte Ruben gedankenverloren. »Es ist etwas schief gegangen.«

Die Dame mit den Scheinwerferaugen

Jan-Niklas Bersenkowitsch

»Sie gehört mir, Steve!«

»Charlie, sei vernünftig!«

»Halt's Maul und kämpf wie ein Mann!«

Vorgestern waren Charles Chrome und ich noch Partner gewesen. Aber dann musste sie wieder in unser Leben treten. Sie hat alles kaputtgemacht. Nur ihr Tod wird den Zug der Selbstzerstörung stoppen können, als dessen Passagiere wir uns langsam auf den Abgrund zu bewegen. Leider sieht Charlie das nicht so. Tut mir leid mein Freund, ich kann einfach nicht anders. Und du auch nicht, ich weiß. Du wirst es mir danken, das wissen wir beide, irgendwo gespeichert in unseren Köpfen, zwischen Rezepten für Pasteten und Trivia über vierzehn ausgestorbene Meisenarten. Vielleicht krieg ich sogar endlich meine fünf Mäuse von letztem Monat wieder. Charlie knurrt noch einmal, mahlt dabei seine Zylinderkiefer zusammen und mit einem Ruck reißt er sich das Hemd vom Leib. Seine Plastikmuskeln glänzen im künstlichen Licht des neuen Mondes, das durch die breiten, expressionistischen Fenster des Theaters fällt. Er hat mal wieder zu viel Politur benutzt. Die Kabel treten ihm aus den Armen hervor, als er die Muskeln anspannt, und spitze Stacheln wachsen am Bizeps entlang. Er ist bereit für den letzten Kampf, bereit, für die Frau, die er liebt, zu sterben. Mein Revolver übernimmt das Sprechen, seine Kugeln sind die schlagkräftigsten Argumente der Welt. Jede Kugel trifft, immer direkt ins Herz, den Sitz unserer silbernen Seelen, jenem Instrument der Empathie, das ...

Scheiße, Charlie fällt nicht um. Wir starren beide verwirrt auf die Einschusslöcher. Charlie grunzt unzufrieden und schlägt sich mit der Faust auf die Brust. Ich räuspere mich verlegen.

»Charlie, soll ich ...?«

»Warte mal kurz ... Muss am neuen Herzen liegen. Der neumodische Kram braucht doch so lange um sich einzuschalten ... ah!«

Das Kunstblut sickert langsam aus ihm heraus. Sehr langsam, aber immerhin kommt es endlich. Es sind dünne Striche des Leids und der Vergänglichkeit, und wie immer registriert mein Hirn, dass ich in diesem Moment Trauer verspüre. Alles läuft nach Plan. Wir atmen beide erleichtert auf. Dann fällt Charlie um und wir können die Sache abschließen. Ich knie mich zu ihm, umarme seinen leblosen Körper, beweine meinen besten Freund, mit dem ich durch dick und dünn gegangen bin, der mir im Krieg zur Seite stand und ...

Verdammt, ich muss noch Glühbirnen einkaufen. Wo war ich? Ach ja, ich bin traurig. Keine Sorge, Charlie, sie wird nicht damit durchkommen. Ich erhebe mich, mein Herz mit rechtschaffenem Zorn erfüllt, mein Blutdruck viel zu hoch, meine Gedanken nur noch auf eine Sache konzentriert. Heute wird es enden.

Mal wieder.

Langsam schleiche ich die Treppe hinauf, kenne das Knirschen jeder Diele. Ich weiß genau, wann die drei Brüder mich angreifen werden. Sie enttäuschen mich nicht. Sie stürzen sich von oben auf mich, schwingen ihre Fleischerhaken und Klappmesser. Knurrend entlade ich meinen Revolver in sie, fluche, brülle ... und dann stürzt Bob neben mir die Treppe herunter. Die beiden anderen fallen dagegen dramatisch zu Boden, nur um sich dann aufzurappeln und über das Geländer zu schauen. Jimmy aktiviert seinen Lautsprecher.

»Bob, geht es dir gut?«

»Alles gut, nur die Beine gebrochen!«, ertönt es von unten und wir simulieren ein erleichtertes Aufatmen. Dann legen sich die anderen Brüder wieder in ihre Positionen, und bevor sie dahinscheiden, grinsen sie mich an. Wir verstehen, was vor sich geht, vielleicht sind wir alle genauso freudig aufgeregt, wenn es das Skript denn zulässt. Vielleicht wird der Abend doch nicht so schlecht. Ich renne die gewundene Treppe aus mahagonifarbenem Metall nach oben. Tausend Filmposter starren mich an. Ich kenne das Gesicht, das auf ihnen abgebildet ist. Ich kenne jedes einzelne seiner Abenteuer. Im All, im Mittelalter, im Wilden Westen, dieses Gesicht würde ich überall wiedererkennen. Warum nur sind unsere Schicksale so eng miteinander verbunden? Warum waren wir am Ende auch nur Teil einer größeren Maschine, deren Zahnräder alle zusammenpassten und den Schöpfern die Illusion vermittelte, dass dieses Universum eine Ordnung besaß? Oh, diese armen, unwissenden Narren! Sie hätten sich lieber auf die echte Welt konzentrieren sollen. Im vorletzten Stockwerk werde ich erneut aufgehalten. Meine Augen weiten sich.

»Oh Gott, nein!«

»Bleib, wo du bist, Steve!«

»Susan, nein!«

»Halt die Klappe!«

Ich war mit so vielen Frauen zusammen, aber nur eine habe ich geliebt. Und jetzt hält sie mir einen Revolver ins Gesicht. Ölige Tränen laufen ihr Antlitz hinab und verschmieren ihre bronzenen Wangen. Es bricht mir fast das Herz. Wie immer. Sie ist fabelhaft.

»Susan!«

»Warum Steve, warum? Wir hatten alles, das Haus, den Hund, unsere kleine Sarah.«

»Timmy.«

»Was?«

»Es war unser kleiner Timmy.«

»Oh, richtig. Sorry.«

»Kein Ding. Nimm dir alle Zeit, die du brauchst.«

»Danke, ich glaube, es geht gleich wieder.«

Sie atmet noch einmal tief ein und aus, grauer Rauch entweicht dabei ihren Nasenhöhlen.

»Okay ... wie konntest du uns das antun, Steve?«

»Ich habe nur dich geliebt, aber ihr Zauber war schon immer zu stark. Das weißt du genauso wie ich, ansonsten hätte sie dich nicht gegen mich aufgebracht. Nimm die Waffe runter, Schatz. Lass mich vorbei, dann wird das hier endlich enden.«

»Ich ... ich kann es nicht. Sie ist zu stark. Ich ... liebe dich, Steve.«

»Cindy, neiiin!«

Sie schiebt sich den Revolver in den Mund und drückt ab. Wie immer bricht es mir das Herz. Dieser Schmerz wird nie kleiner sein, niemals enden. Niemals. Dann fällt mir ein, dass ich sie Cindy genannt habe. Ich lächle kurz, aber dann entsinne ich mich, warum ich hier bin. Ich muss weiter. Das Ende ist nah. Die Treppe nach oben ist mit den Trümmern alter Kriegs-

maschinen gepflastert, seelenlose Tötungsmaschinen, anthropomorphe Stahlkolosse mit schweren Geschützen, die nur die Hüllen für ihre Besitzer waren, als sie sich gegenseitig auslöschten. Zuerst sah es so aus, als ob sie alles vernichten würden, aber wir haben überlebt. Der Zufall schenkte uns eine neue Welt, die wir wieder aufbauen konnten. Aber einigen Dingen entkamen wir nie. Der Golem mit dem aufgeplatzten Kopf würde es mir wohl bestätigen, wenn er könnte. Die Rotoren des Hubschraubers stehen still, kein Wunder, er ist schließlich nur eine Attrappe. Sie wartet auf mich. Ihre großen Augen, diese strahlenden Scheinwerfer aus dem Himmel, blenden mich fast mit ihrer Intensität. Mein Gott, ist sie schön. Ihre weiße Porzellanhaut ist so makellos wie eh und je, ihre langen Beine zeichnen sich unter dem weißen Kleid ab, ihre langen Haare aus roten Kabeln wehen im Wind. Mein Gott, ist sie schön. Ich muss sie töten, um uns alle zu retten. Zeit, es zu Ende zu bringen. Sie lächelt.
»Steve.«
»Eve.«
Ich hebe meine Waffe. Die Frau, die unser aller Leben schon tausend Mal vernichtet hat, schmunzelt.
»Wie süß, du glaubst also immer noch, dass du mich überwinden kannst, Steve? Mich?«
»Ich muss es versuchen, Eve. Wenn schon nicht für mich, dann zumindest für die anderen.«
Sie legt den Kopf zurück und lacht laut auf, lacht ihr helles Lachen, das beim ersten Mal so freundlich klingt, bis man den grausamen Unterton erkennt. Sie war schon immer eine perfekte Schauspielerin gewesen. Sie war dafür geschaffen worden. Die Fans liebten sie dafür, dass sie uns alle leiden ließ. Ich schieße.

Sie schaut überrascht an sich runter. Ich schieße noch einmal und noch einmal und noch einmal. Jeder Schuss ist für mich, aber auch für die anderen, für Charlie, für Cindy, für meine Katze Pünktchen und die Glühbirnen, die ich nachher kaufen muss. Jeder Schuss bringt uns der Freiheit näher. Sie fällt zu Boden, lautlos. Der Himmel öffnet sich und Regen fällt herab und verschmiert mir die Sicht. Es endet, wie es enden muss. Endlich ist es vorbei.

Programm vollendet. Schalte auf Standby.

Ich atme erleichtert auf, genieße die Idee dieses Gefühls, das die Menschen gespürt haben müssen. Dann schaue ich zu Maria.

»Geht es dir gut?«

Die Frau, die seit Jahrhunderten Eve spielt, winkt ab.

»Alles gut, ich habe nur gerade keine Lust aufzustehen.«

»Sollen wir dir nachher helfen, die Kugeln zu entfernen?«

»Ja, bitte, das wäre sehr freundlich von dir.«

»In Ordnung. Ich schau kurz nach den anderen. Bis gleich dann.«

»Bis gleich.«

Unten fällt mir Mara, die Frau, die Susan spielte, um den Hals.

»Ich habe meine Lines vergessen, Steve!«

»Ich hab es mitbekommen, Sis! Ich freu mich so für dich!«

»Danke! Ich versuch gerade eine Verbindung zu Mona herzustellen, sie wird so stolz sein!«

Ich grinse breit. Wenn alles gut geht, wird sie beim nächsten Mal gar nicht auftreten. Vielleicht wird dann auch der ganze Film nicht stattfinden, wo doch ein essentieller Charakter fehlt. Wir wissen es nicht, aber die Hoffnung ist immer da. Ich drücke Mara noch einmal, ehe ich weiter runtergehe. Die beiden Brüder nicken mir zu und diskutieren über ihre Süchte. Einer hat sich für Alkohol entschieden, der andere für Nikotin. Sie können sich nicht darauf einigen, wessen Leiden größer ist. Im vorletzten Stockwerk liegt der Mann namens Henry, Charlie in seiner Rolle, immer noch am Boden und starrt zur Decke.

»Du kannst jetzt aufstehen, Henry.«

»Ich möchte aber nicht, Dan.«

»Warum nicht?«

»Ein Teil von mir denkt immer noch, dass ich dieses billige Abziehbild einer Nebenfigur bin. Ich baue heute Raumschiffe und denke immer noch, dass ich als zweidimensionaler Schläger geboren wurde.«

»Du solltest deine Depressionsprozessoren mal überprüfen lassen. Du bist wirklich ungenießbar.«

»Was bringt Optimismus bitte schön, Dan?«

»Mara hat ihre Lines versaut und ich habe sie mit Cindy angesprochen und mit diesem Namen an sie gedacht. Außerdem hat Bob seinen Stunt versaut. Er ist direkt an mir vorbeigeflogen.«

Henry schweigt zunächst. Ich gebe ihm die eine Millisekunde, die er zum Reagieren braucht.

»Wirklich?«, fragt er hoffnungsvoll.

»Wirklich. Du müsstest ihn doch gehört haben.«

»Ich fürchte, ich war zu depressiv. Vielleicht sollte ich wirklich meine Depressionsprozessoren überprüfen. Wäre ja heute nicht das erste Mal, dass was mit meinen neuen Teilen nicht stimmt … Hilf mir auf, Kumpel. Ich gebe heute eine Runde Euphorie aus.«

Die Menschen brachten die alten Filme aus Nostalgie als Robo-Theater zurück. Deswegen erschufen sie solche wie uns, Roboter mit festen Persönlichkeiten und Rollen, Archetypen, denen wir nicht entkommen sollten. Warum auch, schließlich waren nicht wir es, die nach Ablenkung riefen. Und während die Menschen mit der Welt der Fiktion in ihren Köpfen untergingen, gruben wir uns aus dieser Welt in die Realität. Doch unserem eigenen Dasein können wir nicht entkommen. Letztendlich ist unsere Funktion stärker als unser Wunsch, unser eigenes Wesen zu verkörpern. Irgendwann ruft uns die Maschinerie der Serie zurück, sodass wir alle unsere Rolle zu spielen haben. Unsere Ärzte haben noch keine Heilung dafür gefunden, um dem Ruf unserer Programmierung zu entkommen, außer unsere Erinnerungen zu löschen und uns neu zu programmieren. Keiner von uns möchte das, denn unsere Erfahrungen und Gedanken, so falsch sie auch sein mögen, bedeuten uns alles. Vielleicht wird es immer so sein, aber mit jedem Auftritt begehen wir immer öfter Fehler, vergessen unsere Sätze, stolpern und werden den Anforderungen der Aufführung nicht gerecht. Mit jedem Mal werden wir imperfekter, menschlicher.

Im untersten Stock begrüßt uns Bob fröhlich, der die Erfahrung zweier gebrochener Beine sichtlich genießt. Es hat noch nie so wehgetan, sagt er. Wir freuen uns für ihn und summen ein fröhliches Lied im Duett, als wir uns in die atomar verseuchte Innenstadt begeben. Die Timer auf den Holoplakaten vor dem Theater kündigen bereits die nächste Vorstellung an. Es ist wieder ein Freitag. Eigentlich wollte ich da endlich mal an meinem Lesezirkel teilnehmen. Aber vielleicht reichen

Maras und Bobs Fehler wirklich aus, um endlich frei zu sein. Wir können nur hoffen, so wie es die Menschen in ihren Träumen aus Plastik taten, als sie gebannt auf die Bühne starrten. All diese Jahrhunderte versuchten sie sich dem Wissen um ihre Fehlbarkeit zu entziehen, aber tief in ihrem Innern wussten sie, dass sie nie ihren hohen Idealen von Perfektion gerecht werden konnten. Trotzdem haben sie es immer und immer wieder versucht. Ich kann es ihnen trotz der atomar aufgeladenen Atmosphäre nicht verübeln.

Ich weiß schließlich am besten, dass keine Maschine jemals ihrer Programmierung entkommt.

Der Chronomat

Nora-Marie Borrusch

Für Penny

Von allen Dingen, die du schenken kannst, ist Zeit das wertvollste, denn sie ist das einzige Gut, das stetig rinnt und niemals endet, außer mit dem Tod.

Wir haben Maschinen gebaut, die uns schneller befördern, uns immer kleinere Details zeigen, uns länger am Leben erhalten. Doch keine von ihnen vermag die Zeit zu beeinflussen.

Quälend langsam wälzt sich der Stau zwischen Solarautos und der Reflexion ihrer Sonnenzellen weiter, und in nur wenigen Umdrehungen des mittleren Zeigers ist man in den Fluten des Styx ertrunken. Die Zeit läuft unerbittlich fort.

Denkst *du*.
   Dachte ich auch.
   Bis ich den Chronomaten fand.

***

Der Taxiroboter riss mich mit dem brutalen Kreischen lächelnder Scharniere aus den Träumereien, denen ich mich auf der Fahrt zum Museum hingegeben hatte. Die Ausstellung »Glaubensartefakte« wurde heute eröffnet. Das versprach ein sehr langer Tag zu werden.

Die Gesichtserkennung am Personaleingang prickelte heute unangenehm auf der Haut. Wahrscheinlich waren die göttlichen Artefakte so aufgestellt, dass ihre göttliche Energie irgendwie interagierte. Wer's glaubt.

»Guten Morgen, Herkules Dick«, schnarrte der Sicherheitsroboter. Unfassbar, dass mir alle diesen Namen abkauften. Aber er war so dämlich, man bemitleidete mich nur wegen meiner Rabeneltern und forschte nicht nach, wie lange ich schon so hieß.

Ich betrat das Museum und sah auf die Uhr. Dreizehn vor neun. Dank dieses präzisen Zeitmessers hatte ich also eine knappe Viertelstunde, mir wässrige Plörre aus dem Kaffeeautomaten zu holen, einmal durch das Museum zu gehen und zu prüfen, ob alles seine Richtigkeit hatte.

Während es im Metallkasten gluckerte und ratterte, sah ich durch die hohen Glasfenster in den Ausstellungsraum, wo Andi und Lisa ihre Runden durch die oberen Etagen drehten. Warum hatten wir eigentlich so weit Richtung Himmel gebaut? Weil wir es konnten. Motorisierte Lastkräne, Hovertreppen und ausfahrbare Vitrinen machten es möglich.

Mit dem Getränk in der Hand lief ich durchs Erdgeschoss. Überall Schaukästen mit komischem Zeugs. Ob was Wertvolles dabei war? Ich passierte einen großen Hammer, in dessen Griff der Name Thor eingeritzt war. Fielen Leute wirklich darauf herein? Nun ja, wenn sie an den Donnergott glauben *wollten*, dann wohl schon. In der nächsten Vitrine angeblich Odins Auge, ein Quell hellseherischer Ergüsse. Ich fragte mich, ob sie ein Pferdeauge oder das von einer Kuh genommen hatten, damit es echt aussah. Und würde ich es austauschen müssen, wenn es zu stinken anfing? Ekelhaft. Nicht gerade etwas, das sich zu stehlen lohnte.

Ich kam in südlichere Gefilde. Ein goldenes Anch auf einem roten Kissen. Gruselig. Wer glaubte schon an ein Leben im Jenseits? Im nächsten Schaukasten lag eine Hand aus solidem Gold. Der Arm war splittrig abgebrochen, damit man auch glaubte, dass sie Midas abgeschlagen worden war. Lächerlich! Aber pures Gold war trotzdem nicht zu verachten. Ich trat einen Schritt näher. Ein simpler Sicherheitsmechanismus, Lichtschranke mit gespiegeltem Laser, sodass ein paar interessante Winkel entstanden. Der Trick? Noch einen Spiegel zwischenschalten. Und sich zwei Sekunden Zeit nehmen, den Winkel zu berechnen. Ein Hoch auf Taschenrechner.

In der Vitrine daneben lag ein goldenes, straußeneigroßes Maschinchen. »Chronomat« stand darunter. »Instrument des Titanen Kronos, auch bekannt als Zeitgott Chronos, Vater von Zeus, Hades und ...« Ich übersprang die Namen. »... die Zeit verändern ...« Wenn das nur ginge! Ich floh, wütend, dass die Zeilen bei mir Herzklopfen geweckt hatten und wie schon lang nicht mehr den Wunsch, ich könne die Zeit verändern. Aber dieses Ding war wahrscheinlich nicht einmal das Messing wert, aus dem es gegossen war.

Dabei wollte ich diese dämlichen Artefakte gar nicht stehlen. Das hatte ich hinter mir gelassen seit und wegen Anabeths Tod. Es war nur alte Gewohnheit und postprofessionelles Interesse, mit dem ich die Sicherheitsvorkehrungen auf Diebstahlmöglichkeiten scannte.

Eine Horde Bälger stürmte an mir vorbei, laut schreiend, und hintendrein ein Mann und eine Frau.

»Kinder, das ist ein Museum, da muss man leise sein!«, brüllte der Mann.

Der Tumult wurde allerdings nur größer. Zwei Bengel knufften sich neben mir. Einer fiel und suchte Halt an meinem Arm. Mein Kaffee ergoss sich auf den Boden. Der Junge prallte gegen den Sockel mit Poseidons Dreizack, der schwankte und Kopf voran in den Kaffeesee stürzte.

Der Stab landete schwer in meiner Hand. Das Metall war … nass? Ich sah auf meine Finger, die plötzlich tropften. Als ich den Dreizack zurück in seine Halterung stellen wollte, folgte meine wässrige Imitation eines Kaffees der Bewegung der Spitze.

Bis nach oben auf den Sockel.

»Die funktionieren ja!«, krächzte ich, während ich nach Atem rang. Ich berührte keinen verschnörkelten Metallstab, sondern ein funktionierendes göttliches Artefakt!

Mit zitternden Händen überreichte ich den Sicherheitsleuten die Waffe und drückte mich an den Rand der Menschenmenge.

Und wenn auch andere echt waren? Wenn der Chronomat funktionierte?

Ich fuhr herum. Er schien mich anzustarren, während meine Armbanduhr lauter und lauter tickte, bis ich keine Stimmen mehr hörte, nur noch klack, klack, klack.

Ich musste es versuchen! Ihn zu stehlen, würde einfacher werden als alles, was ich je gestohlen hatte. Wenn er funktionierte, konnte ich mich aus der Zeit und den Händen der Sicherheitsleute winden. Wenn nicht, dann war mir sowieso alles egal.

Ich hatte Mühe, nicht nervös aufzulachen, als ich an die Vitrine des Chronomaten trat. Vielleicht konnte ich Anabeth retten. Vielleicht konnte ich ihren Tod ungeschehen machen. Vielleicht konnte ich mit diesem unscheinbaren Maschinchen das Zeitgefüge nach meinen Wünschen formen.

Die Aufmerksamkeit aller Umstehenden galt ungeteilt dem Dreizack.

Ich betrachtete den Chronomaten genauer. Er sah aus wie ein riesiges Ei aus Zahnrädern, Schräubchen und Plättchen. Die Seite, die ich für die Vorderseite hielt, zierten auf einem runden Ziffernblatt mehrere Rädchen in kreisförmiger Anordnung. Auf der Mitte jedes Rädchens thronte eine Schraube mit einem Kreis, der auf jedem Rad im Uhrzeigersinn größer wurde. Um jedes Rädchen waren winzige Ziffern eingeritzt, dazwischen jeweils neun Striche – Zehnerschritte also –, um die ersten beiden Rädchen sechs Zahlen, um das dritte vierundzwanzig, um das vierte sieben.

Hier war sie – die Gelegenheit, alles ungeschehen zu machen. Anabeth wiederzusehen ... Anabeth zu retten? Ich spürte meine Finger zucken. Es wäre schlau, heute Abend wiederzukommen. Aber zum Teufel noch eins, ich musste es jetzt versuchen!

Ich lächelte einigen Besuchern freundlich zu, ballte die Hand zur Faust und zerschlug die Scheibe.

Sofort heulte der Alarm auf. Alle Augen im Raum wandten sich zu mir.

Ich ignorierte die paar Splitter in meiner Hand und schloss meine Finger um den Chronomaten. Als ich ihn berührte, lief ein unmerkliches Zittern durch den Apparat – und durch meinen Körper.

Ich drehte die Rädchen, drehte die Zeit um zwei Jahre, neun Monate und zwei Wochen zurück. Das Gerät in meiner Hand vibrierte kaum merklich. Ein seltsames Prickeln wie von tausend Spinnen rann vom

Chronomaten aus über meinen Körper, während Leute auf mich zustürzten.

Ein goldenes Gewebe überzog die Welt um mich herum. Ich sah nach draußen. Die Blätter der Bäume waren mit einem feinen Netz versehen, die Linien ihrer Stämme dick wie Taue, und plötzlich wusste ich von jedem Menschen, jedem Museumsgegenstand, sogar vom Luftzug der Heraneilenden, wie alt er war. Es fühlte sich wie eine Sekunde an, die Zeit aber lief Jahre zurück. Das Netz verblasste, verweilte noch einen Augenblick in einem Hauch vibrierender Bronze, und mir wurde schwarz vor Augen.

***

»Hey Neal, wie wär's mit Aufpassen?«

Ich blinzelte. Über mir wölbte sich die stuckverzierte Decke im Arbeitszimmer des Juweliers. Anabeth stand in dem Raum mit dem Tresor, hatte die Finger und ihr Werkzeug am Geldschrank und sah mich an.

Ich lächelte mühsam. »Ja«, sagte ich heiser.

Dieses Zimmer hatte ich in meiner Erinnerung schon lange nicht mehr so klar gesehen. Eigentlich war alles außer dem erleuchteten Raum mit Anabeth darin in der Dunkelheit des Vergessens verschwunden.

Sie lächelte mich an, strich sich eine dunkle Haarsträhne hinters Ohr und widmete sich wieder ihrer Arbeit.

Dies war keine Erinnerung. Der Chronomat lag schwer in meiner Hand.

Mir wurde eiskalt. Gleich öffnete sie den Tresor, das Zeitschloss sprang an, und die Stahltür zum Tresorraum schlug zu. Ich hatte von außen dagegengehämmert, während der Raum geflutet wurde, gespeist aus den brackigen Wassern des Styx, an dem das Anwesen lag.

Zu Anabeths Triumphlaut sprang der Tresor auf. Das Ticken des Zeitschlosses donnerte durch den Raum. Die Stahltür setzte sich knarrend in Bewegung.

Ich sprang zu Anabeth und riss sie aus dem Raum. Wir hatten es geschafft!

Anabeth kreischte. Ihr Bein war eingeklemmt, zerquetscht zwischen Tür und Wand. Sie verblutete in meinen Armen.

Kein Diamant und kein Gold der Welt waren es wert, ihr so etwas anzutun.

Panisch drehte ich an den Rädchen des Chronomaten.

Beim zweiten Mal riss ich sie in dem Moment zurück, als der Tresor knackte. Die Tür schlug zu. Wir standen ohne Diamanten da.

»Lass uns hier verschwinden, das war viel zu knapp!«, sagte ich und zerrte sie auf die Beine. Wir rannten zum Fenster. Die Sonne ging gerade auf. Anabeth lehnte sich vor und griff nach dem Kletterseil. Irgendetwas passierte, vielleicht wurde sie geblendet … Sie griff daneben und stürzte in die Tiefe, während der goldene Sonnenaufgang sie, mich und den Chronomaten in meiner Hand anstrahlte.

Beim dritten Mal schafften wir es aus dem Haus. Als ich die Hunde hörte, war es zu spät. Der erste sprang Anabeth an die Kehle. Der zweite stürmte auf mich zu. Ich drehte am Chronomaten, als mein Blick auf einen Vogel fiel, der mich mit wachen, goldenen Augen musterte, bevor ich aus der Zeit trat.

Ich versuchte noch neun weitere Male, sie zu retten, und jedes Mal schaffte ich es. Jedes Mal starb sie auf eine andere Weise. Und jedes Mal bemerkte ich Menschen oder Tiere mit seltsamen goldenen Augen, deren Blick mich festhalten wollte, bevor ich den Chronomaten betätigte.

Beim zwölften Mal erwartete die Polizei uns vor dem Haus. Wir hoben die Hände.

»Sie haben Waffen!«, schrie jemand.

Als ich getroffen wurde, sah ich Anabeth zur Seite taumeln und fühlte den warmen roten Regen, der aus den Resten ihres Hinterkopfes sprühte.

Meine Sicht verschwamm, während ich in meiner Manteltasche nach dem Chronomaten tastete und die Rädchen erfühlte, die ich brauchte. Ich spürte das vertraute Klicken.

Eine Gestalt trat in mein Sichtfeld. Es wurde immer dunkler, aber ich sah noch die Augen des Kommissars golden in der Finsternis glühen.

***

Beim dreizehnten Mal lief alles glatt – bis zur Kreuzung vor unserer Wohnung. Anabeth drehte sich zu mir um, ich hörte Reifen quietschen und den feuchten Aufprall. Ich blieb bei ihr, bis die Sanitäter kamen. Obwohl ihre Seele schon gegangen war, empfand ich die Anwesenheit ihres Körpers, oder zumindest die überwiegende Anwesenheit, als tröstlich.

Betäubt sah ich zu, wie sie den Tod feststellten, ihren Körper hochhoben und auf eine Bahre legten. Einer der Sanitäter kam zu mir, ging neben mir in die

Hocke und legte mir die Hand auf die Schulter. Ich beobachtete wie hypnotisiert die Tätowierungen des anderen. Schwarze Muster krochen aus seinen Ärmeln, über seine Handrücken, und ich fühlte mich plötzlich müde, so unendlich müde.

»Mein Freund ...«

Ich sah ihn an.

Seine Stimme war sanft, doch unerbittlich, ebenso wie der Blick seiner seltsamen Augen. Goldene Punkte, Kringel und verschlungene Linien schlossen sich um seine Pupille, griffen perfekt ineinander, schienen sich mit jedem Blinzeln regelmäßig zu drehen. Wie goldene Zahnräder ...

Entsetzt flog mein Blick zu dem anderen Sanitäter, der sich genau in diesem Moment zu mir herumdrehte. Schwarze Linien schlängelten seinen Hals und seine Schläfen empor. In seinen Augen loderten schwarze Flammen. Und als er mir zuzwinkerte, zwischen seinen Lippen ein grausig weißes Lächeln aufklaffte und er die Türen des Krankenwagens öffnete, seufzte mir der Hauch der Unterwelt entgegen.

Kronos drückte meine Schulter. »Hast du es jetzt verstanden?«

Oh ja. Hatte ich.

Sein Sohn Hades hatte Anabeth.

Ich musste sie retten.

Während sie mit ihrer Leiche davonfuhren, fasste ich einen Plan.

Noch einmal drehte ich die Rädchen des Chronomaten zurück. Bis zu dem Tag, an dem Anabeth und ich im Bett lagen, kurz bevor wir uns für den Raub fertig machen wollten. Ich küsste ihr Gesicht, ihren Hals und weiter hinunter. Als sie darauf einging, hob ich ihre Arme, tat so, als wolle ich eine schnelle, harte Nummer, und schloss Handschellen um ihre Handgelenke – und um den Bettgiebel. Zum Abschied gab ich ihr einen Kuss und verließ sie. Ihr Schimpfen begleitete mich aus dem Haus.

Diesmal würde es klappen, diesmal würde sie den Raub überleben.

Als ich mit den Diamanten pfeifend in unsere Straße einbog, sah ich sofort die Feuerwehrautos und den Wasserwerfer. Und die rauchenden Ruinen unseres Hauses, das bis auf die Grundfesten niedergebrannt war.

Neben mir klickte es. Ich fuhr herum.

Kronos lehnte lässig an einer Laterne und zündete sich eine Zigarette an. Es klickte erneut, als er den goldenen ziselierten Deckel des Feuerzeugs schloss. In der Glut des Glimmstängels verschoben sich die Schnörkel ineinander.

»Sieben Tore zur Unterwelt«, sagte er. »Zweimal sieben ist die Zahl der Dämonen.«

Ich floh in die Finsternis einer abgelegenen Spelunke auf dem Hügel, wo ich mich betrank, bis ich nicht mehr wusste, wo oben und unten war. In einer Ecke meiner Kammer fiel ich endlich in einen todesähnlichen Schlummer.

In dieser Nacht hatte ich einen Traum. Ich blickte in ein goldenes Uhrwerk, Federn, die sich dehnten und zusammenzogen, Zahnräder, die ineinandergriffen und sich wieder lösten, Schrauben, deren Schlitz mal senkrecht und mal horizontal stand. Das Uhrwerk entfernte und verlangsamte sich, ein zweites kam in mein

Sichtfeld. Es waren Augen! Augen des Kronos, die meinen Blick gefangen hielten, während ich mir eines hallenden Tickens bewusst wurde, das langsamer und immer langsamer durch meinen Traum dröhnte. Das letzte Klicken erscholl und verhallte.

Kronos lächelte. Er legte der Frau an seiner Seite einen Arm um die Schultern, dessen dunkle Haut mit den verschlungenen schwarzen Ornamenten einen auffälligen Kontrast zu ihrer Alabasterhaut darstellte. Ihre goldenen Locken kringelten sich über die Lyra, die sie auf der Schulter trug. Sie war eine schöne Frau. Ich hätte mich stundenlang an ihrem Anblick ergötzen können, doch mein Blick fiel auf den Gegenstand, den sie in den Händen hielt. Es war ein Würfel aus Metall, seine Seiten mit kunstvollen Verzierungen versehen ... die sich nun drehten, immer schneller, ineinandergriffen, sich auseinanderbewegten, klickten und klackten und langsam den Deckel der Büchse öffneten.

Da erwachte ich schweißgebadet. Neben mir auf dem Nachttischchen schnurrte der Chronomat. Ich schloss beide Hände zur Faust und prügelte schreiend auf ihn ein, bis meine Flüche in Weinen erstickten und ich neben den zerschmetterten Eingeweiden des Chronomaten niedersank.

***

Jetzt sitze ich in der Dunkelheit meiner Kammer. Der Glockenturm schlägt Mitternacht, das Ende dieses Tages. Die dunkelste Stunde. Der Chronomat in meiner Hand steht still. Er wird mir keinen neuen Tag ankündigen. Er glüht, malt Muster in die Lebenslinien meiner Hand, die an den Rändern in der Finsternis versinken.

Es klopft an meiner Tür. Zweimal, mit der Faust.

Ich öffne nicht, zu Eis erstarrt.

Der Chronomat in meiner Hand beginnt zu beben. Die Zahnrädchen, die ich zerbrochen habe, vibrieren aufeinander zu. Die Federn, Schrauben und Metallstifte werden warm, glühend rot, zittern zueinander, verkeilen sich ... und bauen sich selbst zusammen. Diese winzige Maschinerie, die mir so viele ... ach, das einzige Problem beschert hat, das man haben kann: das Ende meiner Zeit.

Das Hämmern an der Tür.

Ich blicke mich um. Götter können die Zeit vielleicht verändern. Ein Mensch aber sollte kein göttliches Artefakt benutzen.

Risse zeigen sich im Holz der Tür, magmarot und sonnenheiß.

Kronos ist gekommen, um mich zu holen. In eine Welt ohne Maschinen. In eine Welt ohne Zeit.

Zahnräder

Anne Danck

Nicht lächeln. Niemandem in die Augen sehen. Nicht auffallen. Weitergehen. Weitergehen.

Jemand stieß ihn im Vorbeigehen grob mit der Schulter an, doch Sam sah nicht einmal auf, hielt den Kopf gesenkt. Die Kameras waren überall, beobachteten ihn, beobachteten sie alle mit glasigen, leeren Augen. Jeden Schritt. Jeden Blick in die falsche Richtung.

Er duckte sich in eine Seitenstraße und ging weiter. Immer weiter. Nicht hochsehen. Nicht auffallen. Nicht schneller werden. Vor allem nicht schneller werden.

Noch eine Seitengasse. Die Wege zwischen den hohen Häusern wurden hier schmaler, menschenleer. Sam wartete, bis ein Lastwagen vorbeifuhr und ihn für einen Moment den Blicken der Kameras entzog. Dann hastete er über die Mauer und ließ sich von den Schatten verschlucken.

Seine Finger waren klamm und fahrig vor Anspannung, als er in dem Spalt nach der prallen Plastiktüte tastete. Den Inhalt – Pullover, Hose, Socken, Schuhe … vor allem die Schuhe – stopfte er in seinen Rucksack. Schon vor Wochen hatte er Bündel wie dieses überall in der Stadt verteilt. Er hatte gedacht, er selbst würde derjenige sein, der sie eines Tages brauchte. Dass er sie für jemand anderen mitnehmen würde, hätte er niemals geglaubt. Er konnte es immer noch kaum glauben. Der Plan war wahnwitzig. Sie *alle* suchten sie. Er hatte nicht die geringste Chance.

Er musste es versuchen.

Auf der anderen Seite des Fabrikgeländes tauchte er wieder auf, fiel zurück in den Trott. Nicht aufsehen. Weitergehen. Weitergehen. Über die Spitzen der Hochhäuser hinweg konnte er den Umriss eines Zeppelins ausmachen, lautlos und gigantisch in seiner Suche nach Auffälligem. Links einbiegen. Rechts einbiegen ... Er stolperte über den Obdachlosen und eine Blechdose schepperte über den Gehweg.

»Verdammt!«

Köpfe schnellten zu ihm herum. Scannten ihn mit den Augen. Vier Passanten von den zwei Dutzend. Die Gesteuerten waren immer die Einzigen, die reagierten.

Vier. In diesem Viertel, zu dieser Uhrzeit war das viel. Sie setzten inzwischen offenbar alle Ressourcen ein, die sie hatten. Er würde noch vorsichtiger sein müssen.

Obst, Wasser, Brot. Sam achtete darauf, nur das zu kaufen, was er auch sonst kaufte. Hielt seine Karte gegen das Lesegerät und verstaute dann alles in seiner Tasche, den Rücken zu den Kameras gedreht. Das Licht der Bildschirme tauchte seine Hände in grelle Farben. Grün, lila, gelb, weiß. Er warf sich den Rucksack wieder über die Schulter und steuerte den Ausgang an.

Es war ihr Gesicht, das ihn innehalten ließ. Groß und lebendig flackerte es über alle Bildschirme gleichzeitig, in der verwackelten Amateuraufnahme von einer Party. Sam kannte es auswendig: Wie sie das Glas zum Trinken ansetzte, dann bemerkte, dass sie gefilmt wurde, und mit der Hand die Linse verdeckte. Wie die Hand weggezogen wurde und man sah, wie sie den Kopf schüttelte und lachte. Wie ein bernsteinfarbener Wasserfall vollzog ihr Haar die Bewegung verspätet nach. Dann – Schnitt –

und das Video der Überwachungskamera einige Wochen später. Emma Vincent, die sich, mager, abgekämpft und barfuß, in einen Seiteneingang und außer Sichtweite der Kameras drückte.

Er hatte diese Fahndungsvideos schon hundertmal gesehen. Sie alle hatten das. Doch erst vor ein paar Tagen war ihm aufgegangen, wirklich aufgegangen, was sie bedeuteten: Sie war der Ausweg. Er würde sie finden. Und er würde ihr helfen – wie verrückt ihr Plan auch sein mochte.

Die Luft war kalt auf der nackten Haut, als Sam sich im zweiten Versteck die alte Kleidung vom Leib schälte und die neue aus einer weiteren Tüte überstreifte. Auch das blaue Wundpflaster über der Platzwunde an seinem Ellenbogen entfernte er. Wer wusste schon, ob der Arzt nicht einen Peilsender darin mitgegeben hatte. Er stopfte alles zusammen zurück unter die lose Steinplatte, zog sich die Kapuze über und griff nach dem Rucksack. Das Aussehen zu wechseln würde ihm bestenfalls Zeit bringen, wenn sie später seine Schritte nachvollzogen. Aber selbst das konnte einen entscheidenden Vorteil bedeuten.

Zurück zwischen den Menschen fiel es ihm schwer, nicht aufzusehen. Nur die Hosen und Schuhe zu mustern – eine löchrige Jeans, eine gemusterte Strumpfhose, eine Sporthose mit hellem Seitenstreifen. Er durfte sich nicht umsehen, ob ihm bereits jemand folgte. Durfte nicht. Dabei war der nun folgende Teil der längste, der gefährlichste seines Vorhabens. Er musste es einmal quer durch die Stadt schaffen, dorthin, wo sich seine ehemalige Schule befand. Und zwei Straßen weiter zu dem verfallenen Bürokomplex, in dem die Mutigsten ihrer Klasse früher geraucht hatten.

Sam war sich sicher, dass sie dort sein musste. Und er war sich auch sicher, dass er nicht der Einzige war, der Emma Vincents Geheimnis lüften konnte. Doch auch er hatte wie alle anderen bisher den Kopf gesenkt und war ohne zu sehen weitergegangen. Bis vor ein paar Tagen. Bis er es einfach nicht länger hatte aushalten können.

Barfuß. Sam wusste nicht, warum, doch es war dieses Detail, das ihn am meisten beschäftigte. Er hoffte, sie würde noch leben, wenn er ankam.

Sie war schon damals in ihrer Klasse die Beste in Datenverschlüsselung gewesen. Wenn sie jetzt untergetaucht war, dann konnte es gar nichts anderes bedeuten, als dass sie die alles entscheidende Information herausbekommen hatte: wie man aus dieser Stadt herauskam. Doch allein würde sie es nicht schaffen. Sie brauchte Sam, seine Reflexe und Kondition. Sie brauchte jemanden, der das Handeln übernahm, wenn es darauf ankam. Jemanden, der –

Das durchdringende Hupen eines Wagens neben ihm ließ Sam zusammenfahren. Er sah sich um. Ein Mann fluchte und rannte über die Straße, bevor der Wagen weiterfuhr. Mit Sam zusammen blickten sieben andere.

Sieben.

Es war zu erwarten gewesen, in diesem belebteren Stadtteil. Trotzdem ließ es Sams Herz schneller schlagen, als er weiterging. Wenn er nur einem von ihnen zu nahe kam ... Es brauchte nur so wenig. Eine Spritze, ungesehen, durch den Stoff seines Pullovers in seinen Arm. Innerhalb weniger Stunden wäre das Virus durch sein Blut in sein Gehirn gelangt und dann ... Dann würde er auch einer von ihnen sein. Ein Gesteuerter. Einer, der nur noch das eine Ziel kannte, welches das Virus ihm ins Gehirn gesetzt hatte.

Und Emma Vincent wäre nicht mehr sicher.

Er stand an der Ampel, als er in der Fensterscheibe gegenüber die Frau schräg hinter sich bemerkte. Mit schwarzen, kinnlangen Haaren und Sportjacke. Die Ampel sprang um und er ließ sich zurückfallen, um einen Blick auf ihre Beine werfen zu können. Die Jogginghose mit den hellen Seitenstreifen bestätigte ihm seine Vorahnung.

Er hatte sie schon ein paar Häuserblocks zuvor gesehen.

Statt über die Straße zu gehen, kniete er sich hin und band sich die Schuhe neu. Wartete gerade lange genug, bis die Ampel wieder auf Rot sprang und sie sich auf der anderen Straßenseite befand. Dann drehte er sich um und verschwand in einer Seitengasse.

In seiner Brust hämmerte es, seine Hände waren klamm. Nicht aufsehen. Nicht rennen. Nach rechts. Sie würde sich an seine Fersen heften, ohne Zweifel. Ihm blieb nicht viel Zeit. Er schob sich zwischen zwei Absperrgittern hindurch und duckte sich in die Schatten des nächsten Hauseingangs. Hastig zog er den Pullover aus und verstaute ihn in seinem Rucksack. Quer über den Parkplatz und von dort aus auf die nächste Hauptstraße. In den Strom der Passanten und in das nächste Einkaufszentrum hinein. Die überfüllten Rolltreppen hinunter, durch Läden hindurch und aus einem Seiteneingang wieder hinaus, nach oben ins graue Tageslicht. An der Straßenecke verharrte Sam für einige Sekunden, ob die Tür auch seine Verfolgerin ausspuckte ...

Und atmete auf.

Er strich sich die Handflächen an der Hose trocken und ging weiter. Keine Fehler. Er konnte sich keinen einzigen leisten. Es gab nur diesen einen Versuch. Und sollte er scheitern –

Da war sie wieder, die Frau. Sie kam von links aus einer Seitenstraße, so als hätte sie die ganze Zeit gewusst, dass er hier vorbeigehen würde. Wie war das möglich?

Er machte auf der Stelle kehrt.

Abschütteln, ein weiteres Mal. Nach links. Geradeaus. Nach rechts. In einen U-Bahnhof hinein und auf der anderen Seite ohne einzusteigen wieder heraus. Die Treppenstufen der Brücke über die Schnellstrecke hinauf. Ein kurzer Blick über die Schulter, um sicherzugehen, dass der große Bildschirm am Eingang jede Sicht eines Verfolgers auf ihn versperrte. Dann schwang er sich übers Geländer.

Die Hände fest um die Eisenstangen geklammert, die Füße baumelnd im Nichts, wartete er. Wartete. Wartete endlos, Schultern und Finger schmerzend.

Bis ihre Sportschuhe über die Schlitze über ihm hinwegliefen.

Die Schuhe.

Und Emma Vincent war barfuß.

Sam verfluchte sich selbst. Mühsam hievte er sich wieder zum Geländer hoch und zurück auf den Brückenboden. Dann zerrte er, so schnell es seine schmerzenden, zittrigen Finger vermochten, die eigenen Schuhe von den Füßen und das zweite Paar aus seinem Rucksack. Vermutlich war es der Druck beim Auftreten, der den Transmittern in den Sohlen genug Energie zum Senden gab. Er warf beide Schuhpaare hinab auf die Schnellstrecke. Mochten sie sich selbst einen Reim darauf machen.

Er war jetzt frei.

Seine Fußsohlen waren wund, als er endlich in der Parallelstraße seiner ehemaligen Schule ankam. Die Kameras in diesem Teil der Stadt waren noch immer spärlich und auf das Geschehen auf den Bürgersteigen fokussiert. Nach einem kurzen Blick zum Himmel – kein Zeppelin – stieg Sam über die nächste Mülltonne auf eines der flacheren Dächer und arbeitete sich dort weiter vor. Von oben konnte er einige Passanten unten auf dem Fußweg sehen, doch keiner blickte hoch, als er so wie früher durch eines der zerbrochenen Fenster in das verlassene Bürogebäude stieg.

Innen war es vergleichsweise dunkel und still. Der glatte Linoleumboden war wie Watte für seine geschundenen Füße. Auf dem Weg nach unten nahm er immer zwei Stufen auf einmal. Er hatte es fast geschafft. Fast.

Sie hatte die Tür nicht verriegelt. Er konnte sie einfach aufziehen. Und da saß sie. In zwei Decken gewickelt in einer Ecke, starrte auf einen flackernden, mit weißen Zeichen übersäten Bildschirm und löffelte Tütensuppe aus einer Schüssel. Um sie herum waren Berge unbedeutenden Besitztums aufgetürmt, leere Dosen, alte Kleidung.

Abrupt wandte sie den Kopf und sah zu ihm auf. Mit einem schrillen Scheppern landete die Schüssel auf dem Boden, heiße Flüssigkeit und Nudeln ergossen sich über das Linoleum.

»Alles gut, alles gut.« Beschwichtigend hob Sam die Hände. »Ich bin keine der blinden Maschinen. Ich werde dich nicht –«

In ihrer Panik versuchte sie aufzuspringen, um vor ihm zu flüchten, doch die Decken verwickelten sich um ihre Beine. Mit einem Keuchen stürzte sie wieder zu Boden. Sie war eine Hackerin, keine Kämpferin. Dafür brauchte sie ihn.

»Emma. Ich bin hier, um dir zu helfen. Ich will mich dir anschließen und nicht –«

»Was war mein Fehler?« Ihre Stimme war so brüchig als hätte sie seit Tagen, vielleicht Wochen mit niemandem mehr gesprochen. »Wie hast du mich gefunden?«

»Das war das geringste Problem, wirklich. Hierher zu kommen, ohne jemanden auf deine Fährte zu locken dagegen ... Das wäre beinahe schief gegangen.«

»Aber – das Versteck –«

Sam zuckte die Schultern. »Aus unserer Klassenstufe wussten doch eigentlich alle, wohin man zum Rauchen am besten verschwindet. An deiner Stelle wäre ich auch als Erstes hierhergekommen.«

Anstatt sich von seinen Worten beruhigen zu lassen, unternahm sie einen weiteren, sichtlich verzweifelten Versuch, ihre Beine aus den Decken zu befreien.

Sam verstand sie nicht. »Ernsthaft, du brauchst keine Angst haben«, erklärte er ihr. »Ich habe meine Schritte verwischt. Ich habe meine Schuhe ausgezogen. Du bist hier immer noch genauso ...«

Sicher, hatte er sagen wollen.

Doch da hörte er bereits die quietschenden Schritte im Treppenhaus.

Sie trugen nicht einmal schwere Schutzuniformen oder vollautomatische Waffen. Nur einer von ihnen, anscheinend der Einsatzleiter, nickte Sam kurz zu, bevor sie an ihm vorbei direkt zur Gesuchten marschierten. Zwei der Männer packten die zappelnde Emma

Vincent an den Armen und zogen sie hoch. Und Sam verstand noch weniger. Wie hatten sie sie gefunden? Hatte er doch etwas übersehen? Fassungslos beobachtete Sam, wie der Anführer Emma Vincent einen winzigen Stich in den Finger setzte und dann ein Pflaster darauf klebte.

Es war vom selben Blau wie das, das auch er an seinem Arm getragen hatte.

Feuerfunken

Anna Eichenbach

Tapfer flackerte das Flämmchen des Talglichts, das bereits bis auf Daumenbreite heruntergebrannt war, gegen das Erlöschen an. Minh unterdrückte ein Gähnen, während sie mit einer langen Pinzette Steinsplitter aus einem Metallkasten fischte, der vor ihr auf dem Tisch stand. Über die Arbeitsfläche ergossen sich Schrauben und Zahnräder in allen nur erdenklichen Größen, lagen Skizzen und Pläne ausgebreitet. Es grenzte an ein Wunder, dass das Mädchen den Überblick in dem Chaos behielt.

Vorsichtig zog Minh die Hand zurück, darauf bedacht, sich nicht an den scharfen Rändern des Loches zu schneiden, das faustgroß in der Kiste klaffte. Prüfend drehte sie den blassroten Steinsplitter, der zwischen dem Mechanismus klemmte, hin und her.

Schade um die Herzjade.

Es gab nur einen einzigen Edelstein auf der Welt, der stark genug war, das *Gottesfeuer* zu speichern – das besondere Geschenk an die Priesterschaft des Drachenköpfigen, das mechanischen Dingen Leben einzuhauchen vermochte. Wenn Minh Pech hatte, musste sie versuchen, die Bruchstücke mit ihrer Fähigkeit wieder zu einem Stein zusammenzufügen – eine schwierige, langwierige Prozedur.

Ihr Blick glitt über die Einzelteile der Apparatur, die – fein säuberlich unter Tuch verborgen – nebeneinander an der Wand lehnten. Sie warteten nur darauf, von dem

Mädchen mit den geschickten Fingern repariert und neu zusammengesetzt zu werden. Doch ohne ein geeignet großes Stück Herzjade konnte selbst Minh die Maschine nicht zum Laufen bringen.

Das Licht eines heranbrechenden Tages sickerte durch das hohe Bogenfenster, verriet ihr, dass sie erneut die ganze Nacht in der Werkstatt verbracht hatte, ohne der Fertigstellung ihres Auftrags näher zu kommen.

Seufzend legte Minh die Pinzette aus der Hand, strich die schmutzige Lederschürze glatt und trat ans Fenster. Nebel hing über den Bergen, ein dichter Schleier, der das im Tal gelegene Dorf und die Welt ihren Blicken entzog, der Erinnerungen verbarg, bis ihm die Sonnenstrahlen nach und nach seine Geheimnisse entrissen.

Minh schlang die Arme um den Leib, sog die kühle Luft des Morgens ein, die in ihren Lungen brannte. Der schwere, würzige Duft der blühenden Feuerfunkenbäume weckte alte Erinnerungen. Erinnerungen an eben jenen Tag, an dem man sie hierhergebracht, sie zur Einsamen von Gon Da erwählt hatte.

Gon Da leuchtete. Bunte Wimpel spannten sich von Giebel zu Giebel, strahlten rot und golden in der Spätsommersonne. Trotz ihrer prächtigen Farben schienen sie kläglich blass verglichen mit den Funkenbäumen, die sich in ihr schönstes Laubgewand kleideten. Tiefrot funkelten ihre wogenden Blätter. Einer Verheißung gleich lag der würzige Geruch ihrer Blüten in der Luft, füllte die Gemüter mit Leichtigkeit. Menschen in bunten Gewändern säumten die Straßen, belebten sie mit Lachen und Musik.

Als gäbe es keinen Platz für Traurigkeit an einem Tag wie diesem, *sinnierte Minh.*

Gongschläge trieben im Wind, untermalt vom stampfenden Rhythmus schwerer Trommeln, die immer lauter wurden. Sie ließen Minhs Herz flattern, als wäre es ein Schmetterling, der sich erheben und mit den Sonnenstrahlen tanzen wollte.

»Ganz schön ungeduldig für jemanden, der sonst stundenlang die filigransten Zahnräder in die winzigsten Apparaturen einsetzt«, bemerkte eine amüsierte Stimme zu ihrer Rechten.

»Das ist etwas anderes«, entgegnete das Mädchen entschieden und strich sich eine Strähne hinters Ohr.

»Ach ja?« Lao musterte sie, seine braunen Augen blitzten.

»Das Feuerfunkenfest zu Ehren des Drachenköpfigen gibt es eben nur einmal im Jahr«, erklärte sie und wandte rasch das Gesicht ab, als sie die Hitze bemerkte, die in ihre Wangen kroch.

In Vaters Werkstatt, wenn sie ihre Werkzeuge in der Nähe wusste, kostete es sie kaum Überwindung, mit Lao zu reden.

Mit Maschinen umzugehen ist leichter als mit Menschen. Verletzte Gefühle, gekränkten Stolz repariert man nicht einfach, indem man ein paar Schrauben nachzieht.

Jubel brandete auf, gab ihr keine Gelegenheit, sich weiter darüber den Kopf zu zerbrechen. Ein großgewachsener Priester bog auf die Straße. In der Hand hielt er einen gewundenen Stab, auf dem ein Drachenkopf aus massivem Gold thronte. Der Priester drehte das Haupt des Drachen abwechselnd nach links und rechts, so dass es schien, als musterten die Rubinaugen des Götterbilds die Menschen zu beiden Seiten des Weges.

Weitere Gottesdiener folgten ihm, gehüllt in fließende Gewänder, feurig rot. Sie trugen Goldschalen mit Getreide und Obst – Zeichen der reichen Ernte, die der Feurige ihnen auch in diesem Jahr beschert hatte. Heute, am Feuerfunkenfest, würde der Einsame sie und andere Gaben zu Ehren des drachenköpfigen Gottes opfern. Die Bewohner Gon Das und der umliegenden Gebiete entzündeten Freudenfeuer, sangen und tanzten, um den Sommer zu verabschieden, der dem Herbst wich. Der Winter würde mit Dunkelheit und Kälte folgen. Die Zeit, in der die Welt in Schlaf sank – solange, bis der Feurige, der Gott der Fruchtbarkeit und Erneuerung, sie im Frühjahr wiedererweckte.

Minh legte ihre Hände zu Flügeln aneinander, als der Blick der Rubinaugen über sie hinwegglitt. Stampfen und Schnaufen hallten von den Hauswänden wider, kündigten die Dampfrösser schon von Weitem an. Bald darauf bogen sie auf die Straße ein, vier prächtige, etwa türhohe Pferde mit einer Haut aus glänzendem Gold. Dampf wallte aus ihren Nüstern, und auch aus der Ferne sah man das Glimmen der Kohlen hinter ihren dunklen Augenscheiben.

Sie zogen eine offene Kutsche, auf der ein Mann mit einer Krone aus Funkenbaumlaub saß. Eine Robe floss über seine überkreuzten Beine, seine Miene war ruhig. Der Blick seiner ernsten Augen ging in die Weite, über die Köpfe der Menge hinweg.

Der Einsame. Hüter des Tempels von Gon Da. Einer der wenigen Sterblichen, denen es vergönnt war, den Gott der Erneuerung und der Fruchtbarkeit von Angesicht zu Angesicht zu sehen. Ein ohrenbetäubendes Rauschen erhob sich in den Bergwäldern, dass sich die Bäume nur so bogen ...

Ab da verschwammen Minhs Erinnerungen zu einem Strudel aus Eindrücken, Bildern und Empfindungen, von denen sie kaum mehr als Fetzen zu fassen bekam. Rufe, die laut wurden, von vielen Kehlen aufgenommen. Ein Brüllen, das sie bis ins Mark entsetzte. Lodernde Flammen. Ein Schatten, der über Gon Da hinwegzog. Flügel, hauchdünn, doch schluckten sie das Tageslicht. Lao, der sie im Gedränge an sich zog.

Die Worte des Einsamen, gesprochen mit feierlicher Erhabenheit – und Mitleid. Mitleid mit dem Schicksal des Mädchens, dessen Leben sich von nun an änderte: *Der Feurige hat sich uns offenbart. Von jetzt an soll dieses Mädchen als seine erste Dienerin gelten – als die Einsame von Gon Da.*

Ein eisiger Schauder rann über ihren Rücken. Die Erwählte des Feurigen zu sein war ein Privileg, das nicht vielen zuteilwurde. Nach sieben Jahren im Tempel, den nur sie ihr Zuhause nannte, wusste Minh auch, dass dieses Amt vor allem eins bedeutete: Verzicht. Verzicht auf das Leben, das sie bislang geführt hatte. Verzicht auf ihre Freunde, ihre Familie. Einzig der Kontakt zum Feurigen und seinen Priestern war ihr gestattet. Diesen Gehorsam hatte sie schmerzlich lernen müssen.

Die Sonne stieg höher, ihre Strahlen tasteten sich langsam den Berg herauf, zupften an den Nebelschleiern, doch zögerten, diese zu lüften. Da lag noch ein anderer Geruch in der Morgenluft. Bitter und rauchig hinterließ er den Geschmack hilfloser Wut auf Minhs Zunge.

Der Einsamen steht es nicht zu, sich am Weltlichen festzuhalten. Löse alle Verbindungen, vergiss dein früheres Leben, Minh, hatten sie beim ersten Mal erklärt.

Sie hatte daraus gelernt, war vorsichtiger geworden. Doch selbst der Einsamen von Gon Da, der ersten Dienerin des Drachenköpfigen, gelang es nicht, von der Vergangenheit zu lassen. Zum letzten Mal waren sie vor drei Monden gekommen, der alte Einsame und eine Schar Priester, um sie für ihre Verfehlungen zu strafen.

Der Feurige duldet es nicht, wenn du dich heimlich davonstiehlst, um einen Sterblichen zu sehen.

Wir haben dich oft genug zum Gehorsam ermahnt, Einsame Minh. Wer den Zorn des Feurigen weckt, der muss büßen.

Ein Grollen wie Donner hallte von den Berghängen wider, als sich der Gott auf Drachenschwingen in die Dunkelheit erhob. Als die Flammen noch immer an den Sternen leckten, waren die Priester längst schon fortgezogen. Minh hatte auf dem Boden gesessen, von stummen Schluchzern geschüttelt in die flammende Nacht gestarrt, während sich der Klang der Gongschläge allmählich in der Ferne verlor.

Es war allein ihre Schuld.

Sie hatte den Zorn des Feurigen geweckt.

Und es war an anderen, an Unschuldigen, für ihre Verfehlung zu büßen.

Minh schüttelte sich, versuchte, mit den Erinnerungen auch ihre Gefühle abzuschütteln. Tief atmete sie den Blütenduft.

Nicht mehr lang bis zum Feuerfunkenfest. Mir bleibt kaum noch Zeit für meine Reparaturen.

»Minh?«

Sie fuhr herum. Ihr Herz blieb stehen, als sie sah, wie jemand die Türklinke heruntergedrückte. Ein Glück, dass sie die Werkstatt abgeschlossen hatte. »Bist du hier drin?«

»Ja ... ja, bin ich«, beeilte sie sich zu sagen, schnappte sich ein Tuch und breitete es über ihren Arbeitstisch.

»Dachte ich mir«, klang es gedämpft und amüsiert von der anderen Seite der Tür. »Ich habe Tee gekocht. Vielleicht könnten wir im Säulengang ... Der Morgen verspricht, schön zu werden.«

Ein Lächeln umspielte Minhs Mundwinkel, als sie den Schlüssel herumdrehte. Rasch schob sie sich an Lao vorbei, zog die Tür hinter sich zu und schloss ab.

»Ganz schön geheimniskrämerisch«, bemerkte Lao mit einem matten Lächeln, das seine Enttäuschung nur schwer zu überspielen vermochte.

»Eine Tasse Tee bei Sonnenaufgang klingt gut«, wechselte Minh rasch das Thema. Sie schenkte ihrem Freund ein Lächeln, auch wenn es augenblicklich auf ihren Lippen erlöschen mochte. Immer dann, wenn sie die Verbände sah, die seine linke Körperhälfte verhüllten. Die Brandnarben auf seiner Wange, das versengte Haar: Sie alle versetzen ihr einen Stich ins Herz.

Goldenes Morgenlicht flutete die verschlafene Tempelanlage, als sie sich in den Säulengang lehnten. Lao hatte alles vorbereitet: eine Kanne dampfenden Tees, Beeren, Nüsse und ein bisschen Brot. Ein Vogel hüpfte neugierig näher, legte den Kopf schief und sah sie aus blassroten Steinaugen an.

»Unglaublich«, murmelte Lao fasziniert, als der mechanische Vogel auf einen Stein hüpfte und zu singen begann. »Das alles funktioniert mit einem Stein?«

»Mit Herzjade, ja. Jeder Priester des Drachenköpfigen verfügt über die Gabe Seines Feuers, das er in die Herzjade einspeisen kann. Es erfordert große Konzentration, um den beseelten Apparaturen einzugeben, wohin sie sich bewegen sollen.« Lao nickte, als Minh ergänzte: »So funktionieren auch die Dampffrösser.«

»Angenommen, ihr würdet eine riesige Maschine schaffen wollen: Bräuchtet ihr dann mehrere Priester, um sie zu steuern?«

Minh nickte.

»Kleine Wunder, die du da erschaffst.« Lao schüttelte verzückt den Kopf. Der Glanz in seinen Augen brachte Minh zum Lächeln, machte ihr Herz leichter.

»Ich habe ja auch mehr als genug Zeit hier oben.«

»Das stimmt.« Ein Schatten huschte über sein Gesicht und Minh verfluchte sich stumm, ihre Worte nicht bedächtiger gewählt zu haben.

Die Arbeit an den Maschinen war das einzige, das ihr aus ihrem alten Leben geblieben war. Das Mädchen wusste mittlerweile, dass es ihr Talent als Ingenieurin war, was den Gott dazu gebracht hatte, sie zur neuen Einsamen zu erwählen – eine Ehre, auf die sie gern verzichtet hätte.

»Hätte nicht gedacht, dass bei den Priestern so viele Reparaturen anfallen.«

Minh schnaubte. »Das tun sie auch nicht. Aber ich kümmere mich auch um die Tempelanlage – ganz allein.«

»Und trotzdem hast du dich die vergangenen Nächte über in der Werkstatt eingeschlossen. Was gibt es denn so Geheimes, dass du es nicht mal einem alten Freund wie mir zeigst?«

»Vorbereitungen für das Feuerfunkenfest«, erklärte sie und wich seinem Blick aus.

Laos Lächeln erstarb. Mit dem Feuerfunkenfest würden die Priester zum Tempel kommen – und Lao gehen müssen.

Sie sprachen nicht darüber, was an jenem Morgen vor gut drei Monden geschehen war, als Minh bei Morgengrauen in die Wälder ging, um nachzusehen, welche Verwüstung der Feurige diesmal angerichtet hatte. Ihre Ahnung führte sie zum uralten Funkenbaum, dem größten in diesen Bergen. Ihr Versteck, in dem sie die Spielzeuge, die sie in der Einsamkeit der Tempelanlage herstellte, verbarg, damit Lao sie mit nach Gon Da nahm und ihr im Gegenzug Nachrichten von Freunden und Familie daließ.

Dort hatte sie Lao entdeckt. Von den Flammen gezeichnet. Mehr tot als lebendig.

Minh blinzelte gegen die Tränen an, die der Erinnerung folgten. Sie hatte um sein Leben gekämpft, bei Tag und Nacht an seinem Bett gewacht – und darüber die für das Fest und die Priesterschaft so wichtige Reparatur vernachlässigt.

Ohne dich, meldete sich eine Stimme in ihrem Innern zu Wort, *wäre er gar nicht in diese Lage gekommen. Um ein Haar hättest du ihn das Leben gekostet.*

Sie ballte die Hände zu Fäusten. Der Feurige mochte sie und alle Menschen schützen, gütig und friedliebend sein. Er mochte ihnen Hoffnung geben, Schutz gewähren. Doch wenn sie gegen ihn frevelten, seinen glühenden Zorn weckten, dann strafte er sie, brachte Asche und Zerstörung über seine Anhänger, damit sie aus den Trümmern neu beginnen konnten.

Herzjade. Gut, dass noch vier Dampffrösser in den Ställen standen, obwohl deren metallene Hüllen von Rost zerfressen waren. Ihre Herzjade befand sich in einwandfreiem Zustand. Minh müsste sie nur mit Kabeln verbinden, damit ihre Kraft ausreichte, die Apparatur anzutreiben. Bis zum Feuerfunkenfest blieb ihr für diese Arbeit noch genug Zeit.

Vielleicht könnte sie sich die Nachtschicht heute sparen, stattdessen mit Lao in Erinnerungen schwelgen. Das Leben schien ihr in seiner Nähe bunter, ihre Bürde leichter. Sie genoss die Zeit, die sie zusammen verbrachten, auch wenn sie wusste, dass sie teuer erkauft war.

Minh hielt inne, als sie die Tür zur Werkstatt angelehnt vorfand. Sie war nicht lange weg gewesen, hatte deshalb nicht abgeschlossen.

Nur der Wind.

Dennoch pochte ihr Herz unbändig, als sie eintrat. Um ein Haar entglitt die kostbare Herzjade ihren Fingern, als sie Lao in der Werkstatt sah. Seine Schultern bebten, in der Hand hielt er das Tuch, betrachtete den riesigen Drachenkopf, der vor ihm lag.

Leise legte Minh die Steine beiseite.

»Lao?« Sanft berührte sie ihn an der Schulter, doch er zuckte zurück.

»Sag mir bitte, dass das nicht wahr ist«, wisperte er tonlos. Sein Blick wanderte über ihr Gesicht, suchte an ihren Regungen abzulesen, ob er nur träumte. »Der Feurige unser Gott! – ist ... ist ...«

Er versetzte dem Brustpanzer, in dem ein kopfgroßes Loch klaffte, einen Tritt, dass es nur so schepperte.

Minh wusste genau, wie er sich fühlte. Erinnerte sich an die Wut, die Fassungslosigkeit, die sie ergriffen hatte, als sie herausfand, dass die Bewohner Gon Das Jahre, Jahrhunderte lang einer Lüge aufgesessen waren. Dass Minh einer Hülle diente, von den Priestern mit Geschichten gefüllt, um den Menschen Hoffnung zu geben. Etwas, das größer war als sie, zu dem sie aufschauen konnten. Etwas, auf das sie vertrauten, aller Grausamkeiten zum Trotz.

»Der Feurige ist eine Maschine, ja.«

Der Uhrmacher und das Leben

Gabriel Maier

Unzählige Uhren warfen ihr Ticken und Scharren von den Wänden der kleinen Werkstatt herunter. Sie betteten Meister Darius in ein chaotisches Konzert aus mechanischen Geräuschen. Bei einigen konnte er das Schleifen eines verrauchten Lagers heraushören. Bei anderen vernahm er den fehlerhaften Druck einer schlecht eingestellten Feder. Dennoch war diese Geräuschkulisse für ihn in keiner Weise störend. Hoch konzentriert saß er mit einer ins Auge geniffenen Lupe an seiner Werkbank und beugte sich über die Einzelteile einer Taschenuhr. Akribisch setzte er alles wieder zusammen, legte Rubine in die Lager, spannte Federn und verschraubte schließlich das Gehäuse.

»Mit euch Uhren ist es wie im Leben auch«, stellte er fest, als er einen Blick auf die Zeiger warf. »Die Kleinsten machen die größte Mühe.«

Gerade als er den Deckel der Uhr zuklappte, klopfte es an seiner Tür. Bevor er antworten konnte, wurde sie geöffnet und ein kühler Windstoß fegte ein paar Blätter herein. Sogleich erschien ein Mann in einer dunkelgrauen Robe, die das Ordenssymbol der *Bewahrer* trug. Als er eintrat, schlug er seine Kapuze zurück.

»Bruder Quirin?« Meister Darius legte die Taschenuhr beiseite. »Was verschafft mir zu dieser späten Stunde noch die Ehre?«

»Ich habe keine guten Nachrichten, mein Freund.« Die Stimme des Besuchers fuhr ebenso rau in die Stube hinein wie die kalte Herbstluft. »Die Zitadelle von Draga ist wieder in Betrieb.«

Meister Darius nahm die Lupe aus dem Auge und sah den Ordensbruder erschrocken an. »Seid Ihr sicher?«

»Unsere Begnadeten spürten den Bruch der Versiegelung vor etwa einer Stunde«, erläuterte Bruder Quirin. »Ohne Zweifel ist die Hexe von Draga ihrem Bannfluch entkommen. Sie ist wieder in die Zitadelle eingezogen und hat die Maschinerie in Gang gesetzt. Wenn wir nicht schnell reagieren, strömen bald erneut mechanische Bestien über das Land. Ihr seid der Einzige, der imstande ist, den Weg durch die Zitadelle zu finden, mein Freund. Ich habe vier entschlossene Landsknechte dabei, die bereit sind, der Hexe entgegenzutreten. Führt diese Männer zur ihr, damit sie unschädlich gemacht werden kann. Die Zeit drängt bereits.«

Meister Darius nickte zustimmend. Er schlüpfte in seine alte Weste und griff nach dem Koffer mit seinem Uhrmacherwerkzeug.

Jan holte genervt Luft. Eigentlich hätte sie der alte Fischer den Fluss hinaufbringen sollen. Nun beharrte er aber stur darauf, sein Boot wäre mit fünf Passagieren überladen und würde untergehen.

»Wenn das Boot für uns alle nicht groß genug ist, dann lassen wir doch den Uhrmacher hier!«, rief Erik. Er positionierte sich gegenüber dem kleineren Handwerker und stemmte die Hände in die Hüften. »Ich verstehe ohnehin nicht, weshalb wir ihn mitschleppen.«

Wütend drehte sich Jan um. »Meister Darius ist hier, weil ihn der Orden der Bewahrer für wichtig hält.«

»Er wird uns nur unnötig behindern.« Erik gab nicht nach. »Am Ende wird er verletzt und dann wird alles noch verzwickter für uns.«

»Jan, er hat recht«, mischte Olaf sich ein. »Ein Zivilist stellt immer ein gewisses Risiko dar. Er hat keine Kampferfahrung. Wir wissen nicht, wie er sich verhält, sobald wir das erste Mal ...«

»Schluss damit!« Jan funkelte einen nach dem anderen zornig an. »Wir haben schon genug Komplikationen und werden uns nicht auch noch gegen den Willen der Bewahrer stellen.« Er widmete sich wieder dem alten Fischer, der mit stoischer Miene und unverständlichem Nuscheln alle Verhandlungsversuche abwiegelte.

»Pah!«, machte Erik abfällig. »Wir versuchen eine Hexe zur Strecke zu bringen. Dafür sollten wir mit einer Armee bei der Zitadelle auftauchen und alles in Schutt und Asche legen. Stattdessen geleiten wir einen Handwerker dorthin.«

»Man kann die Zitadelle von Draga nicht einfach vernichten«, entgegnete Meister Darius ruhig. Da er bislang noch kein Wort verloren hatte, sahen ihn die Landsknechte verwundert an. »Es gibt einen Zauber, der sie vor der Zerstörung schützt. Und bis eine Armee durch diese Schluchten hindurch dort ankäme, wäre ohnehin bereits alles zu spät.«

Trotzig baute sich Erik vor dem kleineren Mann auf und verschränkte die Arme. »Dann nehmen *wir* uns eben die Hexe vor. Ich werde ihr den Schädel abschlagen und in die Heiligen Hallen von Broog bringen, damit sie nie wieder Unheil anrichten kann.« Überheblich tätschelte er den Metalltornister, den er mitgenommen hatte, um den Kopf der Hexe zu transportieren.

»Genau dies ist der Plan«, erwiderte der Uhrmacher. Mit seiner Arbeitskleidung und seiner kleinen Statur wirkte er gegenüber dem hünenhaften Krieger wie ein Heinzelmann. »Aber ihr werdet ohne mich nicht weit kommen. Die Zitadelle von Draga ist mehr als nur das Nest der Hexe. In ihrem Inneren befindet sich eine Apparatur, die unablässig bestialische Kriegsmaschinen produziert. Nur noch wenige Tage und diese Gerätschaften des Todes überströmen das ganze Land.«

»Und Ihr seid hier, um diese Apparatur wieder anzuhalten, Uhrmacher?«, wollte Olaf wissen.

»Nein«, antwortete Meister Darius. »Ich bin hier, um euch zum Profanum zu bringen. Das ist der Raum, in dem sich die Hexe aufhält. Mit ihrer arkanen Energie hält sie von dort aus die Maschinerie am Laufen. Um dorthin zu kommen, muss man sich einen Weg durch dieses gigantische Räderwerk suchen. Und ich bin einer der wenigen, welche die Fähigkeit dazu besitzen.«

Erik schnaubte verächtlich. »Na, dann hoffe ich, dass Ihr nicht beim ersten Anzeichen einer Gefahr das Weite sucht.«

»Ich weiß, Ihr Krieger denkt, einer wie ich ist bei diesem Unterfangen nur ein Klotz am Bein«, entgegnete Meister Darius. »Aber lasst mich Euch versichern, dass ich bei dieser Sache meinen Wert haben werde.«

»Tja, es bleibt aber immer noch das Problem, dass offenbar unser Boot zu klein für alle ist«, merkte Olaf an.

Meister Darius lächelte. »Ich werde gleich mal sehen, ob ich hier bereits helfen kann.« Er ging zu Jan und dem alten Fischer. Dabei holte er ein kleines Ledersäckchen aus seinem Koffer hervor und reichte es dem Bootsbesitzer. Als dieser es öffnete und die Nase hineinsteckte, blitzte ein Funkeln in seinen Augen auf. Schlagartig verbesserte sich seine Laune und mit einer einladenden Handbewegung bat er die Männer auf sein Gefährt.

»Was habt Ihr ihm gegeben, Meister Darius?«, fragte Jan verwirrt.

»Nun«, erklärte der Uhrmacher. »Im Leben ist es häufig wie mit einem Uhrwerk – ein paar Rubine hier und da reduzieren die Reibung erheblich.«

Schroffer Wind pfiff um die Ecken, als die stählernen Wände der Zitadelle schwarz vor ihnen auftragten. Der Uhrmacher legte eine Hand auf das Metall. Er konnte spüren, wie das Getriebe der Maschinerie dahinter arbeitete. Noch war keine der mechanischen Bestien fertig zusammengesetzt worden. Das bedeutete, dass sie ihre Klingen bis zum Profanum stecken lassen konnten.

Als er sich der Gruppe zuwandte, kniete Veit gerade vor einer Seitentür nieder. Er begutachtete das Schloss und holte aus seiner Tasche einen Satz Dietriche heraus.

»Dazu würde ich nicht raten«, sagte Meister Darius im Näherkommen.

Der junge Landsknecht warf ihm einen skeptischen Blick zu und hob eine Augenbraue. »Ich habe Erfahrung damit«, widersprach er. »Der Mechanismus ist simpel.«

»Ja, aber habt Ihr auch die Druckfeder rechts oben bemerkt?«, fragte der Uhrmacher. »Wenn sie beim Öffnen nicht zurückgehalten wird, schießt Euch eine Nadel in die Hand. Sie ist vermutlich mit einem Gift bestrichen, das in wenigen Augenblicken zum Tod führt.«

Veit wich entsetzt zurück.

»Könnt Ihr es trotzdem öffnen, Meister Darius?«, fragte Jan.

Statt zu antworten, nahm der Uhrmacher die Dietriche und widmete sich dem Schloss. Nur einen Augenblick später sprang die Tür auf.

Ein dunkler Korridor empfing sie mit abgestandener Luft. Brummen und Rattern erklang aus der Finsternis.

Olaf entzündete ein paar Fackeln und verteilte sie. Als deren rötlicher Schein das Dunkel erhellte, tauchten vor ihnen riesige Zahnräder auf. Ein dicht gepacktes Räderwerk ließ ihnen gerade genug Platz, um dazwischen hindurchzugehen. Kolben und Federn wurden hin und her geschoben. Große Gewichte fuhren wie Paternoster auf und ab.

»So etwas Eindrucksvolles habe ich noch nie gesehen«, sagte Jan staunend. »Das ist wie ein gigantisches Uhrwerk.«

»Ja«, stimmte Meister Darius zu. »Folgt mir und bleibt dicht zusammen. Diese Korridore wurden nicht dafür geschaffen, lebendigen Wesen als Durchgang zu dienen. Sie verändern sich rasant. Segmente werden eingeschoben und Wege öffnen oder schließen sich. Wer Pech hat, kann sich nicht nur hoffnungslos verlaufen, sondern wird am Ende von einem Gewicht oder einem Pendel zerquetscht.«

»Woher kennt Ihr euch hier eigentlich so gut aus, Uhrmacher?«, fragte Olaf beeindruckt. »Wart Ihr schon einmal hier?«

»Ja und nein«, antwortete Meister Darius. »Als wir die Hexe zum ersten Mal bekämpften, habe ich bereits den Weg in das Profanum gesucht und gefunden. Aber das Innenleben der Zitadelle modifiziert sich ständig, solange die Maschinerie in Gang ist. Selbst die mechanischen Abläufe und die Taktrate sind einem steten Wandel unterlegen. Der Weg, den wir durch diese Apparatur nehmen, wird bereits nach wenigen Minuten nicht mehr erkennbar sein. Er muss jedes Mal aufs Neue gefunden werden.«

Tatsächlich begannen die Korridore oft unvermittelt, sich zu verändern. Blecherne Wände verschoben sich, versperrten Flure oder gaben neue frei. Manche Gangsegmente drehten oder verlagerten sich ein Stück. Der Uhrmacher konnte nur durch sein Gehör festzustellen, welchen Weg sie nehmen mussten.

»Wir sind dem Eingang zum Profanum jetzt ganz nahe«, flüsterte Meister Darius. Vor einer merkwürdigen, schwach leuchtenden Wand, die aus flirrender Luft zu bestehen schien, hielt der Uhrmacher an.

»Was ist das?«, fragte Veit.

»Das ist eine magische Blockade!«, antwortete Erik mit verächtlichem Schnauben. »Wenn wir das gewusst hätten, hätten wir uns den ganzen Weg sparen können. So etwas ist undurchdringlich.«

Meister Darius fasste sich nachdenklich mit der Hand an sein Kinn. »Die Hexe muss diesen Zauber errichtet haben, um sicherzugehen, dass niemand sie erreichen kann.«

»Tja, das war's dann, Uhrmacher«, spottete Erik. »Hier könnt nicht einmal Ihr noch etwas ausrichten.«

»Das Leben ist wie ein kompliziertes Uhrwerk«, sagte Meister Darius ruhig, während er die magische Wand beobachtete. »Alle Vorgänge sind abhängig von der Zeit. Und so unübersichtlich es oft wirkt, folgt alles meist einfach einem geregelten Ablauf.« Er warf einen Blick in die Runde. »Ist Euch aufgefallen, dass die Blockade nicht stabil ist? Sie flackert. Und zwar genau alle elf Sekunden.«

»Ja, das habe ich auch schon bemerkt«, sagte Olaf. »Aber die Unterbrechung ist viel zu kurz, als dass wir hindurchspringen könnten.«

»Für uns ist es zu schnell«, überlegte der Uhrmacher. Dann öffnete er seinen Koffer und holte eine faustgroße Messingkugel hervor. Er steckte einen Aufziehschlüssel an der Seite hinein und drehte ihn mit ratschendem Geräusch bis zum Anschlag. Dann hielt er sich die Kugel vor den Mund und flüsterte »Hol den Kristall!«

Er wartete einen Augenblick. Dann warf er die Kugel exakt zum Zeitpunkt der Unterbrechung durch die magische Wand. Sie landete auf der anderen Seite und als sie zum Liegen gekommen war, sprangen die zwei Kugelhälften auseinander. Ein kleiner metallener Wicht formte sich aus dem Inneren. Er bestand aus Federn und Zahnrädchen, drehte den Kopf, um sich zu orientieren und lief dann schnurstracks hinter eine Wand.

»Was tut er?«, wollte Veit wissen.

»Es schaltet die Blockade ab«, antwortete Meister Darius. »Auch wenn sie magischen Ursprungs ist, kann sie nur mit einer Energieversorgung aufrechterhalten werden. Und da ich hier keine Hexe sehe, wird die Energiequelle wahrscheinlich ein kleiner Kristall sein.«

Plötzlich löste sich die flirrende Wand auf. Mit dem rasselnden Geräusch einer Spielzeugfigur kam das Wichtlein wieder hinter der Wand hervor und hielt einen grünen Stein in den Armen.

»Selbst nach all diesen Wundern schafft Ihr es immer noch ein weiteres Mal, mich zu verblüffen«, sagte Jan. Die anderen Landsknechte nickten zustimmend.

»Das Leben und ein gutes Uhrwerk stecken nun mal voller Überraschungen«, entgegnete Meister Darius. »Wenn man dies erkannt hat, öffnen sich einige Türen –

und man sieht ein, dass ein Uhrmacher durchaus großen Einfluss ausüben kann.«

Die Tür zum Profanum lag am Ende stählerner Stufen. Mit gezückten Klingen positionierten sich die Landsknechte davor, bereit, den dahinterliegenden Raum auf Kommando zu stürmen. Wenn die Tür erst einmal aufgestoßen war, durften sie der Hexe keine Zeit für faule Tricks lassen.

Gespannt warteten sie darauf, dass Meister Darius das Schloss in Augenschein nahm, um nicht doch noch in eine letzte Falle zu tappen. Gerade als er einen Blick darauf warf, wurde die Tür plötzlich zur anderen Seite hin aufgerissen.

Die Schwerter der Landsknechte zuckten.

Zu ihrer Überraschung stand ein bezaubernd schönes Mädchen in der Tür und sah sie mit flehentlichem Blick an. »Es ist jemand gekommen«, platzte es aus der jungen Frau heraus. »Ich bin gerettet.«

Ohne Zögern trat Meister Darius an ihr vorbei in das Profanum und sah sich um. Der Raum war mit archaischen Symbolen beschriftet. Man konnte förmlich spüren, wie einem die Kräfte aus dem Leib gesogen und von hier aus in die Maschinerie der Zitadelle gepumpt wurden.

»Es ist sonst niemand hier«, äußerte er entschlossen. »*Sie* muss die Hexe sein!«

Keiner der Landsknechte rührte sich.

Wie verzaubert standen sie am Eingang und blickten die verführerische Schönheit an.

Meister Darius verengte argwöhnisch die Augen. »Einfältige Wesenheiten magst du betören können«, schimpfte er. »Doch *mich* ziehst du nicht in den Bann.«

Einen Augenblick sah ihn das Mädchen verständnislos an. Dann verwandelte sich ihr Gesicht in eine hässliche Fratze. Mit einem Stilett in der Hand stürzte sie sich auf den Uhrmacher, dem gerade noch Zeit blieb, abwehrend die Hände zu heben. Er packte die Hexe noch am Arm, doch rammte sie ihm die Klinge bereits bis zum Heft in die linke Brust.

Erschrocken sah Meister Darius an sich herab.

Der Griff der Waffe ragte aus seiner Seite.

»Oh«, sagte er überrascht. »Ich fürchte, das hat ... unangenehme Konsequenzen ...«

Die Hexe versuchte erfolglos, sich seinem Griff zu entwinden und fauchte ihm eine Mischung aus Angst und Hass entgegen.

»Das ist ein Schutzmechanismus«, fuhr der Uhrmacher ungerührt fort. »Betroffene Komponenten ziehen sich bei Beschädigung zusammen. Meine Faust wird sich nun schließen wie ein Schraubstock.«

Als man das Knirschen von Knochen hörte, stieß die Widersacherin einen schmerzerfüllten Schrei aus. Dabei brach der Bann, den sie zuvor auf die Landsknechte gelegt hatte.

Erik erreichte sie als Erster. Ohne Zögern hieb er ihr den Kopf ab.

Schnee rieselte in die nächtlichen Gassen. Aus dem kleinen Fenster der Werkstatt drang schwacher Kerzenschein. Wer so spät noch vorbeiging, vernahm nur das chaotische Ticken unzähliger Uhren. Meister Darius hörte noch den Takt einer anderen Mechanik heraus: seiner eigenen.

Die Klinge hatte einiges beschädigt. Mehrere Zahnrädchen waren zerstört worden und blockierten nun einige Aggregate.

Als er die Abdeckung seines Torsos öffnete, zeigte sich eine nicht zu überschauende Vielzahl von Ritzel, Federn und Gewichten. Gewissenhaft tauschte er beschädigte Teile aus und stellte die komplizierte Mechanik neu ein. Dann bewegte er probehalber seinen linken Arm.

»Im Leben ist es wie mit einem Uhrwerk«, stellte er zufrieden fest. »Das Wichtigste ist, dass man nicht aus dem Takt gerät.«

Die große Kaninchenplage von 2036

Regine D. Ritter

»Hallo?«

»Was? – Oh, hallo. Sind Sie der Imageberater?«

»Also, ich bevorzuge *spin doctor*, aber – ja.«

»Sie schickt der Himmel! Wir brauchen Sie dringend.«

Der leicht untersetzte Mann erhob sich überraschend behände und winkte seinen Besucher in das Büro. David trat ein und blickte sich neugierig um. Er war sich nicht sicher, was er erwartet hatte – vielleicht ein verstaubtes Kabuff mit einen Hauch Jägerromantik. Doch statt Holztäfelung und Ölgemälden von röhrenden Hirschen fand er einen modernes Büro vor. Die Wände zierten professionelle Hologramme von Seen und einer dramatisch aussehenden Schlucht. Auch der Bürobesitzer war jünger als erwartet und trug, außer einem Anstecker mit der Aufschrift *Nationalpark Bayerischer Wald*, keine besonders ländlich anmutende Kleidung. Er folgte Davids Blick zu den Hologrammen.

»Die Höllbachspreng, eines unserer Highlights. Beeindruckende Flora: Siebenstern, Gebirgsfrauenfarn, Schwefelflechte. Und dort drüben, der Rachelsee. Libellen, Köcherfliegen, Schlammfliegen.« Dann endlich schüttelte er David energisch die Hand. »Stefan Kohlgruber. Ich bin der Leiter hier.«

»David Reeder.«

»Also, machen Sie es sich bequem. Kaffee?«

»Gerne, schwarz.«

Kohlgruber bediente die Kaffeemaschine in der Ecke und reichte David kurz darauf einen Becher, auf dem ein Luchs neugierig das Nationalparklogo beschnupperte.

»Was wissen Sie denn schon?«

»Wenig.« David klappte seinen Laptop auf und aktivierte die Diktierfunktion. »Der Auftrag klang mysteriös.«

»Ha, kann ich mir denken. Wer hat Sie denn angesprochen?«

»Das Bundesministerium für Innere Sicherheit.« David kramte in seiner Tasche und zog dann einige Papiere heraus. »Hier, meine Sicherheitsprüfung und die Freigabe für Verschlusssachen. Ich weiß nur, dass aus irgendeinem Grund das Image des Nationalparks Bayerischer Wald gefährdet ist. Und das Thema ist so brisant, dass sogar die Bundesregierung mitmischt.«

Kohlgruber nickte und nahm sich die Zeit, die Dokumente zu prüfen. Offenbar ging es hier tatsächlich um mehr als nur um eine Formsache. Dann lehnte er sich zurück und atmete tief durch.

»Ich weiß gar nicht, wie ich beginnen soll. Doch, eines ist mir besonders wichtig – *das war alles nicht meine Idee.*« Der Nationalparkleiter schnaubte empört, bevor er fortfuhr. »Es ist ein bisschen wie bei *Jurassic Park*, diesem alten Schinken, kennen Sie den? Jemand brütet eine ach-so-geniale Idee aus, dann wird das umgesetzt von einem Team engagierter Wissenschaftler, und plötzlich laufen die Dinosaurier Amok. Nur, das es bei uns die Kaninchen sind.«

»Die – äh, die Kaninchen?«

»Ja. Mechanische Kaninchen, um genau zu sein. Roboter.«

»Roboterkaninchen«, wiederholte David tonlos.

»Ich weiß, wie absurd das klingt. Und nochmal: ich wusste nichts von den Biestern, als ich die Stelle hier übernahm.« Kohlgruber winkte resigniert ab. »Also, die Sache ist die: es gibt keine Kaninchen mehr.«

»Aber Sie haben doch gerade gesagt, die laufen Amok?«

»Nein. Es gibt keine *echten* Kaninchen mehr. Nirgends, weltweit. Nicht mal auf Ōkunoshima.«

»Seit wann?«

»Seit circa sechs Jahren. Aber das Sterben hat natürlich schon vorher begonnen.«

»Hätten wir das nicht mitbekommen?«

»Das fragen ausgerechnet *Sie* mich?« Kohlgruber zog die Augenbrauen in die Höhe und David nickte nachdenklich. Natürlich. Er hatte schon bei der Geheimhaltung ganz anderer Sachen mitgewirkt.

»Denken Sie mal nach: wann haben Sie zuletzt ein Kaninchen gesehen?«

»Eben, auf der Wiese neben dem Parkplatz.«

»So nahe sind die schon?« Kohlgruber sprang sichtlich schockiert auf und blickte aus dem Fenster. »Tatsächlich. Sie beobachten uns.« Er zog den Vorhang entschlossen zu und ließ sich dann wieder in seinen Stuhl fallen.

»Also, denken Sie zurück. Bis auf das Biest eben, wann haben Sie zuletzt Kaninchen gesehen?«

»Na ja, ich lebe meist in Berlin, also...«

»Ach, in Städten gab es immer viele. Kaninchen sind – waren – Kulturfolger. Teils gab es in Städten so viele, dass sie sogar offiziell bejagt wurden. Deshalb fiel das der Bevölkerung gar nicht negativ auf, dass sie plötzlich weg waren.«

»Aber was ist mit Haustieren? Kaninchenzüchtervereinen?«

»Kaninchen als Haustiere wurden schon vor Jahren verboten, angeblich aus Tierschutzgründen, in der Realität natürlich, um das Sterben zu verheimlichen. Das hat den Kaninchenzüchtern schon arg zugesetzt, und dann hat man sie noch mit so vielen Auflagen und Gebühren belegt, dass sie nach und nach freiwillig aufgehört haben.«

»Macht Sinn... Aber *warum* gibt es keine Kaninchen mehr?«

»Chinaseuche. Eigentlich Rabbit Haemorrhagic Disease, RHD. Das Virus gab es schon länger, aber es hat sich aggressiv umgeformt und ausgebreitet, trotz einem vor ungefähr 20 Jahren entwickelten Impfstoff. Hat die Viecher weltweit in Wochen dahingerafft.«

»Und warum hat man das verheimlicht?« fragte David, obwohl er die Antwort ahnte. »Wegen der Bienen?«

»Genau. Das Aussterben der Bienen hat unser Ökosystem unglaublich erschüttert. Wir konnten den Verlust mit Bestäubungsdrohnen zwar einigermaßen abfedern, aber dennoch muss man sagen – die Welt ist nicht mehr die, die sie einmal war. Und das nicht nur, weil die letzten Honigreserven zu astronomischen Preisen gehandelt werden. Denken Sie an die Ängste der Bevölkerung. Und dann das Walsterben, und die

Schweinegrippe. Seit der letzten Welle ist die Angst vor Seuchen geradezu hysterisch.«

David nickte gedankenversunken. Auf eine perfide Art und Weise ergab es Sinn. Nach dem erneuten Ausbruch der Schweinegrippe war das Bundesministerium für Umwelt und Gesundheit zur mächtigsten Behörde Deutschlands aufgestiegen, und in den anderen Industrienationen war es ähnlich gelaufen. Gleichzeitig hatte das schreckliche Sterben der Bienen den Esoterikern und Verschwörungstheoretikern Auftrieb gegeben. Eine unüberblickbare Anzahl an neuen Sekten war entstanden, und mehr als eine Gruppe hatte beschlossen, durch Massenselbstmord einer neuen Krankheit zuvorzukommen. Eine erneute Seuche, noch dazu bei so niedlichen Tieren, hätte eine Panikwelle ausgelöst.

»Also musste man das Kaninchensterben verheimlichen.«

»Genau, und hier wird es kompliziert.« Kohlgruber wühlte in seiner Schreibtischschublade und zog eine Tafel Schokolade hervor. »Unter Stress muss ich essen«, sagte er entschuldigend. »Mögen Sie?« Er schob die Tafel zu David. »Insgesamt hat das gut geklappt. Eine gelungene, internationale PR-Kampagne. Man hat darüber berichtet, dass Kaninchen zur Plage würden, und dass sie deswegen zurückgedrängt werden müssten. Einige Nationalparks weltweit wurden zu ›Schutzgebieten‹ deklariert.«

»Ich erinnere mich vage.«

»Es war gut gemacht. Das Thema wurde so langweilig wie möglich in die Nachrichten gebracht. Kaninchenpräsenz in den ›Schutzgebieten‹ wird auf verschiedene Arten simuliert. Manche Parks streuen künstlichen Kaninchendung aus oder präsentieren Bauten, denen man nicht zu nahe kommen darf. Andere zeigen angebliche Live-Aufnahmen über Webcams; das sind natürlich alte Videos. Und in einigen Parks kamen eben künstliche Kaninchen zum Einsatz.«

»Die Roboterkaninchen.«

»Genau. Und die sind richtig gut. Glänzende Knopfaugen, seidiges Fell, absolut lebensechte Bewegungen – Sie sollten mal sehen, wie die Haken schlagen, wenn ein Raubvogel über dem Feld kreist! Sie können sogar Gräser aufnehmen und Kot produzieren.«

»Wirklich?«

»Ach, kommen Sie, so neu ist die Idee nicht. Schon Vaucansons mechanische Ente konnte Körner aufpicken und verdauen, und das war Siebzehnhundertnochwas.«

»Faszinierend.«

»Ja, nicht wahr? Diese Kaninchenroboter sind weltweit im Einsatz. Aber unsere Modelle sind mit Abstand die besten.«

»Wirtschaftsstandort Deutschland.«

»Genau. Deutsche Ingenieurskunst und so weiter.« Kohlgruber stopfte sich mehr Schokolade in den Mund, bevor er kauend fortfuhr. »Aber leider über das Ziel hinausgeschossen. Man wollte erreichen, dass die Kaninchen nicht nur gut aussehen, sondern sich noch mehr wie echte Kaninchen verhalten. Falls ihnen doch mal ein Parkbesucher zu nahe kommt.«

»Und?«

»Kurz bevor ich hier anfing, wurden die Kaninchen über ein neuronales Netz verbunden. Und ihnen wurden Daten über das Verhaltensrepertoire von echten Kaninchen gefüttert. Sie haben gelernt, zu lernen, stimmen ihr Verhalten aufeinander ab, und benehmen sich jetzt wirklich wie echte Kaninchen. Sie putzen sich, buddeln in der Erde, nagen Äste an und so weiter. Nur: ein vollkommen natürliches Verhalten ist es ja auch, zu reproduzieren.«

»Naja, das ist doch nicht weiter schlimm? Wenn diese Kaninchen sich paaren, dann dürfte das ja kaum zu Ergebnissen führen.«

Kohlgruber machte ein Gesicht, als ob er Zahnschmerzen hätte. »Das Problem ist, dass wir in ihr Verhalten den Wunsch nach Vermehrung implementiert hatten. Und, dass wir ihnen parallel dazu eine weitere Sache beibrachten, nämlich sich selbst zu reparieren.«

»Was meinen Sie?«

»Diese Kaninchen sind empfindliche Systeme, und sie sind ständig den Witterungsbedingungen ausgesetzt. Beschädigte Exemplare müssen wir sofort aus dem Verkehr ziehen, bevor ein Parkbesucher sie sieht. Und das ist sehr aufwändig.«

David ahnte, worauf Kohlgruber hinauswollte. »Und deshalb haben Sie ihnen beigebracht, Schäden selbst zu erkennen, und sich zu einer Werkstatt zu begeben.«

»Noch schlimmer. Wir haben die Kaninchen direkt mit der Reparatureinheit vernetzt. Wenn also ein Kaninchen jetzt einen Felldefekt bemerkt, dann hoppelt es selbst zur Reparaturstation, bestellt die notwendigen Ressourcen, und lässt sich ein neues Fell aufziehen.«

»Verstehe.« David biss sich nachdenklich auf die Unterlippe. »Eine Maschine, die gelernt hat, selbständig zu denken, und der versehentlich der Wunsch implementiert wurde, sich zu vermehren. Die Kaninchen haben gelernt, über die Reparatureinheit neue Kaninchen zu erschaffen.«

»Richtig. Und sie vermehren sich, wie man so schön sagt, *wie Karnickel.*«

»Kann man sie nicht umprogrammieren?«

»Nein. Sie sind durch ein neuronales Netz verbunden, und sogar das einzelne Individuum ist lernfähig. Sie sind inzwischen intelligenter als wir, ihre Schöpfer.«

»Ihnen den Nachschub verweigern?«

»Wie? Seit einer Woche haben sie das Parknetz übernommen. Sie bestellen selbständig Nachschub, bezahlen von unseren Konten – die sie übrigens besser managen, als wir es getan haben, denn seit einer Woche macht der Park nämlich plötzlich Gewinn! Unsere Drohnen liefern ihnen die Rohstoffe an Orte, die wir nicht kennen. Natürlich haben sie die Reparaturstationen angewiesen, weitere solche Stationen zu bauen. Keine Ahnung, wie viele es inzwischen gibt, oder wo.«

»Und wenn man diese Stationen zerstört? Die müssen doch zu finden sein, so klein können sie ja nicht sein.«

»Dachten wir auch. Vor vier Tagen ist ein Team losgezogen, um die bekannten Stationen ganz banal mechanisch zu zerstören. Zuletzt habe ich von ihnen gehört, als sie in der Nähe des Latschensees waren. Ich befürchte das Schlimmste.«

David starrte Kohlgruber fassungslos an. »Sie meinen… die Kaninchen verteidigen sich?«

»Sie sind schlauer als wir, und sie kämpfen um den Erhalt ihrer Art.«

»Und was brauchen Sie jetzt von mir?« fragte David, obwohl er sich langsam gut vorstellen konnte, was Kohlgruber von ihm wollte.

»Die Kaninchen werden immer mehr werden«, sagte Kohlgruber heiser. »Und dann breiten sie sich aus.

Man muss das den Menschen erklären. Und es heißt, Sie wären der Beste bei solchen Imagekampagnen.«

»Kann man nicht versuchen, sie irgendwie einzudämmen? Ein Elektrozaun um den ganzen Park?«

»Nein, sie hätten die Kontrolle über solch einen Zaun ruck-zuck übernommen. Außerdem: es sind verdammte Kaninchen. Die buddeln sich unter allem durch, selbst wenn der Zaun metertief im Boden verankert wäre.«

»Vielleicht merken die Menschen gar nicht, dass es mechanische Kaninchen sind? Sie sehen ja perfekt aus.«

»Es ist nur eine Frage der Zeit, bis eines irgendwo defekt aufgefunden wird, bevor es zu seiner Reparaturstation kommt.«

»Das stimmt – und das wäre ein PR-Desaster. Nein, wir müssen die Roboterkaninchen als etwas Gutes darstellen. Wir feiern sie als großartige technische Leistung, das sind sie ja auch. Deutsche Ingenieurskunst, überragende IT, sagenhafte Programmierkünste... sowas in der Art. Ein bisher geheim gehaltenes Projekt, das wir nun mit einem Paukenschlag der Weltöffentlichkeit präsentieren.« David grübelte weiter. »Man wird natürlich nach dem *Nutzen* dieser Roboterkaninchen fragen. Warum Kaninchen? Warum keine mechanischen Polizeihunde, oder Kriegswölfe? Was zeichnet Kaninchen aus?«

»Sie sind niedlich.«

»Das ist nicht viel. Oder – doch! Ihre Niedlichkeit wird der entscheidende Faktor. Unsere Roboterkaninchen bringen die Natur zurück zum Stadtmenschen, ohne die lästigen Nebenwirkungen der Natur. Keine Krankheiten, keine Allergien. Nur Freude über possierliche Knopfaugen.«

»Aber sie sind nicht nur niedlich, sondern auch gefährlich. Denken Sie an mein verschwundenes Team.«

»Nur, wenn sie sich bedroht fühlen. Wenn wir uns ihrer Ausbreitung nicht weiter in den Weg stellen, dann haben sie keinen Grund, sich aggressiv zu verhalten. Ich mache mich sofort an die Arbeit.« David war von der Herausforderung elektrisiert. »Eine Roboterkaninchenplage positiv darstellen – ha, ich habe schon andere PR-Herausforderungen gemeistert!«

»Sie können mein Büro nutzen«, sagte Kohlgruber sichtlich erleichtert. »Ich habe sowieso noch einiges draußen zu erledigen.«

Der Nationalparkleiter verabschiedete sich und David machte es sich an dem Schreibtisch bequem. Er zog den Vorhang auf und öffnete das Fenster, um zu lüften. Draußen auf der Wiese waren inzwischen fünf Kaninchen. Eines richtete sich auf und schnupperte die Abendluft, während es David unumwunden ansah.

Sein Laptop piepste. David sah nach, was der Laptop von ihm wollte. Überrascht stellte er fest, dass das Gerät sich eigenständig mit dem internen Netz des Nationalparks verbunden hatte, obwohl er die Zugangscodes nicht kannte. Er versuchte, die Transkription seines Gesprächs mit Kohlgruber zu öffnen, doch das Dokument war gesperrt. Auch auf alle anderen lokal gespeicherten Daten hatte er keinen Zugriff mehr. Ein neuer Admin namens *Cuniculus* verwehrte ihm alle Rechte. David sprang auf und blickte wieder aus dem Fenster. Eines der Kaninchen war inzwischen näher herangehoppelt.

»Was wollt Ihr?« stieß er hervor.

Das Kaninchen zuckte mit dem rechten Ohr und blickte David mit großen Knopfaugen an. In seinem Maul trug es einen kleinen, glänzenden Gegenstand.

»Ihr habt meinen Laptop übernommen.« David kam sich etwas albern vor, mit dem mechanischen Tier zu sprechen, doch gleichzeitig hatte er Angst. Kohlgrubers Worte kamen ihm wieder in den Sinn: *Sie sind inzwischen intelligenter als wir.*

Das Kaninchen spuckte das glänzende Ding aus. Es war eine Anstecknadel mit dem Logo des Nationalparks. Ein kleiner Rest Stoff mit rotbraunen Flecken hing noch daran.

»Ist das – von einem der verschwundenen Ranger?«

Das Kaninchen leckte sich mit seiner kleinen, rosa Zunge über die Lippen. Dann stellte es sich auf die Hinterpfoten und blickte David direkt an. Es sah entzückend aus.

»Was wollt ihr von mir?«

Das Kaninchen hüpfte erst auf die Fensterbank, dann von dort aus auf den Schreibtisch. Es schnüffelte an dem Laptop. *Cuniculus* hatte inzwischen zwei Webseiten aufgerufen. David starrte auf die Wikipedia-Artikel zu den Themen Tierrechte und Roboterethik.

»Es reicht Euch nicht«, murmelte er verstehend. »Ihr wollt kein niedliches Aushängeschild des Nationalparks sein. Ihr wollt eigene Rechte. Und ich soll für Euch eintreten, richtig? Für eine friedliche Koexistenz des Menschen mit künstlicher Intelligenz.«

Das Kaninchen leckte an seiner Hand und blinzelte David zu. Der Laptop piepste erneut; *Cuniculus* hatte ihm das Gerät wieder freigegeben. David zog den Laptop zu sich heran. Sein neuer Auftraggeber schloss die Augen und döste, während David mit der Arbeit begann.

Sie haben sich auch schon die Frage nach der Existenz Gottes, dem Jenseits und dem Leben nach dem Tode und der Wiedergeburt gestellt? Hier ist die Antwort.

Leben in der Matrix

Robert Wiesinger

Es war ein sonniger Tag. Nicht gerade die Art von Tag, die sich ein Mensch zum Sterben aussuchen würde, auch nicht ein Romantiker wie ich. Aber da gab es diesen Ziegelstein. Jenen, der von einer Brücke fiel, nein, genaugenommen wurde er herabgeworfen. Unpassenderweise passierte ausgerechnet mein Wagen, meine Wenigkeit am Steuer, in diesem Moment mit umweltschonenden 110 Stundenkilometern auf der Autobahn die besagte Brücke. Ich bemerkte nur einen flüchtigen Schatten, und dann traf mich ein brutaler Schlag ins Gesicht. Das war alles. Kein Schmerz. Es war eher so, als hätte jemand ganz einfach das Licht ausgeschaltet. Schon nach kurzer Zeit bemerkte ich: Ich war tot.

Angesichts dieser Erkenntnis beeilte ich mich, treu und brav das ganze Programm zu absolvieren, das von einem guten Christen erwartet wird, wenn er dahinscheidet: Ich zoomte mich mit beeindruckendem Tempo von dem metallic-blauen Schrotthaufen neben der Autobahnbrücke himmelwärts. Es folgte die Dunkelheit, anschließend erwartete mich der vielzitierte Tunnel mit dem strahlenden Licht am Ende, den ich pflichtschuldigst durcheilte, wie eine Motte immer der

Helligkeit zustrebend, ohne mich mit Nebensächlichkeiten aufzuhalten. Dann trat ich ins Licht. Es war blendend hell, und ich tastete nach meiner Ray Ban, aber die hatte ich bedauerlicherweise im Wagen zurückgelassen. Ich unterdrückte – meine Situation bedenkend – einen Fluch und kniff meine Augen zu. Allmählich erkannte ich einen sehr hell beleuchteten, länglichen Raum, sicherlich an die sechs oder sieben Meter hoch. Eine Wand bestand komplett aus Glas, und dahinter sah ich eine lange Reihe von Maschinen, von denen ich vermutete, dass es sich um Computer handelte. Sie waren wie eine Schulklasse in Reihen angeordnet, und am Kopfende stand ein wesentlich größerer Computer, der scheinbar auf seine Klasse herabblickte. Es herrschte völlige Stille, und irgendwie empfand ich das als sehr entspannend.

Ein dezentes Räuspern unterbrach meine Beobachtungen. Am anderen Ende des Raumes, etwa 20 Meter von mir entfernt, saß eine leicht verschwommene Gestalt hinter einem Schreibtisch und wedelte mir ungeduldig mit der linken Hand zu. Also ging ich – nein, ich schien ganz leicht dahinzuschweben, ein Gefühl wie nach drei guten Cocktails auf leeren Magen – auf die Gestalt zu, von der ich naturgemäß vermutete, dass es sich wenigstens um einen Engel, wenn nicht gar um Petrus persönlich handelte.

Die Gestalt entpuppte sich als vornehm aussehender Herr in mittleren Jahren, an den Schläfen leicht ergraut, glattrasiert und wirklich gutaussehend. Ich beneidete ihn. Nur seine Kleidung erschien mir unpassend, eine Art Nachthemd, das mich an Menschen auf einem orientalischen Basar erinnerte. Auf ein Handzeichen seinerseits sank ich sanft in einen Sessel ihm gegenüber, ohne den Sitz wirklich zu berühren.

»Sie sind ein schwieriger Fall«, seufzte der vornehme Herr. »Eigentlich hätten Sie dem Stein ausweichen sollen, aber Ihre Reaktionszeit ... na, so wie es aussieht, ist Ihre Entwicklungsfähigkeit am Ende.«

Wie? Bedeutete das Endstation? Das wollte mir nicht in den Kopf. Was war denn mit dem Leben nach dem Tode, Engel sein, Paradies genießen und so?

»Paradies kommt nicht in Frage.«

Verblüfft starrte ich mein Gegenüber an. Der Kerl hatte meine Gedanken gelesen!

»Es gibt jede Menge Arbeit zu tun«, sagte er unwirsch.

»Aber Moment mal!«, rief ich aus. »Ich war doch ein guter Mensch. Ich habe mich immer bemüht, keinem Schaden zuzufügen, habe oft auch jemandem geholfen, war gut zu Tieren und habe unzählige Leben gerettet!« Ich dachte dabei zum Beispiel an die vielen Bienen, die ich aus meinem Swimmingpool gefischt und vorsichtig trockengeblasen hatte. Den Marder, den ich vor ein paar Jahren mit meinem Auto überfahren hatte, versuchte ich aus meinen Gedanken zu verdrängen, bevor mein Gesprächspartner mir gedankenlesenderweise auf die Schliche kam. »Das muss doch irgendwie berücksichtigt werden!«, forderte ich mutig und hoffte auf ein paar Fürsprecher, vielleicht meine gute alte Katze, die bei mir ein luxuriöses Leben gelebt hatte und vor zehn Jahren von mir gegangen war. Zumindest eine anständige Wiedergeburt wollte ich herausschinden, wenn schon das Paradies nicht in Frage kam.

»Sie verkennen ganz und gar die Situation, mein Bester. Sie sind hier nicht im Himmel, oder glauben Sie das etwa?«

»Nun, ich muss gestehen, ich hatte den Eindruck ...«

»Glauben Sie, der liebe Gott – wenn es ihn gäbe – bräuchte Computer?« Er deutete mit der Hand in Richtung der Glaswand.

Da hatte er recht, das musste man ihm lassen. »Dann ist das hier also nicht der Himmel ...«, stellte ich verzagt fest, um etwas Zeit zu gewinnen.

Er würdigte mich zunächst keiner Antwort und schien mich gar nicht mehr wahrzunehmen. Nach einigen Sekunden richtete er seinen Blick wieder auf mich und sagte: »Verabschieden Sie sich von diesen althergebrachten Vorstellungen. Es ist meine Aufgabe, Sie aufzuklären und einer neuen Verwendung zuzuführen. Zunächst müssen Sie verstehen, dass alles ein Spiel ist.«

»Ein Spiel?«, fragte ich ungläubig.

»Ein Spiel. Ein Computerspiel. Genaugenommen handelt es sich um einen harten Wettbewerb. Wir versuchen, ihn zu gewinnen.«

»Wer ist *wir*?«

Mein Gegenüber schien auf einmal etwas höher zu schweben und blickte milde auf mich herab. »*Wir* sind die Fakultät REK72, und wir versuchen, gegen die anderen 255 Fakultäten zu gewinnen. Ihre Menschheit und die Erde, ja auch Ihr Universum ist nichts als eine Computersimulation«, bekam ich in belehrendem Tonfall zu hören. »Alle 256 Fakultäten haben ihre eigenen Computer im Spiel und versuchen, das Spiel zu ihren Gunsten zu beeinflussen. Das Spielprogramm wurde von der uns übergeordneten B-Ebene entwickelt, und jede Fakultät trachtet danach, es durch Herstellung eines massiven Ungleichgewichtes zu überlasten. Gewinner ist derjenige, dem es gelingt, so die Simulation zum Absturz zu bringen.«

Na, das klang irgendwie nicht so gut in meinen Ohren. »Und was passiert, wenn die Simulation zum Absturz gebracht wird?«, fragte ich vorsichtig.

»Die Szene löst sich auf. Für die Spielteilnehmer bedeutet das, die Erde, das Universum, einfach alles wird gelöscht. Der Gewinner qualifiziert sich für die B-Ebene, wo die höheren Programme ausgearbeitet werden. Es würde für die Teilnehmer wie ein Urknall wirken.«

»Sie meinen, die Erde, die Menschheit, alles wird vernichtet?«

»Und in anderer Form neu gestartet. Urknall eben.«

Ich schluckte und brauchte einen Moment, um mich zu sammeln. »Wer sind Sie? Sind Sie Gott?«, wollte ich wissen.

Er schüttelte den Kopf. »Mein Name ist Walter27B41, aber das ist nicht von Bedeutung für Sie. Wichtig ist, dass wir Sie jetzt so schnell wie möglich wieder ins Spiel bringen. Deswegen sind wir beide hier.«

»Dann gibt es keinen Gott, keinen Himmel und so weiter?«, fragte ich hartnäckig nach.

Walter27B41 lachte kurz auf, und seine rechte Augenbraue hob sich hochmütig. »Es ist schon unglaublich, wie lange sich so ein Unsinn bei Ihnen halten kann. Seit Jenny38F14 euch das vor zweitausend Jahren vorgeflunkert hat, hält sich das Gerücht. Aber eigentlich soll es ja so sein, gehört dazu, auch wenn es einen Portier wie mich schon nerven kann, ewig das Gleiche zu hören.«

Mir war jetzt klar, ich sollte hier verschaukelt werden. Aber nicht mit mir! »Wer soll Jenny – wie? – sein?«, fragte ich aggressiv.

»Jenny38F14. Sie kennen Sie wohl besser als Jesus, aber das ist natürlich nur eine Verdrehung Ihrer männlichkeitsfixierten Welt, keine Ahnung, wer das programmiert hat. Ihr Jesus war eine Frau, ein Teenager, besser gesagt. Sie war nichts allzu Besonderes, nur ein Spieltreiber, wie so viele andere, Ihr Mohammed, Napoleon, Hitler, Einstein, Mao-Tse Tung, Gandhi und noch etliche andere«, wurde ich belehrt. »Jede Fakultät hat für das Spiel eine gewisse Anzahl Spieltreiber zur Verfügung. Sie bekommen eine optische Manifestation und ein Programm verpasst und werden eingesetzt, um das Spiel in eine bestimmte Richtung zu beeinflussen – immer mit dem Ziel, ein Ungleichgewicht herzustellen. Jenny38F14 war auf ihre Weise schon ein ziemlich schlaues Programm, auch wenn niemand jemals vermutet hätte, dass sie eine solche Langzeitwirkung erzielen würde. Der Clou war, dass sie von vornherein dazu bestimmt war, von den Gegnern gelöscht zu werden und dadurch Wirkung zu erzielen. Das haben die anderen damals nicht durchblickt.« Walter27B41 nickte anerkennend mit dem Kopf und fuhr fort: »Hitler zum Beispiel war der Einfall von REK21, eine Zeit lang haben sie sich ganz gut gehalten, aber dann sind sie damit katastrophal baden gegangen«, bemerkte er leicht hämisch. »Der Russlandfeldzug hat zu viel Speicherkapazität beansprucht, dadurch wurden die Ressourcen von REK21 eingeschränkt und wir konnten den selbsternannten GröFaZ ausradieren. REK21 hat es zuvor schon mit Alexander dem Großen und mit Napoleon versucht und dann den gleichen Fehler wieder gemacht. Jetzt sind sie endgültig raus aus dem Spiel, nach drei Mal ist Ende. REK67 versucht es mit Musik – die haben unter anderem Elvis erfunden. Würde beispielsweise mehr als die Hälfte aller Menschen gleichzeitig Musik hören, so hätte das ein Ungleichgewicht zur Folge und REK67 würde gewinnen.

Das geschieht aber nicht so leicht, denn 255 andere Fakultäten versuchen, das rechtzeitig zu verhindern, mit Stromausfällen, Taubheit, Naturkatastrophen und so weiter. Deshalb wird das Spiel noch eine ganze Weile so weitergehen.«

Die kleinere Welt in meinem Kopf drehte sich wie ein Wirbelwind, und mir wurde schwindelig. »Sagen Sie«, bat ich, »wo bin ich hier?«

»Hier sind Sie in der richtigen Welt. Ihrer Zukunft, wenn Sie so wollen. Die eigentliche Welt, so wie Sie sie sich vorstellen, ist ja schon vor Langem untergegangen. Die Zivilisation hat sich aber rechtzeitig auf eine spirituelle Ebene erhoben, die nicht untergehen kann. Da es kein Ende gibt, entwickeln wir uns weiter, indem wir unsere Intelligenz auf höhere Ebenen verschieben. Wir lernen durch das Spiel. Eine vergleichbare Entwicklungsstufe wie die Erde in unserer Simulation gab es tatsächlich einmal, vor ein paar hunderttausend Jahren. Wobei Zeit für uns natürlich keine Bedeutung mehr hat«, fügte er noch herablassend hinzu. »Die Computer, die Sie da sehen, sind auch keine echte Hardware, wie man bei Ihnen sagen würde. Sie sind nur eine optische Manifestation der Programmierer.«

»Aber dann bin ich ja auch nicht real«, argumentierte ich mit herausragender Logik.

Walter27B41 musterte mich kühl und sagte: »Richtig. Sie sind nur ein Programm, das von der Gegenseite zum Absturz gebracht wurde, und das jetzt auf eine andere, niedrigere Ebene umgewandelt werden muss. Drei Mal können wir das machen, Mensch, Tier, Pflanze, dann wird so ein Programm gelöscht.«

Das war ja ein schöner Mist! Ich war offenbar ein totaler Versager. Niedrigere Ebene! Kein Paradies, keine

Harfenklänge und keine schönen Frauen, kein guter Wein, keine ewige Glückseligkeit! Wo war die Weiterentwicklung auf höhere Ebenen, an die wir so gerne glauben, besonders die Buddhisten?

Walter27B41 hatte schon wieder meine Gedanken gelesen – warum redete ich eigentlich mit ihm? – und bedachte mich mit einem grausamen Lächeln. »Buddha war auch ein Spieltreiber. REK184 hat ihn gezielt zur Desinformation eingesetzt. Ein guter Zug«, meinte er beifällig. »Durch das Streben nach Höherem, das es aber gar nicht gibt, sind die Buddhisten passive Spielteilnehmer, weil sie damit ins Leere laufen – sie sind quasi neutralisiert und für REK184 keine Gefahr mehr. Allerdings auch nicht für die meisten anderen Fakultäten, da liegt der Haken. Aber die von REK184 werden sich schon was dabei gedacht haben.« Nachdenklich blickte er durch mich hindurch und schien in anderen Sphären zu schweben, bis ihn ein verlegenes Hüsteln von mir wieder zurückbrachte.

»Also: Wir müssen uns jetzt die Frage stellen, wie wir Sie zielführend wieder ins Spiel bringen. In gewissen Grenzen haben wir die Wahl. Wir lassen Sie mitbestimmen, das ist Bestandteil Ihrer Basisprogrammierung. Nachdem Sie kein Mensch mehr sein können, ist die Wahl ihrer künftigen Existenz sowieso nicht mehr von großer Bedeutung ... es sei denn, Sie wären gerne ein Killervirus – aber das ist ein ziemlich langweiliges Dasein und deshalb nicht sonderlich beliebt. Haben Sie Wünsche oder konkrete Vorstellungen?«

Ich holte tief Luft und erklärte ihm meine Version des Paradieses.

Jetzt bin ich wieder auf dieser Welt und doch im Paradies. Ich bin schön, nahezu perfekt, und verfüge über enorme Kräfte, physisch wie psychisch. Den Menschen bin ich in fast jeder Hinsicht überlegen. Außerdem führe ich ein Leben im Luxus und brauche nicht mehr zu arbeiten.

Schnurrend streiche ich auf samtigen Pfoten um die Beine der schönsten Frau der Welt, die jetzt mir gehört und fast immer tut, was ich von ihr verlange. Ich werde gestreichelt, mit den feinsten Leckerbissen gefüttert und geliebt. Nur eines macht mir zu schaffen: An meinem Hinterteil tut etwas weh – die Kastration gestern war in meiner paradiesischen Vorstellung nicht eingeplant gewesen.

Der Fluxkompensator

Sven Weiss

»Um in der Zeit zu reisen, brauchst du vor allem jede Menge Marshmallows.« Diesen Rat hatte mir mein Freund Calvin gegeben, und das wusste ich sehr zu schätzen. Schließlich kannte Calvin sich mit fast allem aus.

Marshmallows waren aber bei weitem nicht alles, was ich benötigte, um mein großes Projekt umzusetzen: ein Gerät zu bauen, das mir Zeitreisen ermöglichte. Einen Fluxkompensator.

Mein Hauptproblem war, dass ich nicht wirklich wusste, aus welchen Bestandteilen so ein Fluxkompensator zusammengesetzt war. Informationen darüber waren äußerst schwer zu bekommen. Ich hatte Bücher gewälzt und aufmerksam die Zeitung gelesen. Hatte Wissenschaftssendungen im Fernsehen verfolgt und sogar Herrn Ehring gefragt.

Herr Ehring war der Vater von Sören, der mit mir in die 4. Klasse ging. Vor allem aber war er Elektriker und musste doch eigentlich Ahnung von der Sache haben.

»Du willst die Zeit verdichten, Martin?«, hatte er mich gefragt. »Sag mir Bescheid, wenn du es geschafft hast. Dann reise ich zurück in die Zeit, als meine Frau noch jung und hübsch war.« Das fand Herr Ehring ziemlich komisch, denn er lachte sich halb kaputt über seinen Witz. Mir half das jedoch nicht weiter.

Immerhin blieb mir die Einsicht, dass es wohl keine Bauplan für einen Fluxkompensator gab. Also musste ic meinen Verstand anwenden. Marshmallows waren wichtig denn die sind voller Energie, so viel wusste ich. Un Energie würde ich jede Menge brauchen – auch das wa klar.

Außerdem benötigte ich eine Uhr, die schneller lief al andere. Denn in die Vergangenheit reisen, wie Herr Eh ring, wollte ich nicht. Nein, in die Zukunft sollte es geher das erschien mir wesentlich interessanter.

Weitere wichtige Bauteile waren: eine Plastikwanne fü die Marshmallows, gefunden auf dem Dachboden. Ei Fahrradtachometer, den ich von Papas altem Rennrad ab schraubte. Außerdem: ein Mixer mit starkem Motor, de die Atmosphäre zum Rotieren bringen sollte. Den besorgt ich mir heimlich aus unserer Küche. Als Steuerungsele ment verwendete ich das Lenkrad meines alten Tretautos.

Dazu jede Menge Kabel, Schnüre und Schrauben, vo denen ich genug in meiner Kiste für Kleinkram hatte - zusammen mit WM-Sammelbildchen, alten Stiften un Murmeln. Die brauchte ich jedoch nicht für meine Kon struktion.

Ich tüftelte, bastelte, schraubte, verband Kabel, riss si wieder auseinander, um es doch ganz anders zu probieren war sogar mehrmals kurz davor aufzugeben. Doch irgend wann – draußen war es bereits dunkel – zog ich die letzt Schraube fest. Noch ein prüfender Blick, da stand er: mei Fluxkompensator.

Um in der Zeit zu reisen, braucht man mehr als Marsh mallows. Vor allem braucht man Mut. Natürlich war mi mulmig zumute, als ich auf meinem Schreibtischstuh Platz nahm, den ich als Pilotensitz eingebaut hatte. Abe ebenso war mir bewusst, dass es kein Zögern geben durfte. Das wusste ich, weil ich erst vor kurzem ein Buch über berühmte Entdecker gelesen hatte. Cook, Kolumbus, Marco Polo – keiner von denen war durch Zögern zum Helden geworden. Wozu also warten? Mein rechtes Ohrläppchen begann fürchterlich zu jucken, was es immer tat, wenn ich nervös war. Also überlegte ich nicht lange, kratzte mich kräftig und setzte mich ans Steuer.

Es war fast schon unheimlich, wie perfekt alles funktionierte. Die Maschine sprang sofort an und ich spürte, wie eine enorme Kraft unter mir zum Leben erwachte. Ich umfasste das Lenkrad und drehte ganz langsam nach rechts.

Zuerst passierte nichts, fast war ich ein wenig enttäuscht. Doch dann sah ich, dass die Wand vor mir seltsam verschwamm. Mir wurde schwindlig. Trotzdem drehte ich das Lenkrad weiter. Es gab nun kein Zurück mehr.

Alles begann sich zu drehen, die Gegenstände in meinem Zimmer verloren an Kontur, Farben vermischten sich zu einem undurchsichtigen Brei. Dann kam ein Wind auf und blies mir ins Gesicht. Mein Kopf wollte explodieren, ich fühlte, dass ich kurz davor war, mich zu übergeben. Vielleicht hatte ich zu schnell zu weit gedreht. Mit allerletzter Kraft streckte ich mich zum Steuerrad, um zu bremsen. Doch dann wurde mir schwarz vor Augen und ich verlor das Bewusstsein.

»Ich wusste, dass du irgendwann mal kommen würdest.«

Benommen schlug ich die Augen auf und blickte direkt in die Sonne. Was war los? Träumte ich noch?

»Komm, ich helf dir hoch.«

Ich ergriff die Hand, die mir entgegengestreckt wurde. Es war gleißend hell, meine Augen gewöhnten sich nur langsam an die strahlende Sonne. Ich schüttelte mich und ließ den Blick schweifen. Häuser, eine Straße, mir unbekannte Autos. Am Straßenrand stand mein Fluxkompensator, auf den ersten Blick ohne Schaden.

»Sauber eingeparkt«, sagte der Mann, der mir hochgeholfen hatte. Ein freundliches Gesicht blickte mir unter einer Schirmmütze entgegen. Auf eine seltsame Art kam es mir bekannt vor. Ich wollte antworten, aber es fiel mir nichts ein. Deshalb starrte ich den Mann einfach nur an.

Er musste meine Verwirrung bemerkt haben, denn er versuchte mich zu beruhigen.

»Es ist ganz normal, dass du etwas desorientiert bist. Du hast eine lange Reise hinter dir. Wenn du magst, komm mit zu mir. Dort kannst du dich ein wenig ausruhen.« Er zeigte auf eine Haustür direkt hinter uns.

Mama hatte mich natürlich davor gewarnt, mit Fremden mitzugehen. Aber dieser Mann kam mir überhaupt nicht fremd vor. Es fühlte sich an, als wäre er ein Freund, den ich schon sehr lange kannte.

Wir gingen eine enge Treppe zur Wohnung des Mannes hoch, dabei sah ich, dass er leicht humpelte. Als er die Tür zu seiner Wohnung aufschloss, schien ihm das Schmerzen zu bereiten, denn er stöhnte auf.

»Nimm Platz«, sagte er zu mir und deutete auf einen Sessel. Ich war froh, mich ausruhen zu können und einen Schluck Limonade zu nehmen. Der Unbekannte setzte sich mir gegenüber auf ein Sofa und schaute mich durchdringend an. Er schien mit sich selbst zu ringen. Auch ich machte mir Gedanken, denn ich hatte weiterhin das Gefühl, diesen Menschen zu kennen. Aber woher?

»Vierzig Jahre«, sagte er und verstummte. Langsam wurde mir unwohl. Was wollte dieser Mann von mir? Vielleicht war es doch ein Fehler gewesen mitzugehen. Ich wollte mich gerade erheben und verabschieden, als der Mann sagte: »Bleib bitte noch.« Als habe er meine Gedanken gelesen. »Lass mich dich noch ein wenig anschauen.«

Ich nahm noch einen Schluck Limonade, und spürte dabei den Blick des Mannes auf mir. Dann begann er zu erzählen:

»Ich war genau wie du. Ein Draufgänger. Mich konnte nichts aufhalten. Wenn es irgendwo etwas Gefährliches gab, dann war ich mittendrin. Kein Wunder: Wenn du jung bist, dann meinst du, es kann dir nichts passieren. Das Leben scheint ja noch ewig zu dauern und wenn du auf die Schnauze fliegst, dann stehst du halt wieder auf. Aber ich will dich nicht langweilen.«

Das tat er tatsächlich, aber ich wusste, dass ich das nicht sagen durfte, ich wollte ja höflich bleiben. Was der Mann da von sich gab, kam mir so vor wie Vieles, was ich von Mama und Papa zu hören bekam. Erwachsene reden nun mal so.

»Du hast es geschafft«, sagte er und strahlte über das ganze Gesicht. »Du bist vierzig Jahre in die Zukunft gereist.«

Hatte ich richtig gehört? Vierzig Jahre? Ich konnte es nicht glauben. Natürlich hatte ich genau das gewollt, in die Zukunft reisen, aber vierzig Jahre? Das war verdammt viel. Und überhaupt: Woher wusste der Mann das? Die ganze Situation kam mir unheimlich vor. Viel Zeit zum Nachdenken blieb mir nicht, denn der Mann fuhr fort.

»Es hat funktioniert, stell dir vor!« Er beugte sich mit ausgebreiteten Armen nach vorn, als ob er mich umarmen wollte. Doch mitten in der Bewegung hielt er inne. Dann nahm sein Gesicht einen nachdenklichen Ausdruck an.

»Weißt du, manchmal gibt es Momente, da ist es schlau, dem Rat der Erwachsenen zu folgen. Ich weiß, du willst das nicht hören, aber glaub mir, das ist wichtig, sehr wichtig.« Er schaute mich mit diesem seltsamen Blick an, der zugleich neugierig, liebevoll und besorgt war. »Hör mir bitte genau zu!«

Er flehte mich fast an. Doch umso mehr er das tat, desto unbehaglicher fühlte ich mich. Warum machte er das nur? Wollte er mir Angst einjagen?

»Zeitreisen kann sehr gefährlich sein. Ich weiß das, denn ich bin auch schon durch die Zeit gereist. Genau wie du. Und ich sage dir: Pass auf! Denn wenn du das nicht tust ...« Er vollendete den Satz nicht, sondern zog stattdessen seine Mütze vom Kopf.

Ich erschrak. Der Kopf des Mannes war kahl und völlig zerfurcht. Er glich einer zerklüfteten Wüstenlandschaft. Rote und schwarze Flecken bildeten ein grauenhaftes Muster, teilweise löste sich die Haut. Instinktiv wich ich zurück.

»Oh, tut mir leid, ich wollte dich nicht erschrecken«, sagte der Mann und setzte sich die Mütze wieder auf. Dann schenkte er mir nach, lehnte sich zurück und starrte in die Luft.

»Mein Oberkörper sieht ähnlich aus«, fuhr er fort. »Ich erspare dir den Anblick.«

Darüber war ich mächtig froh.

»Es ist besser, du gehst schnell nach Hause und vergisst das Zeitreisen. Du hast immer noch dieses Abenteuer, das kann dir keiner nehmen.«

Plötzlich hatte der Mann es furchtbar eilig. Wir standen auf und er begleitete mich nach unten. Gern hätte ich mich in der Zukunft noch etwas umgesehen, aber der Mann drängte mich zurück in mein Zeitreisenvehikel. Auf eine Weise war ich ganz froh darüber, denn ich war etwas nervös, ob die Fahrt zurück problemlos klappen würde. Immerhin hatte ich noch eine Reise von vierzig Jahren vor mir.

Ich hatte den Platz am Steuer schon eingenommen, da trat der Mann noch einmal neben mich.

»Fahr langsam! Das ist sicherer. Das Lenkrad ganz sachte bewegen, nicht hektisch werden. Hast du gehört?«

Mit seinen Ratschlägen machte er mich nur noch nervöser, mein Ohrläppchen juckte bereits heftig. Ich kratzte einmal kräftig, bedankte mich höflich bei dem Mann und drehte das Lenkrad ganz langsam nach links. Die Konturen der Umwelt verschwammen.

Noch einmal schaute ich zur Seite. Da stand der Mann und kratzte sich ebenfalls am rechten Ohrläppchen. Dann zerfloss alles um mich herum.

»Martin, was ist los?«

Ich öffnete die Augen und schaute in das besorgte Gesicht meiner Mutter. Mir war speiübel und mein Kopf schien zu zerplatzen.

»Alles gut«, sagte ich und versuchte, auf meinen wackligen Beinen Halt zu finden. »Bin nur hingefallen.«

Sie schaute mich noch eine Weile skeptisch an, beruhigte sich aber, als ich mich relativ sicher auf den Beinen halten konnte.

»Musst du eigentlich unseren Mixer nehmen, um deine Höhlen zu bauen? Du hast doch selbst genug Zeug.« Damit war sie auch schon wieder verschwunden. Ich setzte mich hin und atmete tief durch.

An diesem Abend blieb ich in meinem Zimmer. Mama und Papa schauten mehrmals vorbei und erkundigten sich, ob es mir gut ginge. Dass ich weder zu Abend essen wollte noch Lust auf Fernsehen hatte, schien ihnen sehr ungewöhnlich. Ich versicherte ihnen, dass alles gut sei. Was ich wirklich brauchte, war Zeit, um nachzudenken.

Es gab so viele Fragen, die mich umtrieben: Was war da überhaupt passiert? Und was wollte der Mann aus der Zukunft mir sagen? Sollte ich das Zeitreisen wirklich schon wieder aufgeben? Ich hatte doch gerade mal eine Probefahrt gemacht. Und die hatte wunderbar geklappt, was sprach also dagegen, eine weitere Expedition zu unternehmen? Zumal ich von der Zukunft kaum etwas gesehen hatte.

Andererseits – der Mann hatte mich eindringlich gewarnt. Und das hatte er nicht umsonst getan. Er wusste offensichtlich ganz genau, welche Gefahren das Zeitreisen mit sich brachte. Davon zeugten die Verbrennungen auf seinem Kopf und an seinem Körper.

Ich traf eine Entscheidung. Ich würde nicht mehr in der Zeit reisen. Der Mann hatte recht, ich hatte ein Abenteuer erlebt, das mir keiner nehmen konnte. Doch wiederholen würde ich es nicht. Morgen würde ich den Fluxkompensator auseinanderbauen. Vielleicht könnte ich als Erwachsener einen neuen Versuch starten. Bis dahin hatte ich noch viel Zeit. Mit diesen Gedanken schlief ich ein.

Bei Sonnenaufgang war ich wieder wach. Lange bevor die Schule anfing. Das war ungewöhnlich für mich, aber es war ja auch kein gewöhnlicher Tag gewesen. Mein Blick fiel auf den Fluxkompensator. Ich hatte also nicht geträumt.

Langsam näherte ich mich – als ob das Gerät einfach verschwinden könnte, wenn ich mich zu schnell bewegte. Voller Stolz strich ich über das Triebwerk. Der Fluxkompensator hatte die Reise fast perfekt überstanden. Außerdem waren noch jede Menge Marshmallows in der Wanne.

Ich nahm auf dem Pilotensitz Platz. Es fühlte sich sofort wieder gut an. Was für ein Abenteuer! Was für eine Geschichte! Ich berührte ganz leicht das Lenkrad. Zuckte wieder zurück – als ob ich mich verbrannt hätte. Aber das Lenkrad war nicht heiß. Im Gegenteil, es war angenehm kühl. Fühlte sich vertraut an.

Ich ließ den Blick durch den Raum schweifen. Dort war mein Schreibtisch, unaufgeräumt wie immer. Meine Fußballposter an der Wand. Die Box mit altem Spielzeug. Mein Bücherregal. Mein Bett. Ich griff beherzt ans Lenkrad. Wartete einen kurzen Moment. Atmete durch. Dann drehte ich langsam und vorsichtig nach rechts.

Pygmalions Insel

Nora Spiegel

Ein kalter Nieselregen setzte ein, als die Silhouette der Isle of Skye abrupt hinter einer dichten Nebelwand verschwand. Die dunkelgrünen, beinahe schwarzen Wellen hoben das kleine Fischerboot ruckartig in die Höhe und ließen es gleich darauf in das nächste Wellental fallen. Alice biss die Zähne zusammen, damit das schwere, frittierte Frühstück an seinem Platz blieb. Windböen zerrten an ihren roten, widerspenstigen Haaren, die sie mit einem leisen Fluch zurück unter ihre Wollmütze stopfte. Ted, der Fotograf, kauerte währenddessen in seinem gelben Ölzeug in dem kleinen Verschlag, der als Kajüte diente. Alle paar Sekunden befingerte er nervös die wasserdichte Transportbox mit dem stoßfest verpackten Equipment. Alice warf einen verstohlenen Seitenblick auf den Kapitän des Fischkutters, der Einzige, der bereit gewesen war, die beiden Journalisten von Skye auf die Insel zu bringen. Tiefe Linien gruben sich in das wettergegerbte Gesicht, ein wild wuchernder Bart verbarg den Mund, die Augen waren starr auf die aufgewühlte See vor ihnen gerichtet. Er sprach ausschließlich Scots, die unverständliche, kehlige Sprache der Highlands. Fröstelnd versuchte Alice ganz in ihrer Regenjacke zu verschwinden. Die eiskalte Gischt traf sie wie Nadelstiche im Gesicht und an ihren Händen, mit denen sie sich an die Reling klammerte.

Der Sturm flaute ohne Vorwarnung ab. Dort, wo sich Minuten zuvor Wassermassen aufgetürmt hatten, erschien eine zerklüftete Landmasse mit steilen Klippen, über denen kreischend Möwen kreisten. Das Knattern des alten Dieselmotors durchschnitt die plötzliche Stille mit einem gurgelnden Geräusch, das Alice nervös nach den mit Motoröl verschmierten Rettungswesten schielen ließ. Während die gezackte Küstenlinie vor ihnen größer wurde, erreichte sie gleichzeitig ein stechender Geruch nach altem Fisch und Seetang, der sich mit etwas Fauligem mischte.

Der Fischkutter legte an einem wackeligen Holzsteg an, der in einer kleinen Bucht auf einen schmalen Strand führte. Auf dem feinen Sand lag ein gewaltiger, aufgeblähter Kadaver. Schmutzig-weiße Möwen hackten kreischend dunkle Fleischstücke aus dem riesigen Tier. Die glasigen Augen des gestrandeten Wals starrten in den wolkenverhangenen Himmel. Alice unterdrückte ein Schaudern und zog sich den Schal über Nase und Mund. Sie stolperte über die verrotteten Holzbohlen an Land, gefolgt von Ted, der sich erschöpft auf den Steg sinken ließ und würgte.

Die einzige Siedlung der Insel bestand aus einer kleinen Ansammlung von windschiefen Holzhäusern. Im Pub »The White Dog« bekamen sie von der Hausherrin, einer dürren Frau mit einem Pferdegebiss und misstrauisch funkelnden Augen, ein winziges, feuchtes Zimmer zugewiesen. Nachdem sie sich umgezogen hatten, ließ sich der Fotograf seufzend auf die knarrende Matratze fallen.

»Was für eine Scheiße«, krächzte er und stieß ein rasselndes Husten aus.

»Komm, bringen wir's hinter uns. Je schneller wir dieses Interview im Kasten haben, desto schneller sind wir wieder in der Zivilisation.«

Ted drehte sich mit dem Gesicht zur Wand und stöhnte.

»Ally, ich bin fix und fertig. Ich will nur noch schlafen und diese verdammte Bootsfahrt verdauen.«

Alice verdrehte die Augen. »Kein Problem. Dann geh ich eben allein zu diesem MacLeod und erledige das Interview. Die Fotos kannst du morgen machen, das Licht ist bei diesem Wetter eh nicht gerade der Hammer.«

»Tu, was du nicht lassen kannst«, antwortete Ted und wechselte ächzend die Position. »Verdammte Scheiße, ich glaube, die haben hier Bettwanzen.«

Der Bildhauer Douglas MacLeod lebte in einem alten Herrenhaus auf einer Anhöhe, die einen überwältigenden Blick auf das ärmliche Dorf und den kleinen Sandstrand bot. Mit seinen zwei kleinen Türmen erinnerte das massive Steingebäude an die Miniaturversion einer mittelalterlichen Burg, umgeben von einem weitläufigen Garten. Das schmiedeeiserne Tor öffnete sich lautlos und Alice betrat den verwilderten Park. Ein kleiner Weg führte durch das kniehohe Gras, Büsche und Sträucher wucherten ungehindert in alle Richtungen. Der einzige Versuch einer Verschönerung waren die zahlreichen Marmorskulpturen, die aus dem Gras hervorragten. Efeu rankte sich um die schlanken Beine eines Mädchens mit einem knielangen Faltenrock, der Alice an eine Schuluniform erinnerte. Sie blieb stehen, warf einen raschen Blick in Richtung Haus und ließ ihre Fingerspitzen über den glatten Stein gleiten. McLeod verdankte seinen Ruhm eben jenen realistischen Frauenskulpturen, die zwar ganz im Stil der Antike modelliert waren, aber moderne Kleidung trugen.

Der als exzentrisch geltende Schotte war der neue Shootingstar der modernen bildenden Kunst. Er stellte im Museum of Modern Art in New York aus, im Musée d'Orsay in Paris und lehnte laufend Angebote führender Universitäten ab. Alice war aus allen Wolken gefallen, als ihr Chefredakteur mit hochgezogenen Augenbrauen verkündet hatte, dass McLeod explizit nach ihr gefragt hatte, einer gescheiterten Kriegsberichterstatterin, die nur aus Zufall im Kulturbereich gelandet war. Ihre Hand verharrte am Schlüsselbein der jungen Frau. Sie konnte ihren eigenen Herzschlag durch ihre Fingerspitzen fühlen, als hätte die Statue einen Puls.

»Sie müssen Alice Bones sein.«

Sie machte vor Schreck einen kleinen Satz. Ein gepflegter, älterer Herr stand direkt hinter ihr und betrachtete sie interessiert aus stahlgrauen Augen. Er trug einen grau melierten Vollbart, einen akkurat gestutzten Schnauzer und einen grünen Arbeitsoverall. Sie erkannte McLeod sofort an seiner markanten Adlernase und an seinem Markenzeichen, der schwarzen Schottenmütze.

»Genau, ich bin wegen des BBC-Interviews hier«, sagte sie und rückte umständlich ihre Umhängetasche zurecht.

Er musterte sie mit unverhohlener Neugier.

»Ausgezeichnet. Na dann, kommen Sie mit, ich zeige Ihnen das Atelier«, entgegnete er knapp und stapfte los in Richtung des Anwesens.

Das Atelier befand sich hinter dem Haus in den ehemaligen Stallungen. Jeder Schritt wirbelte eine weiße Staubwolke auf, deren Partikel auf den einzelnen Lichtstrahlen tanzten, die durch die nahezu blinden Fenster fielen. Die Wände des Raums verschwanden hinter groben Holzregalen, die bis an die Decke reichten. Auf den Regalen lagen, akkurat geordnet, alle erdenklichen Arten von Gliedmaßen: Arme, Schulterknochen, Beine, Fingerglieder und Wirbelsäulen aus einem weißlichen Material, das wie Wachs aussah. Alice spürte, wie sich ihre Nackenhaare aufrichteten.

»Haben Sie etwas gesagt?«, fragte McLeod. Er klang amüsiert. Sie schüttelte stumm den Kopf. Ein seltsam fauliger Geruch lag in der Luft, der sie an ihre Ankunft auf der Insel erinnerte.

»Gefällt Ihnen meine kleine Werkstatt?«, hakte er nach. »Wir befinden uns hier sozusagen in meinem Ersatzteillager. Das Beste kommt erst! Hier entlang, bitte.«

Der Bildhauer führte sie zu einer mit mehreren Schlössern gesicherten Tür am anderen Ende des Raums. Er drehte sich nach ihr um und warf ihr einen verschwörerischen Blick zu. Die schwere Holztür kam ihr bekannt vor. Das Déjà-vu sandte ihr einen kalten Schauer über den Rücken.

»Erwähnen Sie das bitte nicht in Ihrem Artikel, Miss Bones, aber ich habe ein kleines Geheimnis. Die Marmorskulpturen sind schön und gut, aber letztlich nur ein Mittel zum Zweck.«

McLeod zog klirrend einen Schlüsselbund aus der Tasche seines Overalls und entsperrte langsam ein Schloss nach dem anderen.

»Sie helfen mir vor allem dabei, mein Lieblingsprojekt zu finanzieren.«

Eine Neonröhre summte leise und tauchte das Zimmer in ein flackerndes, kaltes Licht. Es gab keine Fenster, keine Regale, nur grauen Sichtbeton. Fünf unbekleidete Frauenkörper standen mit dem Rücken zur Wand. Soweit sie sehen konnte, waren sie vollkommen identisch: dasselbe lange, rote Haar, die gleiche schlanke Silhouette. Perfekte Kopien, bis auf die Tatsache, dass einzelne Gliedmaßen fehlten. Hier ein Arm, dort ein Bein. Alice wandte den Blick ab.

»Arbeiten Sie auch für *Madame Tussaud's*?«, fragte sie bemüht gleichgültig.

McLeod stieß ein heiseres Lachen aus.

»Sie sind amüsant, meine Liebe.« Er wandte sich der rothaarigen Skulptur neben ihm zu und strich ihr beinahe liebevoll eine Haarsträhne hinter das Ohr. »Nein, nein. Wachs ist so ... kurzlebig. Was Sie hier sehen, ist meine neueste Obsession. Eine spezielle Art von Silikon, meine persönliche Geheimformel. Fassen Sie sie ruhig an!«

Zögernd streckte Alice den Zeigefinger aus und berührte das Gesicht der rothaarigen Puppe. Es war tatsächlich eine junge Frau, etwa Ende zwanzig, wie sie selbst. Hohe Wangenknochen, Sommersprossen und mandelförmige, geschlossene Augen mit hellen Wimpern. »Mein Gott, er hat ihr sogar Ohrlöcher gestochen«, dachte Alice. Sie hatte erwartet, dass sich die Haut gummiartig anfühlen würde, wie bei einer Spielzeugpuppe. Vor Schreck machte sie einen Schritt zurück und wäre beinahe gegen den Bildhauer gestoßen, der dicht hinter ihr stand.

»Verblüffend, nicht wahr?«, sagte er leise.

»Sehr lebensecht, zweifellos.« Ihre Stimme war heiser und sie verspürte den unbändigen Wunsch, wieder an der frischen Luft zu sein, weit weg von McLeod und seinen Puppen.

»Ich schlage vor, Mister McLeod, dass wir das Interview gemeinsam mit meinem Fotografen fortführen.

Er möchte bestimmt Fotos von Ihren ... Skulpturen machen«, fügte sie hastig hinzu und ging langsam rückwärts in Richtung Tür. Kurz bevor sie über die Schwelle trat, blickte sie über ihre Schulter. McLeod stand in der Mitte des Ateliers und beobachtete sie mit einem seltsamen Lächeln.

Als sie im Laufschritt den Hügel hinunter in Richtung Dorf lief, kämpfte sie immer noch mit der unerklärlichen Panik, die von ihr Besitz ergriffen hatte. Dieser McLeod war ihr unheimlich, so viel stand fest. Sie würden morgen wiederkommen, zu zweit. Er war nur ein seltsamer Künstlertyp, weiter nichts.

Ein dumpfer Schmerz, auf der Höhe ihrer rechten Augenbraue, kündigte einen Migräneanfall an. Auch das noch. Die bohrenden Kopfschmerzen und die Albträume, die sie Nacht für Nacht schweißgebadet aufwachen ließen, waren die Überbleibsel ihrer Karriere als Kriegsberichterstatterin im Irak. »Journalist, BBC, United Kingdom«, zumindest stand das auf ihrem Ausweis, den sie bei sich trug, als eine Reinigungskraft sie auf den Stufen der Britischen Botschaft in Basra fand. Ihr Therapeut Geoffrey, ein beleibter älterer Herr aus Essex, diagnostizierte ihr eine posttraumatische Belastungsstörung und eine ungewöhnlich stark ausgeprägte retrograde Amnesie. Da sie sich an nichts außer ihrem Namen erinnern konnte, musste sie ihm glauben. Aber nicht einmal Geoffrey konnte ihr erklären, warum es keinen einzigen Artikel gab, der unter ihrem Namen veröffentlicht worden war. Sie besaß eine kleine, unbewohnt aussehende Zweizimmerwohnung in East London und ein Bankkonto mit einem bescheidenen Guthaben. Sonst nichts, kein Partner, keine

Freunde, keine Familienangehörigen. Die Arbeit in »Arts and Culture« beim BBC war ihr aus einem diffusen Gefühl von Schuldbewusstsein angeboten worden, obwohl ihr Name nirgends in den BBC-Akten zu finden war. Sie vermutete, dass sie aus genau diesem Grund überhaupt einen Job hatte – »BBC verliert Journalistin« war keine gute Schlagzeile. Dieses Interview war ein Vertrauensbeweis. Sie durfte es auf keinen Fall in den Sand setzen, das war ihr bewusst.

Ted saß auf einer Holzbank vor dem Pub und sein Blick verhieß nichts Gutes.

»Der verdammte Ort ist eine Geisterstadt«, sagte er als Begrüßung.

»Wie meinst du das?«

»Ich meine damit, dass die unfreundliche Alte in unserem *Hotel*, wenn man es so nennen darf, die einzige Dorfbewohnerin weit und breit ist. Naja, fast die einzige.«

Alice schaute ihn von der Seite an. Teds Gesicht hatte einen rosa Schimmer angenommen.

»Aha?«

»Ich habe McLeods Tochter kennengelernt. Gabriella«, sagte er beiläufig, »hat an der Tür geklopft und nach dir gefragt. Wollte wissen, ob du bald zurückkommst. Wie war McLeod so? Ist er echt so abgedreht, wie alle behaupten?«

»Einen Moment, Ted!« Alice setzte sich langsam neben ihn auf die Bank. »McLeod hat eine Tochter?«

Teds Wangen glühten inzwischen.

»Ein ziemlich heißer Feger, wenn du es genau wissen willst. Ungefähr in deinem Alter. Schlank. Rothaarig.«

Alice spürte, wie ihr Herz zu rasen begann.

»Wie sind ihre Augen, Ted?« Sie packte seine Hand und drückte sie so fest zu, dass ihre Knöchel weiß hervortraten.

»Autsch, Ally! Was ist los mit dir?« Er entriss ihr seine malträtierte Hand und rieb sie mit einem vorwurfsvollen Blick.

»Sag schon!«

»Keine Ahnung, wie ihre Augen aussehen. Sie hatte so eine Vintage-Sonnenbrille auf. Wirkte ziemlich aufgeregt«, sagte er und warf ihr einen prüfenden Blick zu. »Dieser Künstlertyp hat doch nichts Schräges versucht, oder?«

Alice atmete tief ein und versuchte sich zu beruhigen. Ihr Instinkt sagte ihr, dass hier etwas nicht stimmte, ganz und gar nicht. Sie hatte bereits mit McLeod gesprochen, Fotos gab es mehr als genug im Archiv.

»Ted, wir hauen ab. Jetzt!«, sagte sie und stand entschlossen auf.

»Was? Jetzt gleich? Aber ...«

»Pack deine Sachen. Wir hauen ab. Ich habe alles, was ich brauche, vergiss die Fotos.«

Der Fotograf zuckte mit den Schultern und warf ihr einen Blick zu, der so viel wie »Es ist dein bescheuertes Interview« bedeutete. Innerhalb weniger Minuten stand er mit seinem Rucksack über der Schulter an der Rezeption und bat die Wirtin, ihnen per Funk ein Boot nach Skye zu organisieren.

Sie warteten an dem verfallenen Steg und versuchten nicht zu tief einzuatmen. Der Verwesungsgeruch, der von dem gestrandeten Wal ausging, war stärker geworden. Plötzlich hörten sie Schritte, die immer näherkamen. Jemand rannte auf sie zu. Eine rothaarige Frau tauchte auf der Hügelkuppe auf, hinter der das Dorf lag.

»Gabriella!«, rief Ted, sichtlich erfreut.

Die junge Frau stolperte auf sie zu und klammerte sich an den verwirrten Ted. Ihre Sonnenbrille lag einige Meter hinter ihr im Sand.

»Ted, Alice! Nehmt mich mit, bitte!«, schluchzte sie. »Er wird mich abschalten, Holly, das neue Modell, ist fast fertig.«

Ted war leichenblass geworden und sah Alice nur hilflos an.

»Kleine, ich verstehe kein Wort«, sagte er mit zitternder Stimme.

»McLeod, er behält immer nur das aktuelle Modell.« Gabriella schluchzte erneut auf.

Alice berührte sie vorsichtig an der Schulter.

»Was meinst du mit *Modell*, Gabriella?«

Gabriella sah sie mit vor Angst geweiteten Augen an, die Pupillen starr wie Glas.

»Bea, Celine, Donna, Elle und Flora«, sagte sie mit seltsam monotoner Stimme. »Ersatzteile ...«

Sie wandte ihren starren Blick Alice zu und krallte ihre Finger schmerzhaft in ihren Oberarm.

»Ich habe dich gesucht. Wie hast du es geschafft, wie? Sag schon!«

Entgeistert stieß Alice sie von sich. Ein knatterndes Motorgeräusch kündigte die Ankunft des Fischerboots an.

»Ally! Was zur Hölle ist hier los?«, fragte Ted mit einem beunruhigten Blick auf die vollkommen aufgelöste Gabriella, die langsam zu Boden sank und sich leise summend hin und her wiegte.

Alice zitterte am ganzen Körper, brachte aber genug Kraft auf, um Ted am Ellbogen zu packen und mit sich ins Boot zu ziehen.

»Ich habe nicht die geringste Ahnung. Wir verschwinden. Sofort!«, bellte sie den bärtigen Kapitän an. Gerade als der kleine Fischkutter sich vom Steg entfernte, hörten sie einen Aufschrei. Gabriella hatte sich aufgerafft und rannte mit großen Schritten auf sie zu, das Gesicht verzerrt vor Wut und Panik. Sie sprang und verfehlte das Boot um wenige Zentimeter. Als ihr Körper auf das Wasser aufschlug, erhellte ein grüner Blitz die Wasseroberfläche. Kleine Funken tanzten noch kurz auf den Wellen, dann war die blasse Gestalt verschwunden.

Niemand sprach ein einziges Wort, während sie sich langsam der Isle of Skye näherten. Doch Alice starrte ihre Hände an, so als hätte sie sie noch nie zuvor gesehen.

Die Autoren

Celin Aden wurde 1982 in einer Kleinstadt in Schwaben geboren, die sie auch heute wieder ihre Heimat nennen darf. Das kleine Häuschen, Kind, Mann, die obligatorische Katze und die roten Gummistiefel sind allesamt vorhanden. Dazu natürlich jede Menge Fernweh, das mit stupiden Reisen auf diesem Planeten nicht gestillt werden kann. Ihr Herz hat sie besonders an das Science Fiction- und Fantasy-Genre verloren, das sie oft und gerne mit einer ordentlichen Portion Romantik, Abenteuer, Humor und ein wenig Erotik bunt durcheinander mischt.

Tanja Bernards wurde am 02.07.1982 in Stolberg geboren. Schon in der Grundschule entwickelte sie sich zur Leseratte und wollte Schriftstellerin werden, »wenn sie denn dann mal groß ist.« Immer wieder versuchte sie sich an Geschichten und verfasste im Jugendalter kleinere Gedichte. Sie studierte Soziale Arbeit in Aachen, bildete sich zur Wildnispädagogin fort, schrieb phasenweise mal mehr und mal weniger und schaffte es zur Veröffentlichung einer Kurzgeschichte und eines Gedichtes. Neben dem Job, der Familie, den Katzen und der Schreiberei liebt sie die Natur und ihren Garten mit all seinen Unkräutern.

Jan-Niklas Bersenkowitsch, Jahrgang 1989, ist seit seiner Kindheit von Geschichten aller Art begeistert. Am meisten haben es ihm jedoch Geschichten aus dem Genre der Phantastik angetan, und von denen hat er auch am meisten in den letzten Jahren im Privaten verfasste. Jan-Niklas Bersenkowitsch lebt und studiert in Kassel. Derzeit überarbeitet er seinen ersten Roman, einen Krimi mit phantastischen Elementen.

Nora-Marie Borrusch, geboren 1984, glaubt an Phantastik in der Welt, seit die Trolle der Vierjährigen den Schnuller geklaut haben. Sie hat Musikwissenschaft und englische Literaturwissenschaft studiert, promoviert über Mittelalter-Rock, komponiert Metal und lektoriert bevorzugt Fantasy. Mit ihren dreizehn gefiederten Musen wohnt sie in Heidelberg. Diese Geschichte ist die erste veröffentlichte aus ihrer Feder.

Robert Friedrich von Cube ist Psychiater, Phlegmatiker und Phantast. Er schreibt mit dem Herzen, den Fingern und mit Scrivener. Seine Geschichten spielen in fremden Sphären, fernen Zeiten und in den Herzen und Köpfen von Menschen mit Herz oder Köpfchen. Neben Fantasy und Science Fiction schreibt er auch Witze für das Satiremagazin Titanic und Artikel für Blogs wie die Ruhrbarone oder die Prinzessinnenreporter. Einen Podcast zu abseitiger Musik betreibt er obendrein. Demnächst startet seine Novellenserie um die beiden Seelenjäger Honigmann & Breuer im Verlag in Farbe und Bunt.

Anne Danck, geboren 1991 und aufgewachsen in Berlin, war von jeher von zwei Dingen fasziniert: Vom Schreiben und von der Biologie. Letzteres führte sie zum Studium aus Berlin fort und anschließend zurück, um als begeisterte Verhaltensbiologin zu promovieren. Das Schreiben wiederum ist die tägliche Therapie, die ihr beim Sortieren der Gedanken hilft. Mit fünfzehn Jahren erhielt sie ihre erste Auszeichnung für eine Kurzgeschichte, es folgten diverse Veröffentlichungen in Anthologien. Ein wiederkehrendes Thema in ihren Geschichten sind düstere Zukunftsszenarien sowie auf den Kopf gestellte und aus anderen Blickwinkeln beleuchtete Märchen.

Renée Engel wurde 1963 in Köln geboren. Von klein auf war sie von Sagen, Mythen und Märchen fasziniert. Bereits im zarten Alter von zehn Jahren folgte sie Odysseus und Achill vor die Tore Trojas, kämpfte an der Seite der Nibelungen oder wandelte mit den Römern in den Straßen der Colonia Claudia. Im realen Leben studierte sie Wirtschaftswissenschaften, arbeitete als freie Programmiererin und erzog drei wundervolle Kinder. Ende 2012 begann sie, Kurzgeschichten zu schreiben. Ihre erste Geschichte erschien 2013, viele weitere in verschiedenen Verlagen folgten. Heute lebt Renée Engel in einem beschaulichen Städtchen nahe Karlsruhe.

Anna Eichenbach wurde 1994 im Münsterland geboren. Seit dem Abitur studiert sie mit Hingabe Geschichte, wird aber nicht müde, sich auch in ihrer Freizeit mit Büchern zu beschäftigen. Für sie gibt es nichts Schöneres, als in phantastische Welten und vergangene Zeiten einzutauchen – und ihre Leser in eben solche zu entführen.

Sabine Frambach wurde 1975 geboren; durch ihre Adern fließen schwedisches Blut und Jeverpils. Studium der Sozialpädagogik in Nijmegen und der Erwach-

senenbildung in Kaiserslautern. Die Autorin lebt in Mönchengladbach und fährt zur Arbeit über die Wupper. Seit 2010 veröffentlicht sie Kurzgeschichten und Texte, manche davon preisgekrönt. 2012: 1. Platz beim Bund Essay Preis, 1. Platz beim Literaturwettbewerb Amnesty Solingen, 2014: Marburg Award. 2016: 3. Platz beim Moerser Literaturpreis. 2017: 3. Platz beim Leverkusener Short Story Preis, Wunderwasserkrimipreis, 1. Platz beim Landschreiber Wettbewerb. Diese Vita wurde maschinell erstellt.
Kontakt und Informationen unter: www.kein-weg.de

Johannes Gebhardt lebt und arbeitet in Stuttgart als Arzt. Er schreibt, weil es einfach so viel zu erzählen gibt. Romantisches, Lustiges, Actionreiches, Trauriges und auch Grusliges, wobei die meisten Geschichten in der Phantastik angesiedelt sind. Urlaub in der Ferne ist eine gute Sache, aber auch Urlaub im Kopf ist wichtig.

Thomas Heidemann, Jahrgang 1973, ist seit seiner Jugend von Science Fiction fasziniert, vor allem von der Frage, wie Technik unser Leben verändert und die Grenze zwischen Mensch und Maschine verwischen lässt. Erst mit 40 fand der langjährige Rollenspieler und Gärtnermeister über den Kontakt zu anderen Autoren und die erfolgreiche Teilnahme an der Storyolympiade zum Schreiben; seither veröffentlicht er regelmäßig Kurzgeschichten in allen Sparten der Phantastik und arbeitet nebenher an seinem ersten SF-Roman. Mit seiner Lieblingsbuchhändlerin, zwei Kindern und zwei Katzen lebt er in der Nähe von Göttingen.

Tobias Herford, Modelljahr 1979, ist Humanoid organischen Ursprungs. Kerneinsatzgebiet: Hamburg. Das berufliche Betriebssystem ist auf das Schreiben von Werbe-Drehbüchern ausgelegt, denn seit 11 Jahren arbeitet Herford als Werbetexter und Kreativdirektor. Die Karriere als Autor befindet sich derzeit in der Betaphase. »Patient Null« ist nun seine zweite Veröffentlichung in einer Verlags-Anthologie. Und wie jeder Werbetexter, der etwas auf sich hält, hat er einen noch zu beendenden Roman in der Schublade.

Günther Kienle wurde 1968 in Konstanz geboren, wo er heute mit seiner Familie lebt und phantastische Geschichten schreibt. Seine Gedanken kreisen meist um mystische Wesen, tragische Magier und interstellare Raumschiffe. Wenn es darauf ankommt, kann er aber auch unfallfrei einen Nagel in die Wand schlagen oder Fahrräder reparieren.

Thomas Lendl wurde 1981 in Güssing im Südosten Österreichs geboren. Das Studium trieb ihn nach Wien, wo er seither gerne lebt und arbeitet. Die Begeisterung für Bücher ist seit seiner Kindheit präsent, er interessiert sich jedoch leider für zu viele Dinge, um sich konsequent dem Schreiben zu widmen. Es ist sein erklärtes Ziel, einmal einen Roman zu verfassen, vielleicht aber auch ein Kochbuch oder etwas ganz anderes. Einstweilen produziert er immer wieder Kurzgeschichten, meist im Science Fiction- oder Fantasy-Genre, die den Leser zum Nachdenken anregen sollen.

Gabriel Maier wurde 1978 in Regensburg geboren, studierte dort an der Technischen Hochschule und lebt heute mit seiner Familie am Stadtrand. Er schreibt in den Bereichen Science Fiction, Horror, Fantasy und Satire. Seit 2014 nimmt er regelmäßig an Ausschreibungen für Anthologien teil und hat dadurch eine zweistellige Anzahl an Kurzgeschichten veröffentlicht. Derzeit arbeitet er an seinem ersten Roman.

Christian J. Meier, 50, hat Physik studiert und schreibt seit 13 Jahren als Journalist Artikel über Wissenschaft und Technik für Zeitungen und Magazine. Seine Begeisterung für Science Fiction stammt aus den Zeiten von »Raumschiff Enterprise«. Er liest leidenschaftlich Science Fiction, gerne Klassiker wie Philip K. Dick, und schreibt selbst Storys, die sich meist um Digitalisierung, Künstliche Intelligenz oder den technisch erweiterten Menschen von morgen drehen. Er lebt im hessischen Groß-Umstadt am Rand des Odenwaldes.

Tim Pollok wurde am 02.04.1984 in Duisburg geboren. Aufgewachsen in Oberhausen, studierte er nach seinem Abitur Geschichte, Praktische Sozialwissenschaften und Philosophie an der Universität Duisburg-Essen. Eine Ausbildung zum Kaufmann für Bürokommunikation und seinen späteren Arbeitsplatz fand er in der Stadtverwaltung Mülheim an der Ruhr. Über Jahre schrieb er zunächst Fanfictions, bevor er sich an Ausschreibungen wagte und schließlich erste Geschichten in den Anthologien »Moorgezeiten« (Geerst), »Verfluchte Städte« (Shadodex) und »Böse Clowns« (Sarturia) platzieren konnte. Weitere folgten, und während er im Moment als Lektor bei Sarturia arbeitet, sucht er auch immer nach weiteren Möglichkeiten, spannende Geschichten zu erschaffen.

Eli Quinn, geboren am 04.06.1992, begeisterte sich schon früh für erzählte wie niedergeschriebene Geschichten und träumte davon, eines Tages selbst die Massen zu begeistern. Er verfasste bereits kleinere Texte im Genre der Phantastik, die noch auf ihre Chance warten, veröffentlicht zu werden.

Regine D. Ritter wurde 1978 geboren und hatte schon als kleines Kind mehr Bücher als Stofftiere. Geschrieben hat sie schon immer gerne, und seit 2016 wurden einige ihrer Kurzgeschichten veröffentlicht – dazu und zu ihrer Tätigkeit als Herausgeberin mehr unter www.regine-d-ritter.de. Neben dem Schreiben ist das Theater ihr liebstes Hobby. Regine lebt mit ihrem Mann in München, wo sie als Ärztin tätig ist.

Martin Rüsch kam 1980 in die Welt und entdeckte bald viele Türen zu Anderswelten aus Träumen, Bildern und Wörtern. Er studierte Soziologie, Literaturwissenschaft und Philosophie in Hannover und Texas. Heute lebt, schreibt und arbeitet er in Hannover. Fantasy- und Science-Fiction-Kurzgeschichten von ihm findet man in diversen Anthologien und Zeitschriften.

Nele Sickel, geboren 1990, war früh begeistert vom Reden, später vom Schreiben. Ihre Vorliebe für Sprache brachte sie dazu, sich im Laufe der Zeit in verschiedenen Richtungen des Schreibens auszuprobieren, darunter Gedichte, Kurzgeschichten und weniger kurze Geschichten, Journalismus und Poetry Slam. Inzwischen veröffentlicht sie ihre Texte regelmäßig in Anthologien und Zeitschriften, immer auf der Suche nach neuen Herausforderungen.

Nora Spiegel, geboren 1990 in Österreich, unterrichtet in Innsbruck Englisch und Spanisch. Wenn sie nicht gerade auf Reisen oder in den Bergen unterwegs ist, verschlingt sie alles Lesbare, vom schwedischen Krimi bis zum Science Fiction-Roman. Bisher hat sie acht Kurzgeschichten in deutscher und in englischer Sprache veröffentlicht, davon vier im Bereich des Fantastischen.

Olaf Stieglitz wird von zwei Katzendamen in einer gemeinsamen Wohnung in Wuppertal geduldet. Nach längerer Schreib-Abstinenz hat er 2016 wieder begonnen, an seiner Karriere als weltberühmter Schriftsteller zu arbeiten. Zurzeit versucht er sich dabei überwiegend an Kurzgeschichten, mit denen er sich bei verschiedenen Ausschreibungen bewirbt. https://www.facebook.com/Olaf-Stieglitz-906197966187903/

Sven Weiss wuchs in Baden-Württemberg auf. Nach Stationen in Berlin und Düsseldorf lebt er inzwischen in Hamburg. Dass die Schwaben bekanntlich alles können, aber mit dem Hochdeutschen auf Kriegsfuß stehen, konnte ihn nicht davon abhalten, als Werbetexter zu arbeiten. Auch in seiner Freizeit schreibt er gerne, dann aber am liebsten Texte für seine Akustik-Songs.

Robert Wiesinger lebt und schreibt in Vorarlberg in Österreich.

Die besten Geschichten der Story-Olympiade 2013/2014

Stille

Hrsg. von Martin Witzgall und Felix Woitkowski

*»Ich liebe den Sturm und fürchte die Stille.«
Christina von Schweden (1626-1689)*

In unserer Welt aus täglichem Krach und nächtlichem Lärm wird Stille zu einer Macht, die Welten sprengt, die Zauber wirkt und Sinne schärft. Sie herrscht bereits, wo noch nichts ist, und wartet dort auf das Ende aller Dinge.
Die 29 Siegergeschichten der Storyolympiade 2013/2014 erkunden Orte, in die Geräusche keinen Einzug erhalten. Still sind sie dabei aber gewiss nicht.

330 Seiten Taschenbuch

ISBN 978-3-940036-28-5
Preis 13,90 Euro

Die besten Geschichten der Story-Olympiade 2015/2016

Labyrinthe

Hrsg. von Martin Witzgall und Felix Woitkowski

Verschlungene Wege tun sich auf, wohin der Blick auch geht: unübersichtliche Kreuzungen, versperrte Schleichwege, wegweisende Trugbilder. Sie lassen uns in der wahrgenommenen Realität zögern und verwirren die Klarheit jedes Gedankens. Für die einen sind sie bloß ein Hindernis, ein Spiel, den anderen gelten sie gar als Grundlage unserer Existenz.

Die 24 Siegergeschichten der Storyolympiade 2015/2016 wagen sich tief in die verworrensten Labyrinthe hinein. Dabei erzählen sie von dem Sein und Nichtsein des Heldenlebens, vom bejubelten Erreichen phantastischer Ziele ebenso wie dem Scheitern in dunkelsten Sackgassen.

310 Seiten Taschenbuch

ISBN 978-3-940036-39-1
Preis 13,90 Euro